球技の誕生

——人はなぜスポーツをするのか

松井良明

平凡社

プロローグ

ロンドンで史上初となる三度目のオリンピックが開催されていた二〇一二年初秋、わたしは一〇年ぶりにイングランド北部の大都市マンチェスターに降り立った。この時の英国滞在はわずか四日間ではあったが、マンチェスターのみならず、リヴァプールやハダーズフィールドにも足を延ばした。歴史的に見れば、どれも工業化の進展に伴って発展してきた都市であり、とくにフットボールが盛んである点で共通してもいる。旅の目的は、これら三つの都市にあるフットボール関連のスタジアムや博物館を訪問することにあった。

マンチェスター空港に着いたわたしは、ゲートを出るとすぐさまタクシーにとび乗り、オールド・トラッフォードへと向かった。言わずと知れたマンチェスター・ユナイテッドFCのホーム・グラウンドである。

競技場周辺には赤色を基調としたファースト・フードや土産物などを売る売店や露店が軒《のき》を並べ、数人がたむろしていた。聞いてみると、その夜にヨーロッパ・チャンピオンズ・リーグの試合があるという。わたしは急遽、その試合を観戦することにした。

トルコのプロ・チーム、ガラタサライ（Galatasaray）との試合では、先発出場した香川真司選手（当時）がアシストを決め、ユナイテッドが二対一で勝利を収めた。スタジアムには数多くの子どもたちも観戦に来ており、競技場は終始穏やかな雰囲気に包まれていた。フーリガン問題が深刻だったかつての「荒れた」時代とはうって変わり、その落ち着いた雰囲気にはたいへん驚かされた。

この時にわたしが訪れた四つのサッカークラブのうち、ユナイテッドとリヴァプールFCはそれぞれ自分たちの博物館を持っており、商業的にも大きな成功を収めていることが見て取れる。かたや、マンチェスター・シティの本拠地であるエティハド競技場のまわりには広大なサッカー関連施設を建設する計画があり、商業的な成功のみならず、次世代のサッカー選手の育成にも積極的に取り組む姿勢がうかがわれた。

他方、リヴァプールのエヴァートンFCは世界初の国内プロ・サッカー・リーグに最初から参加している古豪である。本拠地であるグディソン・パークのスタジアム・ツアーに参加することで、彼ら自身がクラブの歴史と伝統を誇りにしている様子を垣間見ることができた。

どのクラブにも独自の歴史と伝統があるのは当然のことだが、とくにイングランドにはチームごとに博物館を設置しているクラブが複数あるうえ、ナショナル・チームの本拠地であるロンドンのウェンブリー・スタジアムを始め、サッカーの聖地といえる場所がいたるところに存在する。だがそれにもかかわらず、ナショナル・フットボール博物館がロンドンではなくイングランド北部の地方都市にあることについて、あるいは疑問に思う人もいるかもしれない。

図1　マンチェスター・ユナイテッドFCの本拠地「オールド・トラッフォード」の正面
オープンしたのは1910年で収容人数は7万6000人。歴史的にも規模的にもイングランド有数のスタジアムの一つである。（著者撮影、2012年9月19日）

図2　トルコのプロ・サッカー・チーム「ガラタサライ」のサポーターたち
（著者撮影：マンチェスター、ピカデリー広場、2012年9月19日）

図3　ヨーロッパ・チャンピオンズ・リーグにおけるガラタサライ戦の様子

センターサークル内にいるのが香川真司選手。（著者撮影：オールド・トラッフォード、2012年９月19日）

図4　マンチェスター・シティFCの本拠地「エティハド競技場」の正面

2002年に開催されたコモンウェルス競技会では陸上競技場として使用されたが、翌年にはサッカー専用に造り変えられた。収容人数は６万人である。（著者撮影：マンチェスター、2012年９月20日）

図５　「エティハド競技場」周辺の開発計画を示したパネル
（著者撮影：マンチェスター、2012年９月20日）

図６　リヴァプールFCの本拠地「アンフィールド」のクラブ博物館とスタジアム・ツアーの入口
アンフィールドが開場したのは1884年で、収容人数は４万5000人余り。当初、この競技場はエヴァートンFCの本拠地だった。
（著者撮影：リヴァプール、2012年９月21日）

図７　エヴァートンFCの本拠地「グディソン・パーク」のピッチと観客席

ここの開場は1892年で、収容人数は４万人余り。（著者撮影：リヴァプール、2012年９月21日）

図８　「旧ナショナル・フットボール博物館」の入口

「ディープデイル競技場」の開場は1878年で、収容人数は２万2000人余り。（著者撮影：プレストン、2002年８月17日）

ナショナル・フットボール博物館

ナショナル・フットボール博物館〔NFM〕が初めて開設されたのは二〇〇一年のことで、その場所はイングランド北部ランカシァの州都プレストンであった。二〇〇二年に初めてマンチェスターを訪問した際、わたしはマンチェスターのピカデリー駅から列車で一時間ほどの距離にあるプレストンを訪問している。マンチェスターやリヴァプールに比べれば、こぢんまりとした落ち着いた雰囲気の街だったと記憶している。旧NFMは、プレストンの中心部から北の方角に位置するディープデイル地区にあった。ここにはプレストンのノース・エンドFCがホーム・グラウンドとするディープデイル競技場があり、古い博物館はその一画に設《しつら》えられていた。

博物館が設立された経緯については当時のガイドブックに詳しく記されている。それによると、当初はノース・エンドFCの歴史的偉業を後世に伝えるために単独の博物館を設置する予定であったという。その後、計画が膨らみ、当時はまだどこにも存在しなかったイングランド・サッカー全体の歴史とその偉業を展示する「ナショナル・フットボール博物館」を開設することが決まったようである。

もっとも、この計画を実現するためには、政府の「国家遺産宝くじ基金」からの資金援助が不可欠だった。そのめどがついたのは一九九七年のことで、あわせてスポーツ・ジャーナリストであるハリー・ラングトンのコレクションが博物館に寄贈されることになった。こうして二〇〇一

図９　新しい「ナショナル・フットボール博物館」の館内
グラウンド・フロア（１階）の殿堂エリアから上階を見上げたところ。レヴェル１（２階）の展示スペースが一番広い。（著者撮影：マンチェスター、2012年９月20日）

年にオープンした旧ＮＦＭは、二年後にはセントラル・ランカシァ大学と共同で国際フットボール研究所（The International Football Institute）を設立し、フットボールの歴史、社会、文化に関する研究拠点としての機能も兼ね備えることになる。その後も、フットボール協会〔ＦＡ〕、フットボール・リーグ〔ＦＬ〕、ウェンブリー競技場などから貸与されたコレクション、さらには国際サッカー連盟〔ＦＩＦＡ〕が所有するコレクションも展示されることになった。

だが、その運営はすぐさま大きな壁につきあたる。旧ＮＦＭは二〇〇七年の段階で、およそ四〇万ポンドもの赤字を生んでいた。そのため、二〇〇八年にはロンドンのウェンブリー競技場への移転等もとりざたされた。結局のところ、マンチェスター市が年間二〇〇万ポンドの支出を確約することで、二〇一二年七月にヴィクトリア駅（マンチェスター）に隣接する「アービス Urbis」と呼ばれるかつての展示会場を改修し、その建物で「ナショナル・フットボール博物館」を再開することになったのである。当初のねらいどおり、入場者数は最初の六週間で一〇万人を超えており、出足はすこぶる好調である。マンチェスターにとってサッカーは今や貴重な観光資源ともなっている。新NFMを見学し、わたしはそう強く感じたのである。

サッカーと蹴鞠

今回の訪問では、新旧のNFMをこの目で見比べたかったのに加え、展示の内容がどう変化しているかという点についてもたいへん興味があった。たとえばプレストンにあった頃の展示では、サッカーの起源の一つとして日本の蹴鞠《けまり》が紹介されており、そのことがわたしにとって新鮮であり、また大きな驚きでもあったからである。

旧NFMで紹介されていたのは、FIFAが所有する江戸時代に書かれた蹴鞠の絵で、蹴鞠は「サッカーのような激しい競技ではなく、メンバーが協力しあってパスをつなぐ、器用さと技能を示す儀式的なスポーツ」と紹介されていた。蹴鞠に関するそれ以上の詳しい説明はなく、また蹴鞠と類似する東南アジアで盛んなセパ・タクロウや羽根付きの小さなボールを蹴る中国のジェンツーなど、アジアの他の伝統的なスポーツがまったく紹介されていないのはひじょうに残念で

図10　セパ・タクロウの天然球と蹴鞠の絵
（著者撮影：マンチェスター、2012年９月20日）

もあった。

新たにオープンしたＮＦＭでは、展示スペースが格段に広くなっている。当然のことながら、その内容もより充実したものとなっているとの印象を受けた。二階の入口付近に設けられているのが「初期のフットボール」というコーナーであり、そこでかつて見たのと同じ蹴鞠の絵が紹介されていた。新ＮＦＭでは、セパ・タクロウの実物の天然球が新たに展示に加えられており、あわせてイングランドに残存する民俗《フォーク》フットボールの中から、アシュボーン（ダービーシア）、セント・コラム・メイジャー（コンウォール州）、ワーキントン（カンブリア州）で使用されているボールが展示されてもいる。フットボールの歴史の古さとその多様性がよりわかりやすく示されていると感じたのは事実だが、蹴鞠の説明は、「日本の儀式的ゲームである蹴鞠。

ゲームの目標はボールを空中に保つことである」とする相変わらず簡素な内容にすぎなかった。

今や「文明化」され、「国際化」されたサッカーやラグビーに対し、日本の蹴鞠のような伝統的な文化の広がりはより限定的なものではある。とはいえ、いわゆる民俗フットボールの広がりはじつに多様であり、それぞれユニークな歴史をもってもいる。またそれを行う人びとがそれらの球戯に共同体独自の価値観〔エスノサイエンス〕を投影している場合が少なくない。本書では、このような知られざるヨーロッパ球戯とその歴史的重要性を探りたいと考えている。グローバル化によって覆い隠されたヨーロッパ球戯の多様性を明らかにし、そこから近代スポーツの歴史的功罪を読み解くのが本書のねらいである。


第一部では、まず本書が前提とする「グローバル・スポーツ」の誕生にいたる歴史とわたしが本書を構想するにあたって念頭においた歴史的知見を示す。第二部はフィールドワーク編である。わたしが約二〇年かけてフィールドワークを行ってきたヨーロッパの複数の地域に見られる特徴的なボールゲームとその背景を探り、ヨーロッパ球戯の多様性を示すことにしたい。第三部は歴史編である。ここではヨーロッパ球戯を「ハンドボール」、「フットボール」、「打球戯」に分け、それぞれの歴史的分析を試みる（この分類は便宜的なものではあるが、第一部及び第二部の記述においても念頭におかれている）。第四部では、本書を通して見えてくるヨーロッパ球戯史の課題と近代スポーツの歴史的特質について考えてみたい。

なお、書物ではそれぞれの球戯や球技（近代化された球戯）の具体的な動きを伝えるのが困難なため、本書ではできるだけ多くの図版を掲載し、読者の理解を助けることにした。また、末尾には主要なヨーロッパ球戯に関する博物館の一覧を掲載している。いずれもヨーロッパを訪れる機会があればぜひとも立ち寄っていただきたい博物館である。本書を通して、ヨーロッパ球戯の広がりとその歴史に関する「新たな発見」を楽しんでいただきたい。最後までお付き合いいただければ幸いである。

球技の誕生――人はなぜスポーツをするのか
The Birth of Modern Ball Gams : Why do people play sports?

目次

プロローグ……1

第一部 グローバル・スポーツの誕生……17
1 サッカーとラグビー……18
2 歴史的和解?……28
3 「ボールはやさしく打ちなさい」……44

第二部 人はなぜスポーツをするのか……61
1 イングランド……62
2 バスク地方(スペイン北東部及びフランス南西部)……76
3 オランダ・フリースラント州……94
4 ベルギーと北フランス……115
5 アイルランド……135
6 連合王国としての英国……158
(1) スコットランド……159
(2) ウェールズ……175
(3) アイルランド……186
(4) イングランド……204

第三部　**ヨーロッパ球戯考**……213

1　二つの系図……214

2　ハンドボール考……217

3　フットボール考……231

4　打球戯考……245

5　新たな系図……271

第四部　**近代化の歴史的特質とは何か**……281

1　ヨーロッパ球戯史の謎……282

2　スポーツの近代化と英国……294

エピローグ……307

あとがき……319

参考文献……331

ヨーロッパ球戯に関する博物館……334

第一部　グローバル・スポーツの誕生

1　サッカーとラグビー
2　歴史的和解？
3　「ボールはやさしく打ちなさい」

1　サッカーとラグビー

二つのフットボール

イングランドで「フットボール」といえば、それはふつうサッカーを意味する。だがイングランドに限ってみても、サッカーが唯一の「フットボール」でないことはいうまでもないだろう。オックスフォード英語辞典〔以下、ＯＥＤ〕は、「フットボール football」という言葉の初出を一四二四年としているが、当時のフットボールがどのようなものだったかということについてはほとんど明らかになっていない。またこの言葉の表記も、'fut ball' 'fotebal' 'foote ball' 'Foote balle' 'foote~ball' 等、長いあいだ一定しなかった。じっさいに一九世紀に入ってもなお、'foot-ball' と表記されることとの方が多かったという。

これに対し、「サッカー soccer」という言葉は、「アソシエーション式フットボール（association football）」という言葉の短縮及び変形（soc に er をつけたもの）である。'socca' という表記が初めて使われたのは一八八九年のことで、その後しばらくは 'socker' という表記が使われてもいた。いずれにせよ、「サッカー」は「アソシエーション式フットボール」の略称であり、この言葉の歴史もそれほど古いものではないことがわかる（ちなみにラグビー式フットボールの俗称は「ラガー'rugger'」で、文献上の初出は一八九一年である）。

では、「アソシエーション式フットボール」、すなわち「サッカー」はいつ始まったのか。このことについては、一八六三年の「フットボール協会」〔FA〕の設立と統一ルールの作成をもって嚆矢《こうし》とするのが定説である。先にふれたマンチェスターのNFM〔ナショナル・フットボール博物館〕の展示もこの説に準じて行われている。

一八六三年一〇月、ロンドンで複数のアマチュア・フットボール・クラブの代表者たちが集まり、ある会合を持った。彼らは皆、時間と金銭にゆとりのある「ジェントルマン」たちであり、彼らの目的はそれまで地域、学校、クラブ等がそれぞれ異なるルールで行っていたフットボール・ゲームのルールを統一することにあった。この時はすべてのアマチュア・クラブに共通する統一ルールがなかったため、異なるクラブ同士が試合を行

図11　ロンドン郊外にある「ウェンブリー競技場」の正面
このスタジアムを所有しているのはフットボール・アソシエーション（FA）の子会社である。ここでは主としてイングランド代表チームの公式戦、FA カップの決勝戦などが行われる。開場したのは2007年で、収容人数は９万人。スペイン、バルセロナの「カンプ・ノウ」に次ぎ、ヨーロッパで２番目に大きいスタジアムである。（著者撮影：ロンドン、2010年９月18日）

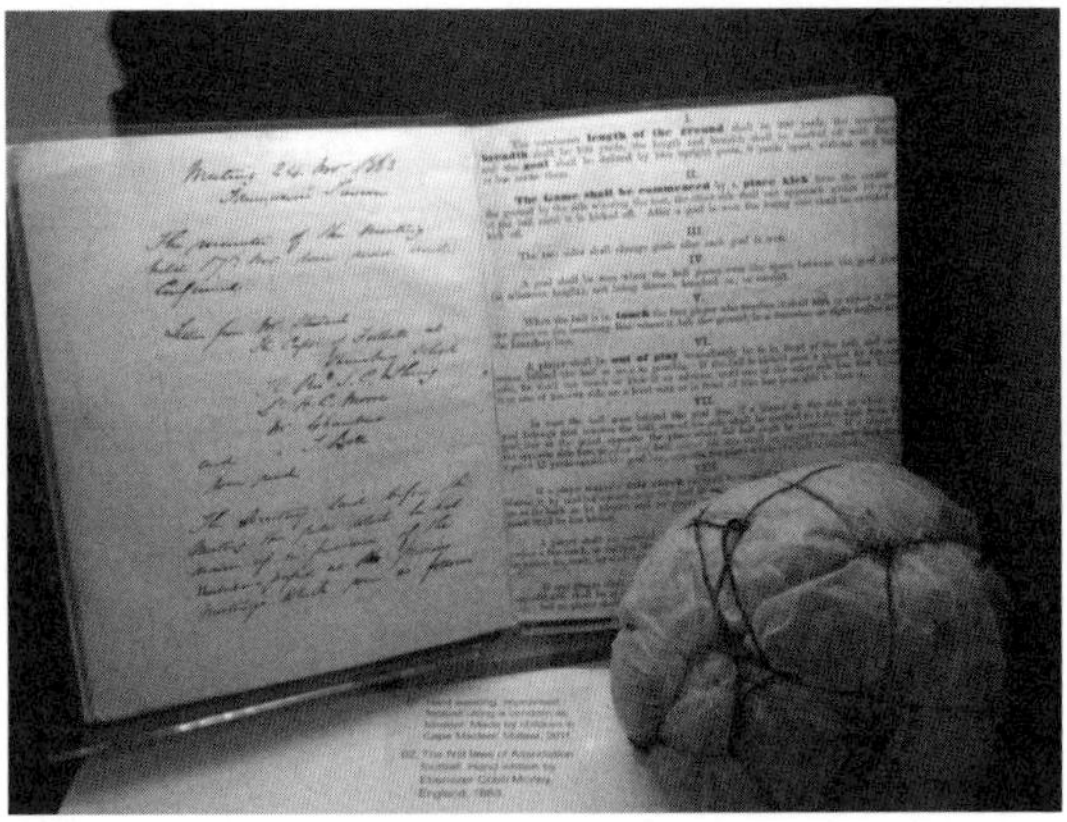

図12　FAが定めた最初のルールブック
ルールブックの手前にあるのは、再現された牛の膀胱を用いて作られたボールである。ともに、「ナショナル・フットボール博物館」の所蔵品である。（著者撮影：マンチェスター、2012年9月20日）

う場合には、そのつどルールを確認し、両者が合意する必要があった。このときの会合を通してアソシエーション式と呼ばれるルールが作成されるのだが、この会合に参加したすべてのクラブがすぐさまそこで統一されたルールに同意したわけではない。それは、会合で検討されたルールが一八五七年に作成されたシェフィールドFCのルールと一八六〇年初頭にケンブリッジ大学で作成されたルールであり、ともにボールを手で持つことを厳しく制限し、「蹴ること」、すなわち「ドリブリング」を基本とするルールだったからである。

これに対し、ボールを手で持って走ることを中心とする「ハンドリング」を支持する一派は一様に反対したものの、同年一二月一日に行われた投票でハンドリング派は敗北し、FAを離脱することとなる。八年後の一八七一年、ハンドリング派の人びとが結成したのが「ラグビー・フットボール・ユニオン」（RFU）である。FAの誕生はじつはサッカーとラグビーが袂を分かつ歴史的分岐点でもあったわけだ。

ところで、この会合で両派が対立したのは「ボールを持って走る」ことに関してだけではなかった。もう一つの対立点は守備の技術に関するもので、ボールを所持した者に対する「ハッキング〔膝から下の足の前面を蹴る〕」と「トリッピング〔足をかけて倒す〕」を認めるかどうかという点であった。ハンドリング派にとり、この二つは「男性的」なフットボールにとって必要不可欠な「技術」だったのに対し、ドリブリング派にはそれがいまだ克服されざる「野蛮さ」の象徴と映っていた。一八六三年一二月八日に承認されたFAルールはこれらの行為も禁じるものだったことから、その後、FAを脱退したハンドリング派に対しては、スポーツ界の内外から批判が浴びせられたという。そこでこの問題を話し合うために結成されたのがじつはRFUだったのであり、このときに初めてラグビーでも「ハッキング」と「トリッピング」を禁止するルール改定が行われた。こうして分裂したサッカーとラグビーはともに「文明化」された「近代的な球戯〔球技〕」としての体裁を整えたわけである。

プロフェッショナリズムの誕生

従来はFAが結成されて以降、サッカーが一気に英国中に普及したかのように語られることが多かったものの、近年の研究ではそのような単純な発展史観は退けられている。たしかに発足当初のFAはパブリックスクールや大学の卒業生、すなわちジェントルマン・アマチュアを中心とする組織であった。ただし、彼らがイングランドのフットボール史に果たした歴史的役割はじつは限定的なもので、逆にフットボールの組織化を遅らせる原因になったとする研究者もいるほどである。*1

じっさいにFAが結成された当時、そこに加盟していたのはロンドンとその周辺のわずか一一のクラブにすぎなかった。すでに一八五七年に結成されていたシェフィールドFCは一八六七年にFAの傘下に入るものの、その後もすぐにはFAルールを採用しなかった。FA理事のチャールズ・オルコックが発案したFAカップ選手権はトーナメント方式による世界初の国内選手権だったが、一八七一～七二年の記念すべき第一回大会にエントリーしたのはわずか一五チームにすぎなかった。

一八七〇年代に入るとFAは徐々にその影響力を強めたかに見える。一八七二年にはイングランドとスコットランドの間で初の国際試合が行われており、翌年にはスコットランド、一八七六年にはウェールズ、一八八〇年にはアイルランドにもそれぞれフットボール協会が結成されるとともに、FAへの加盟チーム数は一八八一年には一二八チームにまで増えている。とはいえ一八七〇年代から一八八〇年代にかけて急速に進んだのはじっさいにはサッカーの「大衆化」であり、アマチュアリズムを基礎とするFAの思惑とはいささか事情が異なるものであった。

とくにサッカーに関し、この時期に二つの大きな変化が生まれている。それは観客とプロ選手の誕生である。その中心地となったのが、綿業の機械化により、一八世紀後半から一九世紀前半にかけ、未曽有の工業化と都市化を経験したイングランド北西部及び中部だった。

一九世紀のスポーツ・ジャーナリストで、英国フットボール史上初の歴史研究者の一人ともいわれるジェームズ・カットンによれば、イングランドにおける最初のプロ・サッカー選手は、一八七六年頃にシェフィールドのヒーリー Heeley というクラブに参加していたピーター・アンドリューズとジェームズ・ラングという二人のスコットランド人選手である。

サッカーにおけるプロ化がもっとも顕著に見られたのがイングランド北西部のランカシァ地方であり、なかでもボルトン、ブラックバーン、ダーウェンの三つの都市を直線で結んだ綿業がたいへん盛んな「三角地帯」であった。ここでは一八八〇年代に入るまでに、プロ化に関わるつぎの三つの行為が行われるようになっていたとされる。それは選手の「輸入」、「レンタル」、「引き抜き」である。

当時、もっとも多くのフットボール選手が「輸入」されたのはスコットランドからであった。スコットランドの選手は「もっとも高い技能」を持ち、「サッカーの優れた教師 professors」ともいわれた。ボルトン・ワンダラーズFCは一八八二年の時点で六人のスコットランド人選手を擁していたことから、「近い将来、同クラブの選手は『キルト』をまとい、『カレドニアンズ』と呼ばれるだろう」などと揶揄《やゆ》されたという。『フットボール・フィールド』紙によると、一八八四年一二月の時点で、ランカシァ地方の複数のクラブには少なくとも五五名のスコットランド人選手が登録されていた。ちなみに一番多かったのがプレストンのノース・エンドFCの一一名であり、バーンリーFCは九名、ハリウェルFC〔ボルトンの近く〕では七名だった。*2

プロの容認問題

このようなプロフェッショナリズムの趨勢はイングランド北西部のクラブにだけ見られたものではない。たとえば、一八八三年に指摘された問題はつぎのようなものだった。あるチームの複数の選手の名前がシェフィールドの目抜き通りに掲げられ、彼らがその報酬として二〇ポンドを受け取ったというものだ。このような行為は「隠れたプロフェッショナリズム」などとも呼ばれた。そのため、FAは選手に金銭を支払ったアクリントンFCを除名処分にしている。

一八八四年から八五年にかけてプロ化をめぐる問題はさらにエスカレートする。一八八四年一月にある決定的な出来事が起こっている。ロンドンのアマチュア・クラブであるアプトン・パークFCが、FAカップで試合相手となるプレストンのノース・エンドFCのメンバーの中にプロ選手が含まれているとの異議申し立てを行ったのである。これに対し、ノース・エンドFCのメイジャー・ウィリアム・サデルはそのことを否定せず、彼らへの金銭の支払いを認めたうえで、その行為が悪いものでも異常なものでもないと反論した。ノース・エンドFCはその年のFAカップへの参加を拒絶され、すぐさまそれと同様の措置がバーンリーFCとグレート・リーヴァーFCにも適用されている。

その後も議論は続くが、一八八四年秋、FAカップに外国の選手が加わるのを禁止しようとする試みは北部の約四〇ものクラブによる激しい抵抗にさらされる。彼らはFAの分離を要求し、新たに「英国ナショナル・アソシエーション（British National Association）」の創設を提案した。こうしてＦＡはまたもや分裂の危機に直面する。

最終的に、プロの容認を求める声がひじょうに強く大きいことを悟ったＦＡは、一八八五年七月、ついにプロ選手を容認し、その結果、分裂は回避された。ただしプロ選手に対しては、その後もつぎのような厳格な管理が義務づけられている。すなわち、①ＦＡカップへの参加は出生地ないしは居住地がクラブ本部から六マイル以内とし、居住期間が二年以上であること、②無許可でシーズン中にクラブを移籍しないこと、③複数のクラブと連盟に同時に在籍しないこと、これら三つの条件が定められたのである。

なお、プロの容認に関しては、一八九〇年代に入るとラグビーでも問題になった。これに対し、ＲＦＵはプロ化を容認しないことを決定する。その結果、イングランド北部を中心とするプロ・ラグビーのチームはＲＦＵを脱退して別の組織を結成した。一八九五年のことである。当初、この組織は「北部ラグ

図13　ノース・エンドFCのメンバー（1888-89年）
出典：FIFA Museum Collection, *1000 Years of Football*, 1996, Berlin: edition q, 1996, p.84.

ビー・フットボール・ユニオン」〔NRFU〕としてスタートし、後に「ラグビー・リーグ」〔RL〕と改名され、現在にいたっている。

この時に問題となったのは、具体的には選手の「休業補償」に関する問題であった。綿業が盛んだったイングランド北部のラグビー・クラブには、サッカーと同様、多くの労働者が参加していた。彼らが試合に出場するには、当然、仕事を休む必要があり、それに対する金銭的な補償が問題となったのだ。RFUに対し、北部のラグビー・クラブは仕事を休んで試合に出場した選手への休業補償を提案したが受け入れられなかった。

結成当初のNRFUのルールはRFUとまったく同じであったが、NRFUの選手のほとんどが日曜日以外の平日に出勤する必要があったことなどから、後にラック、モール、ラインアウトなど、負傷の可能性が高いとNRFUが判断したルールが廃止されている。プロを容認したNRFU（RL）はその後も観客を意識したルール改定を重ねることで、長くアマチュアリズムを保持したRFUとは異なる独自のRLルールが確立されていくのである。

マンチェスターから列車で一時間ほどのところにあるハダーズフィールドの駅舎のすぐ目の前には、RFUを脱退した北部のラグビー・クラブの代表者たちがNRFUの結成を話し合ったジョージ・ホテルがある。二〇一二年まで、その一角が「ラグビー・リーグ博物館（Gillette Rugby League Heritage Centre）」〔RLHC〕になっており、RLの歴史とともに、記念となるカップやトロフィー、選手の写真などを展示していた。

イングランド北部は、サッカーとラグビーのいずれにおいても古くからプロフェッショナリズムを推進してきた中心地である。そこにNFMとRLゆかりのジョージ・ホテルがあるのは、たいへん象徴的なことと言わねばならないのである。

図14　ハダーズフィールドにある「ジョージ・ホテル」
ここで NRFU の結成が話し合われた。2012年まではこのホテルの地下に「ラグビー・リーグ博物館」があった。（著者撮影：ハダーズフィールド、2012年９月22日）

図15　「ラグビー・リーグ博物館」の展示品
第一回ラグビー・リーグの優勝盾とユニフォーム、メダルなどの展示コーナー。（著者撮影：ハダーズフィールド、2012年９月22日）

2　歴史的和解？

野球とクリケット

二〇一〇年五月から二〇一一年一月にかけて、ロンドンのローズ・クリケット場にある「メリルボーン・クリケット・クラブ（Marylebone Cricket Club）」〔MCC〕の博物館で、ある特別展が開かれていた。MCC博物館は原則としてクラブ会員のための博物館だが、ゲームのない日はクリケット場内の見学ツアー客に、また試合のある日は一般の観客にも開放されている。わたしが訪れた九月一八日は、四月から予選が行われてきたカウンティ〔州〕対抗の決勝戦の日で、両チームの応援団、カップル、家族、親子などが大勢詰めかけ、たいへんな賑わいを見せていた。

『フル・スイング（Swinging Away）』と題されたその特別展は、クリケット cricket と野球 baseball が相互に影響を及ぼしあってきたことを示そうとする野心的な企画であった。英国のMCC博物館と米国の野球殿堂博物館が共同で企画した展覧会はこれが初めてである。また、MCC博物館での展示が終わった後、米国ニューヨークのクーパーズタウンにある野球殿堂博物館でも同様の展示が行われる予定になっていた。

クリケットと野球はともにチーム対抗の打球技である。たしかにその点では共通しているが、その一方で大きな違いがあることも知られていよう。英国と英連邦諸国を中心にたいへん人気のあるクリケットは、試合時間がとても長いことが最大の特徴である。「テストマッチ」と呼ばれる国際試合では、一試合を終えるのにじつに五日間を要する。そこには短い夏のシーズンを最大限に楽しもうとする英国人の心情が投影されているようにも思えるのだ。

野球と同様、打者側と野手側がイニングの表と裏で入れ替わるのだが、通常、クリケットでは

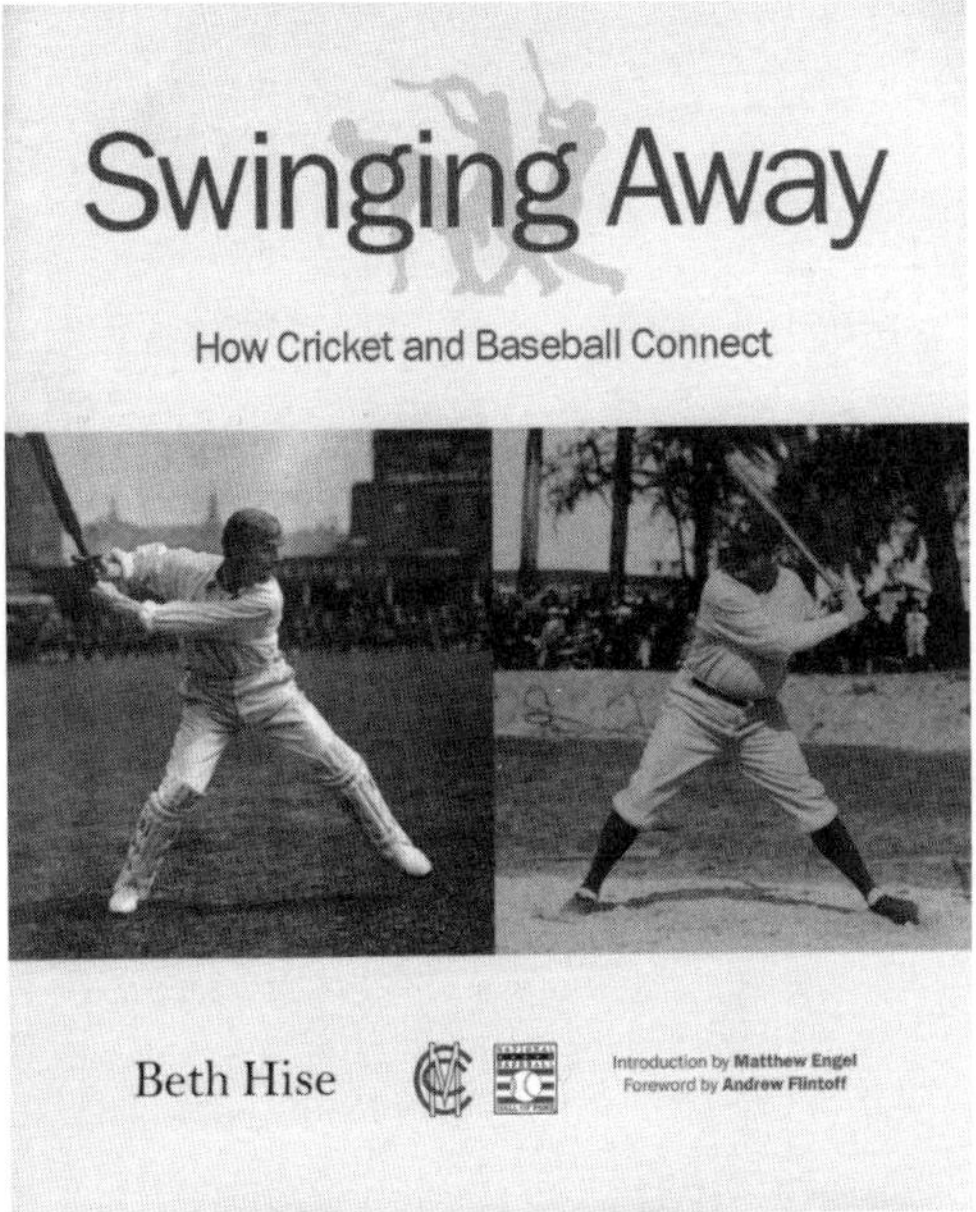

図16　「MCC 博物館」で開催された特別展図録の表紙
表紙の写真は、オーストラリアの偉大なクリケット選手ヴィクター・トランパー（左）とアメリカの伝説的な野球選手ベーブ・ルース（右）で、それぞれのバッティング・フォームを対比するデザインになっている。
出典：Beth Hise, *Swinging Away: How Cricket and Baseball Connect*, London: Scala Publishers Ltd., 2010.

「一〇アウト」で攻守が入れ替わる。また一人の打者は自分がアウトになるまで何度も打ち続けることができるため、一人の打者が一度の打席で一〇〇点をたたき出すことも可能である。このことをクリケットでは「センチュリー」と呼ぶ。また、自分の打球が気に入らなければ走らなくても良いことになっている。

この日のゲームは一イニング制で行われたが、一回表のサマセット州の打撃はおよそ二時間半に及び、午後三時に開始された試合の終了時刻は午後九時前だった。ちなみにこの日の結果は一九九対二〇〇でウォリックシァが勝利している。

図17　2010年「クライスデール銀行40（ワンデイ・クリケット）」の決勝戦のチケット、プログラム、応援用プレート（著者所有）

このように野球とは対照的ともいえる特徴をもつクリケットにも、近年は大きな変化が見られるようになっている。たとえば長い時間がかかるテストマッチの観客数が減少しつつあるのに対し、試合が一日で終わる「ワンデイ・クリケット」の人気が高まってきているのである。じっさいに試合会場に行って驚いたのは、スポンサーが観客に厚紙でできた一枚のプレートを配っていたことである。そのプレートは裏表になっていて、それぞれ大きく「4」と「6」の数字が印刷されている。

クリケットでは、打者が打ったボールがワンバウンド以上してから境界線 boundary を超えると四点が入り、直接超えると六点が入る。つまり、観客はこのプレートをかざして打者に「ホームラン」を要求するのである。どうやらワンデイ・クリケットは野球に似てきているようだ。同様の現象はそれ以外にも見られる。たとえば、クリケットについての最近の会話では、明らかに野球用語から取られた言葉が使われるようになっているという。「バッター batter」（クリケットでは元来、「バッツマン batsman」）、ウィケット wicket（標的となる三柱門）の後ろにいる野手を「キャッチャー catcher」（クリケットでは「ウィケット・キーパー wicket-keeper」）、「ピンチ・ヒッター pinch hitter」、「外野 outfield」、「スイッチ・ヒッター switch-hitter」、「ストライク strike」、「カーヴ curveball」、「ホームラン・ダービー（home run derby）」等である。さらにクリケットの選手がユニフォームに背番号をつけて試合をする場面が増えたのも近年のことで、以前には見られなかった光景である。これはやはり運営する側が観客の存在を強く意識するようになった結果とも考えられる。野球とクリケットの共通点は、あるいは強力なグローバル化の波にさらされているというもう一つの「現実」にあるのかもしれない。わたしはMCC博物館の特別展とワンデイ・クリケットの試合を見ながらそう強く感じたのである。

ワンデイ・クリケットとトゥエンティ二〇

本来のクリケットが試合に長い時間を必要としたのに対し、試合時間を短縮したクリケットの人気が高まってきている。

二〇一〇年にローズ・クリケット場でわたしが観戦したのはイングランドとウェールズにおけるカウンティ対抗の決勝戦であった。この大会は一九六九年に始まる「ジョン・プレイヤーズ・カウンティ・リーグ」の流れを汲んでいる。この大会の試合時間はこれまでにどんどん短縮されてきた経緯がある。現在は、試合時間を短縮するために、一人の投手が連続して投げることができる有効投球数を六球とし、その投球が終わると審判は「オーヴァー over」と宣言する。そして各々のチームが一試合に投球できる「オーヴァー」の数が「四〇」に制限されているのである。ときにこの形式の試合が「フォーティ・オーヴァー」と呼ばれるのはそのためである。

この大会を主催してきたのは「イングランド及びウェールズ・クリケット評議会（England and Wales Cricket Board）」〔EWCB〕である。二〇〇三年、この団体はさらに試合時間を短縮した試合方式を導入した。それが「トゥエンティ二〇（Twenty 20［T20］）」と呼ばれる方式である。名前のとおり、「オーヴァー」をさらに少ない「二〇」に制限するもので、この方式であれば一つの試合を三時間程度で終わらせることができる。つまり、野球と同程度あるいはそれより早く終わらせることが可能となるのである。これら「制限」が加えられたゲームでは、打者が効率よく得点を入れることが求められるため、打者は「ホームラン」をねらい、観客も打者に「フル・

スイング」を要求するのだ。

イングランドの国技ともいわれるクリケットには当然長い歴史が存在するが、この革新的ともいえる「トウェンティ二〇」の方式はどのような経緯で生まれたのか。

当時、ＥＷＣＢの営業担当だったスチュアート・ロバートソンはその原案が市場調査を通して考え出されたものだったと語っている。ＥＷＣＢはすでに一九七二年からカウンティ対抗のワンデイ・クリケットの大会を主催していた。「ベンソン&ヘッジ杯」という冠大会である。ところが、ヨーロッパ連合〔ＥＵ〕の方針を受けて施行された「たばこ広告法（Tobacco Advertising and Promotion Act 2002）」により、英国でも二〇〇二年以降、たばこ会社が許可なく広告を出すこと、スポンサーになることが禁じられた。そのため、ＥＷＣＢは大口のスポンサーを失うはめになったのである。

国際試合は盛況なものの、国内のカウンティ対抗戦は観客がまばらという状態はそれ以前から続いていた。このような状況を打破しようと、評議会の上層部に対し、市場調査の実施を進言したのが前述のロバートソンであった。

彼はカウンティ・クリケットに興味をもつ新たな「顧客」、すなわち観客をクリケット場に呼び込むための方法を探った。具体的には、ＥＷＣＢがじつに二〇万ポンド（約三六〇〇万円）をつぎこんだ大規模な市場調査を行い、いったい誰がクリケットの試合を見に来てくれるかを調べ上げたのだ。その結果、潜在的な顧客が、「経済的にゆとりはあるものの、時間的にゆとりのな

図18　クリケットのバッツマン（右）とウィケット・キーパー（左）

以前のクリケット選手は白いウェアを着用し、赤いボールを使うのが一般的だったが、近年はカラフルなウェアや白いボール（!）もめずらしくはない。

出典：*Clydesdale Bank 40 Final Official Programme*, p.12.

い人たち」であることをつきとめたのである。

オーヴァー数を二〇に制限して試合時間を短くするというアイデアはこうして生まれた。伝統あるプロの試合をこのような方式に変えることにはもちろん強い反対意見もあったが、最終的には各州の代表者の投票により、二〇〇三年から「トゥエンティ二〇」の形式が採用されることになった。

「トゥエンティ二〇」については今もなお賛否両論が見られる。この形式を好意的に捉える意見の中で一番多いのは、じっさいに観客が増加し、興行収入が増え、これを「成功」と見なす考え方だ。たとえば、二〇〇四年七月一五日にローズ・クリケット場で行われたミドルセックス州とサリー州の試合には二万六五〇〇人もの観客が訪れた。観客が多ければそれは選手にも良い影響を与え、スポンサー収入も集めやすくなる。最終的には選手の収入も増えることから、二〇〇五年からはこの方式での国際試合もすでに行われるようになっている。

「トゥエンティ二〇」の「成功」により、カウンティも一定の割合でこの方式による試合を組まざるを得なくなり、試合数が増加する傾向にある。たとえば、ヨークシァとレスターシァでは、国内ゲームの七〇パーセントがこの方式で行われるようになったとされる。

これに対し、この方式が従来のクリケットの価値観を壊してしまうのではないかという懸念も聞かれる。すでに述べたように、短い時間で行われる試合では効率的に得点をあげることが勝利につながるため、バットの一振りで四点ないしは六点が入る「バウンダリー」をねらう機会が多

図19　背番号付のウェアを着て試合をするクリケット選手たち
出典：*The Wisden Cricketer*, 8-1, October 2010, p.51.

図20　出場選手のサインをもらおうと待ち構える子どもたち
彼らのユニフォームにも背番号がプリントされている。（著者撮影：ロンドン、ローズ・クリケット場、2010年9月18日）

くなる。その結果、試合の重点がバッティングに偏重し、ボウリング〔投球〕の比重が軽くなってしまうのではないか、というのである。たしかにこれはクリケットにおける従来の価値観が一八〇度変わってしまうことを意味している。じつは、クリケットでは伝統的にボウラー〔投手〕側が攻撃側と見なされてきた経緯がある。なぜなら、クリケットのバッツマン〔打者〕側はウィケットと呼ばれる目標物を守るという意味で、守備側と考えられてきたからである。

懸念はまだある。今見てきたように、「トゥエンティ二〇」の方式は国内の対抗戦だけでなく、国際試合でも採用されている。その結果、五日間をかけてじっくりと行われる従来の国際試合の方式、すなわち「テストマッチ」を軽視する選手が出てくるのではないかということである。方式やルールが変わると、それに対して求められる選手の技能や力量も変化する。伝統的なテストマッチでは「忍耐力」や「規律」が求められるのに対し、ワンデイ・クリケットでは「パワー」や「敏捷性」が求められるだろう。そこに報酬の多寡が加われば、選手の気持ちが新たな方式に傾いてしまうのではないか、との懸念が聞かれるのである。

クリケットはイングランドで今日の形態が整えられたいわば「国技」である。そのため、イングランド国内において「伝統的」な価値観がすぐさま変質するとは考えにくいかもしれない。しかしながら、イングランド以外の国々で行われているクリケットの状況はどうだろうか。あるいはもう大きく様変わりしてしまっている可能性もあるようだ。

たとえば、インド・チームの元キャプテンで、優秀な打者だったラウル・ドラヴィドはBBC〔英国放送協会〕の取材に対し、インドでも「テストマッチ」の観客が減り、じっさいに多くの人びとをクリケット場に引き寄せるのが難しくなってきていると述べている。また、報酬が高いという理由から、選手は「テストマッチ」よりもインド・プレミア・リーグに出場することを好むようになっているとの指摘もある。「ワールド・ベースボール・クラシック〔World Baseball Classic〕」〔WBC〕の状況等を見ると、野球もこれに似た状況にあることがわかる。その意味で、グローバル化の波はクリケットと野球に対し、わけ隔てなく影響を与えているように感じられるのだ。

「ベース・ボール」はイングランドで生まれた

ともにグローバル化という「時代の波」にさらされているクリケットと野球であるが、クリケットはイングランドの「国技」であり、野球はアメリカの「国民的な娯楽」と見なされてきた。そのため、両者の違いを強調するのがこれまでの一般的な風潮だった。それに対し、両者が互いに影響を及ぼしあってきたという観点から行われたのが二〇一〇年から翌年にかけ、MCC博物館と野球殿堂博物館で開催されていた特別展の画期的なところである。

なかでもその展示を通して指摘された二つの問題についてふれておきたい。それはとくに両者の歴史に関わる内容であり、本書の内容にも深く関わっているからである。一つ目は「ベース・ボール」がイングランド生まれであるということ、もう一つは一九世紀までは米国でもクリケットが盛んに行われていたということだ。

近年の研究では、'baseball' ないしは 'base ball' と呼ばれるゲームがすでに一八世紀の英国で知られていたことが明らかになっている。比較的よく知られているのは、一七四四年にロンドンで出版されたジョン・ニューベリによる『小さな可愛いポケットブック』である。そこには、三本の塁《るい》を用いて打球戯を楽しむ少年たちの姿が描かれている。

また、「ベース・ボール」はジェイン・オースティンの小説『ノーサンガー・アベイ』の冒頭でもふれられている。この小説は一八一八年に出版されたものだが、じっさいに書かれたのは一七九八年から翌年にかけてのことである。

さらに二〇〇七年には、ウィリアム・ブレイというサリー州の好古家の日記が発見され、一七五五年の復活祭の翌日〔Easter Monday〕に、男女で 'Base Ball' を行ったとする記述が見られる。

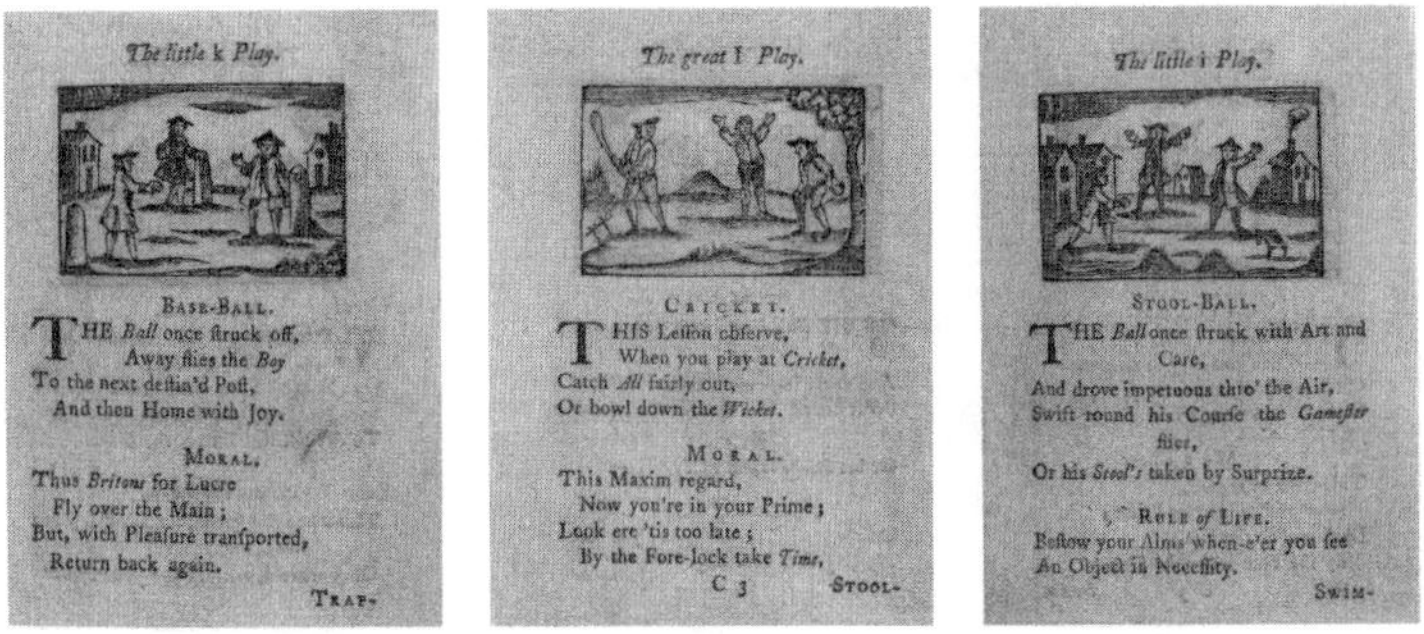

図21　イングランドの３つの伝統的な打球戯

ジョン・ニューベリの『小さな可愛いポケットブック』第10刷（1760年）に掲載された「ベース・ボール」（左）、「クリケット」（中）、「スツールボール」（右）の頁。出典：Hise, *op.cit.*, p.30.

なお、ニューベリの『ポケットブック』はマサチューセッツで米国版の初版が出版されているが、それは独立から一一年後の一七八七年のことである。

これに対し、野球がアメリカ起源のスポーツであり、一八三九年にニューヨークのクーパーズタウンに住んでいたアブナー・ダブルデーという人物によって考え出されたとの主張を行ったのが、ナショナル・リーグの設立（一八七九年）に貢献したアルバート・G・スポルディングだ。現在、彼の主張を信じる者は誰一人としていないが、「スポーツは収益のあがるビジネスであり、娯楽である」とする彼の考えについては先見性を認めざるを得ないだろう。

スポルディングは「偉大な国技である野球が、一人の合衆国陸軍少将によって考案され名づけられたというのは、アメリカ人の誇りに確実に訴えかけるものをもつ」と自ら語っているが、この主張が掲載された一九〇八年三月の『野球ガイド』は、アメリカ中で好意的に受けとられたという。そして一九三九年にはニューヨークのクーパーズタウンに野球殿堂が開設されるのである。

じっさいのところ、野球は米国人が英国の古い球戯を漸進的に変化させて形づくってきたものであり、バスケットボールやバレーボールのように誰か一人の発案で誕生したものではない。それは、ラグビーから派生したアメリカン・フットボールについてもいえることだ。

植民地時代の米国では英国文化が隅々まで浸透していたため、独立した後もその状況はすぐには変わらなかった。じっさいに一九世紀半ばにはクリケットが大流行していた。主たる担い手が富裕層だったことや、クリケットが英国文化と不可分な存在だったことなどから、南北戦争（一八六一〜六五年）後から二〇世紀初頭にかけてその地位が野球にとって代わられるのである。

スポルディングが活躍したのはいわゆる「金ぴか時代」（マーク・トウェイン）の米国だった。野球のプロ化が進展したのもこの時代のことである。シンシナティ・レッドストッキングスが全選手を有給とし、完全なプロ球団として誕生するのは一八六九年のことである。ちなみに一八七〇年代に行われたルールの改定には、野球を「行う」だけでなく、楽しく「観る」ための項目がつけ加えられてもいた。その一つが試合時間の短縮である。それまで二一点先取で行われていたゲームが九イニング制に変わったのは一八五八年のことで、「見送り三振制〔コールド・ストライク〕」が導入されたのもこのときである。またコールド・ボール制も一八六四年に導入されているが、一八七九年には九ボールで出塁とされ、その後の一〇年になって現在の四《フォア》ボールへと改められている。

イングランドの打球戯

スポルディングが野球のアメリカ起源説を発表した頃、彼にはある論敵がいたことが知られている。ヘンリー・チャドウィックである。イングランド生まれのアメリカ人で、スポーツライターでもあった彼は、ラウンダーズ rounders という英国の球戯が野球の起源ではないかと考え、そう主張した。

ラウンダーズは現在も英国やアイルランドで行われている野球に似た打球技である。打撃後、打者はベースではなく、四本の杭をタッチして一周する。つまり、初期のベース・ボールとそっくりなのである。ただし、イングランドにおけるラウンダーズのバットとボールは現在の野球よ

図22　ラウンダーズの打者
出典：*Know the Game: Rounders*, 3rd edition, London: A & C Black Publishers. Ltd., 1988, p.1.

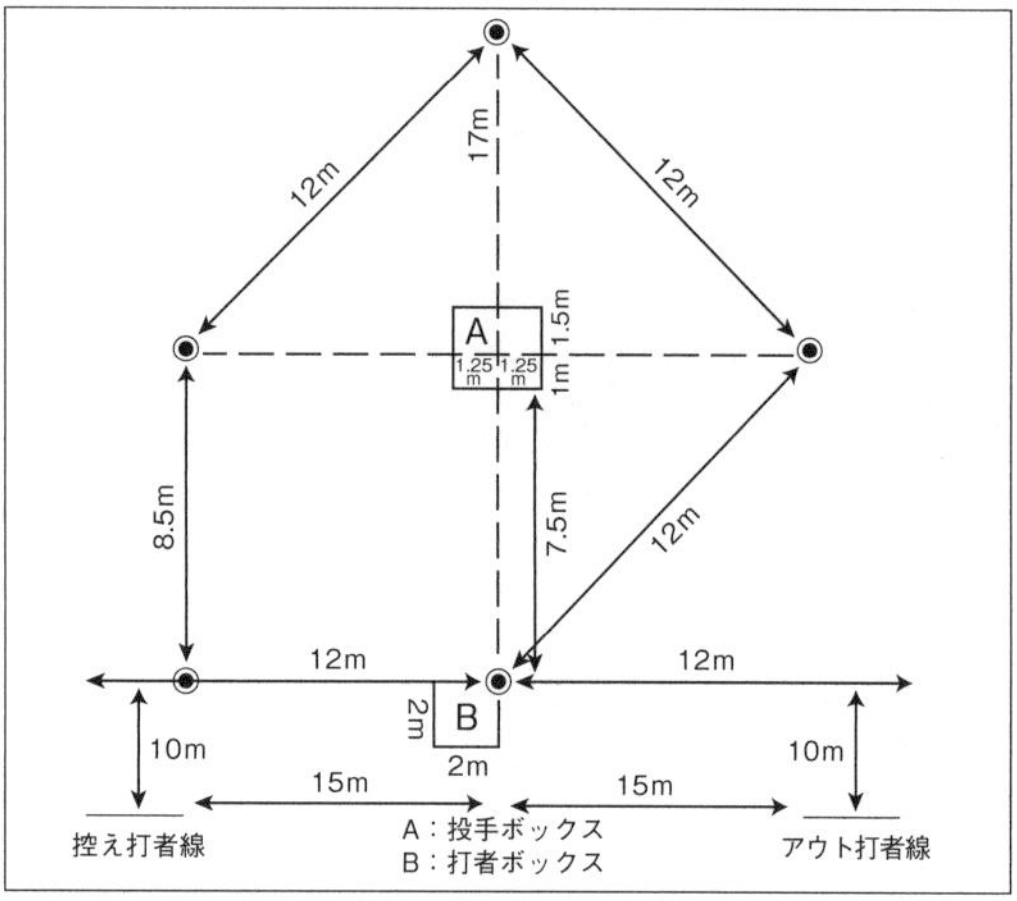

図23　ラウンダーズのコート図
出典：*Ibid*., p.5.

りも小さく、バッティングも基本的には片手で行われ、走る距離も短い。

アイルランドでは「ゲール運動競技協会（Gaelic Athletic Association）」〔GAA〕（一八八四年）、イングランドでは「ナショナル・ラウンダーズ協会（National Rounders Association）」〔NRA〕（一九四三年）が統一ルールを定め、統轄している。NRAは、先にふれたニューベリの『ポケットブック』における「ベース・ボール」をラウンダーズの別名と見なすことで、ラウンダーズを野球の起源としている。事実、'rounders' という言葉の初出自体は一八二八年にロンドンで出版されたウィリアム・クラークによる『ボーイズ・オウン・ブック』第二版であり、じっさいには 'base-ball' の初出年よりもずいぶんと遅いからである。また、この点がラウンダーズを野球の起源とする場合の難点と見られてもいる。

これ以外にも野球とクリケットの起源を考えるうえで知っておかなければならないイングラン

ドの球戯がある。それはスツールボール stoolball とトラップボール trapball である。両方とも、ニューベリの『ポケットブック』に記載があるうえ、その記録が一五世紀までさかのぼること、また現在もイングランドを中心に存続している点が共通している。

両方とも五世紀を超える歴史をもつわけだが、スツールボールについては二〇〇八年に「スツールボール・イングランド」という名の統轄団体が、それ以前にあった「ナショナル・スツールボール協会」〔NSA〕（一九七九年）から移行する形で誕生しており、国内レヴェルでの組織化がなされている。かつては復活祭の時期に若い男女が行った球戯だとされ、「スツール」は文字どおり、背もたれのない丸椅子を意味した。とくに昔から知られているのは牛の乳を搾るときにこしかける椅子をクリケットにおけるウィケット〔目標物〕のようにして用いたことに由来する。投げる側は丸椅子《スツール》めがけてボールを投げ、打者はそれにボールを当てられないよう、バットで打ち返し、ボールが返球されるまでにもう一つの目標物との間を走り、往復するのである。

これに対し、トラップボールのト

図24　トラップボールで遊ぶ少年を描いた絵画
もとのタイトルは「少年時代のジョン・チャンドス・リード」（ウィリアム・レドモア・ビッグ [1755-1828] 作）。出典：Hise, *op.cit.*, p.35.

ラップは「仕掛け」を意味する。組織化が進んでいるスツールボールに対し、こちらはパブを中心に行われてきたもので、さまざまなヴァリエーションがあったとされる。仕掛けの上にボールを置き、打者がその仕掛けをバットで叩き、撥ね上がったボールをバットで打つのが一般的な方法である。現在もケント州の一部のパブでリーグ戦が行われているという。

クリケットと野球の共通の祖先かもしれないスツールボールとトラップボールは現在もプレイされている現役のボールゲームである。もちろん、これらが実施されている地域は限定されており、その意味ではグローバル・スポーツの対極にあるローカル・スポーツとして、その古い形態を保持している。グローバル化の波がつぎつぎと押し寄せる現在の状況下で、こういった古い歴史をもつ多様なローカル・スポーツが生き残るにはいったい何が必要なのだろうか。

3　「ボールはやさしく打ちなさい」

二〇一二年に開催されたロンドン・オリンピックでは、いくつかの競技で英国内のイングランド、ウェールズ、スコットランドにある「歴史的遺産」ともいうべき場所が使用された。アーチェリー会場として使用されたローズ・クリケット場はいわばクリケットの総本山であり、サッカーでは、スコットランド代表チームの本拠地であるハムデン・パーク競技場（グラスゴー）やラグビーのウェールズ代表チームの聖地といわれるミレニアム・スタジアム（カーディフ）、プロ・サッカー・チームの本拠地であるオールド・トラッフォード（マンチェスター）、セント・ジェームズ・パーク（ニューカースル）、シティ・オヴ・コヴェントリー・スタジアム（コヴェントリー）等々、いずれも立派な歴史と伝統をもつスポーツ施設である。

ローンテニスの誕生

そんな中、もっとも古い歴史をもつローズ・クリケット場とともに話題となったのが、テニス競技が行われたウィンブルドンである。ウィンブルドンの「オールイングランド・ローンテニス・アンド・クロッケー・クラブ（All England Lawn Tennis and Croquet Club）」〔ＡＥＬＴＣＣ〕は一八六八年に設立された名門クラブだが、最初はクロッケーという別の打球技を行うクラブだった。一八七七年に初めて全英テニス選手権〔ウィンブルドン大会〕を開催し、以来、テニスの聖地として名を馳せてきた。年に一度のウィンブルドン大会では、独自のルールにより、選手のウェアが「白色」を基調としたものに制限される。スタンドの塀も通常は緑色で統一されているため「白色」がよく映えるのだが、ロンドン・オリンピックでは特別に各国の国旗や代表チームのカラー・ユニフォームの着用が認められた。

現在、オリンピック種目になっているローンテニスが誕生したのは一八七〇年代のことである。一八七三年、ウェールズ出身の軍人で、発明家でもあるウォルター・クロプトン・ウィングフィ

図25　「ウィンブルドン・テニス博物館」の入口
（著者撮影：ロンドン、1999年８月24日）

図26　かつての「センター・コート」
「センター・コート」は1922年に完成したオールイングランド・ローンテニス・アンド・クロッケー・クラブ内にある専用コートで、座席数は１万5000席。1992年に大規模な改修工事が行われた。ウィンブルドン大会が開催される６月は雨が多く、雨天中断時及び再開時のシート貼りとその撤収作業が名物となっていたが、テレビ中継を行う BBC などからセンター・コートに開閉式の屋根を求める声があがり、開閉式屋根が2009年４月に完成している。主にウィンブルドン大会の決勝をはじめ、デビス杯英国代表の試合等にも使用されている。2012年のロンドン・オリンピックではテニス競技の決勝もここで行われた。（著者撮影：ロンドン、1999年８月24日）

ールド少佐（一八三三〜一九一二年）が「スファイリスティクまたはローンテニス（Sphairistikè or Lawn Tennis）」と称する新しい球戯の用具、コート、ルールを発表した。一八七五年には、当時の英国でリアル・テニス real tennis〔室内テニス〕とラケッツ rackets〔壁打ちのテニス〕を統轄していた既述のメリルボーン・クリケット・クラブ〔MCC〕がルールに調整を加えた後、さらに一八七七年にウィンブルドン大会を開催するため、ヘンリー・ジョーンズ、ジュリアン・マーシャル、チャールズ・G・ヒースコートの三人によってまとめあげられたのが、現在のローンテニスに直接つながる最初のルールである。

ウィンブルドン大会の始まりについては興味深いエピソードがある。それはこの大会がそもそもAELTCCの経営難から実施されることになったというものだ。

当時、同クラブが主として行っていたクロッケーは日本のゲートボールに似た球技で、複数の球門を順番にボールをくぐらせていくゲームである。そのため平らな状態の芝を整地する必要が

図27　1632年にフランスで製作された「ジュ・ドゥ・ポーム（リアル・テニス）」の銅版画
リアル・テニスはローンテニスが誕生した後も存続している。オックスブリッジ（オックスフォード大学とケンブリッジ大学）では1859年に、またパブリックスクールでは1868年から対抗戦が始まった。出典：John Armitage, *Man at Play: Nine Centuries of Pleasure Making*, London: Frederick Warne, 1977, p.66.

図28　クロッケーを楽しむ紳士と淑女
出典：Phyllida Barstow, *The English Country House Party*, Phoenix Mill, Gloucestershire: Sutton Publishing Ltd., 1998, p.125.

あったのだが、その際に使用されていたローラーが壊れてしまう。当時のクラブは経営難で、それを修理する予算を捻出することができずにいた。当時、名誉会長だった『フィールド』誌の編集長J・W・ウォルシュはちょうど流行しつつあったローンテニスの競技会を開催し、参加料と入場料による収入を得ることを思いついた。『フィールド』誌の社長を説き伏せ、二五ギニー相当の銀製のカップを寄贈してもらうこととし、アマチュア選手の参加を広く呼びかけた。優勝者には一二ギニーのゴールドチャンピオン賞と銀製のチャレンジカップが、第二位には七ギニー相当の銀製品、第三位には三ギニー相当の賞品が準備された。なお、選手の参加料は一ギニーで、観客の入場料は一シリングであった（一ギニーは二一シリング）。

この企画はみごとに成功する。計二二名の選手が参加し、悪天候にもかかわらず、決勝戦には約二〇〇人が観戦に訪れ、最終的に一〇ポンドの利益が得られたのである。ウィンブルドン大会はそれ以後毎年開催されることになるが、第一回大会から優勝者には賞金と賞品が与えられている。

あくまでもアマチュア選手を対象とする大会ではあったが、競技内容はすぐさまヒート・アップした。たとえば、第一回大会では参加者全員がアンダーハンドのサーヴィスを打っていたのに対し、翌年の第二回大会ではアーサー・T・マイヤースが初めてオーヴァーヘッドからのサーヴィスを披露し、この技術が数年後には主流となる。第一回大会の優勝者であるスペンサー・W・ゴアの戦術はサーヴ・アンド・ヴォレーで、このときはまだロビングの技術が開発されていなかった。ロビングは第二回大会の優勝者パトリック・F・ハドウが初めて行った技術であり、それに対抗して生まれたのがスマッシュだった。この技術をいち早く身につけたのはW・C・レンショウであり、彼は一八八一年から八六年まで六年間続けて男子シングルスで優勝している。

「伝統」は創られる

第一回大会の優勝者であるゴアは、私立の名門パブリックスクールであるハロー校の卒業生であり、ラケッツ rackets、リアル・テニス real tennis、クリケットという三つのボールゲームのトップ選手でもあった。第二回大会優勝のハドウ、第三回及び第四回で優勝したハートリー(John Thorneycroft Hartley)もハロー校の卒業生である。じっさいに、ゴアは一八六七〜六九年、ハドウは一八七二〜七三年にローズ・クリケット場で行われたイートン校とのクリケット対抗戦

図29　第２回ウィンブルドン大会（1878年）のスケッチ
出典：Heiner Gillmeister, *Tennis: A Cultural History*, Leicester: Leicester University Press, 1997, p.196.

に出場してもいる。[*3]

ハロー校とイートン校のクリケット対抗戦が始まったのはじつに一八〇五年のことで、ハロー校にラケッツが導入されたのは一八二二年頃のことだったといわれている。一八五一年にはラケッツ用のコートが二面つくられ、翌年の五二年には学内定期戦が始まっている。パブリックスクール間の対抗戦は一八六八年に始まり、イートン、ハロー、チャーターハウス、チェルトナムの間で行われ、以後、参加校を増やしていく。ちなみにオックスフォード大学とケンブリッジ大学

表1　開始年代別オックスフォード・ケンブリッジ両大学間の定期戦種目

年代	開始種目数	開始スポーツ種目
1850年代以前	4	クリケット、ボートレース、ラケッツ、リアル・テニス
1860年代	4	陸上競技、射撃、ビリヤード、障害物競走
1870年代	4	ゴルフ、サッカー、ラグビー、ポロ
1880年代	2	クロスカントリー、ローンテニス
1890年代	5	ボクシング、ホッケー、スケート、水泳、水球
1900-13年	8	体操、アイスホッケー、ラクロス、オートバイレース、綱引き、フェンシング、自動車レース、モトクロスレース （このうちのいくつかは後に行われなくなった）

出典：Ogier Rysden, *The Book of Blues: Being a Record of All Matches Between the Universities of Oxford and Cambridge in Every Department of Sport*, London: F. E. Robinson & Co., 1900.

による対抗戦についていえば、ラケッツは一八五五年、リアル・テニスが一八五九年、ローンテニスは一八八一年に始まっている。こうして見ると、パブリックスクールと大学がイングランドにおけるスポーツの近代化に果たした役割は大きく、これらもまた重要な歴史的遺産と見ることができるだろう〔表1を参照〕。

なお、ローンテニスに関してはその後も長い間、プロ化が認められなかったが、第一回ウィンブルドン大会がそうであったように、アマチュアによる大会であっても賞金や賞品の授受はあまり問題視されなかった。否、アマチュアであるからこそ問題にならなかったのである。ローンテニスにおける主要な大会でプロ選手の参加が認められるようになるのは一九六八年のことで、そこからテニスのグローバル化が大きく進む。そのきっかけは英国の「ローンテニス協会（Lawn Tennis Association）」〔LTA〕が一九六七年の総会で次年度以降のプロの参加を認める決定を行ったことによる。当時の「国際ローンテニス連盟（International Lawn Tennis Federation）」〔ＩＬＴＦ〕はこのことを黙視したが、ウィンブルドン大会、全米選手権などが相次いでオープン化し、結果としてローンテニスのグローバル化を促したのである。

もっとも、ウィングフィールド少佐が新たなローンテニスを考案しようとした目的はそもそも勝敗や記録を意識した運動競技というよりは、客人との娯楽やホーム・パーティーの娯楽としてであったという。事実、一八七三年一二月にウィングフィールドが公表したルール・ブックには、プレイヤーへの助言としてこう書かれてあった。「ボールはやさしく打ちなさい（Hit your ball gently）」[*4]。

ローンテニスというとウィンブルドン大会やデビス杯といった世界のトップ選手が戦う激しい試合の場面を想像しがちであるが、それが開発された頃に人気が出たのは、あくまでも男性と女性が一緒にできるゲームの一つだったからである。じっさいにローンテニスは多くの女性にいち早く受け入れられたスポーツの一つであった。ドレス姿の女性と男性が一緒にローンテニスに興じている同時代の絵画はたとえば『パンチ』誌などにも掲載されていたし、油絵も数多く残されている。つまり、ローンテニスには「社交」やスポーツの本来の意味である「気晴らし sport」、「ゲーム game」、そして「運動競技 athletics」という、「スポーツ」の概念に見られる歴史的な重層性がみごとに投影されているのである。第一部の締めくくりとして、改めてローンテニスの起源に関する議論を概観しておきたい。

ローンテニスの起源

一八七七年にイングランドのウィンブルドン大会で産声をあげた運動競技としてのローンテニスは、一八七九年にはオーストラリアとアイルランド、一八八一年には米国、一八九一年にはフランスでそれぞれ独自の選手権大会が開催されるようになる。また一八九六年に開催された第一回近代オリンピック大会では唯一の球技として採用されるなど、急速に広まっていった。

ところがオリンピックに関しては、一九二〇年代後半に入り、テニス界で「アマチュア」と「プロフェッショナル」の二極化が進行したことから、「国際オリンピック委員会」〔IOC〕はテニス競技を一九二八年のアムステルダム大会から除外した。テニスの四大大会《グランド・スラム》のオープン化は一九六八年のことで、これが実質的なプロ解禁となる。

以後テニスツアーに参加する選手はプロフェッショナルであることがふつうになり、同年のメキシコシティ・オリンピックでは公開競技として実施されている。この時点でIOCはまだアマチュア憲章を放棄していなかったからである。完全にプロフェッショナルの存在を認めたテニスがオリンピック種目に復帰するには、IOCが「プロ・テニス選手」の参加を認める必要があった。

一九八〇年にIOC会長に就任したファン・アントニオ・サマランチは、オリンピック改革の一環として「アマチュア憲章の放棄」と「プロフェッショナルの解禁」を掲げた。これにより、一九八〇年代から複数の競技でプロ選手の参加が認められるようになる。テニスも一九八八年のソウル・オリンピックからトッププレイヤーが参加できるトーナメントとして復活した。

しばしばローンテニスの考案者と見なされるウィングフィールド少佐であるが、彼が考えたルールは第一回ウィンブルドン大会までに大幅な変更が加えられていた。そのため、彼一人をローンテニスの考案者と見ることには問題があるという意見もある。とくに、ウィンブルドン大会用に統一されたルールは、すでに長い歴史をもつリアル・テニスから数多くの要素が引き継がれていた。その意味では、ローンテニスは屋内で行われるリアル・テニスを屋外化したという側面も見られるのだ。

リアル・テニスはフランスで一六世紀から一九世紀にかけて盛んに行われていたジュ・ドゥ・ポーム（jeu de paume）を意味しており、その屋外版であるロングポーム（longue paume）にもやはり長い歴史がある。

ヨーロッパ大陸で盛んに行われていたポームがイングランドに伝播した時期は定かではないが、OEDは「テニス tennis」という言葉の初出を一四世紀としていることから、それ以前にはイングランドに伝播していたと考えられている。もっとも、当時の国交の状況を考えると、イングランドよりもスコットランドへの伝播の方が早かった可能性もある。じっさいに現在の英国の中で残っている一番古いリアル・テニスの専用コートはスコットランドのファイフ Fife にあるフォークランド・パレスのコート（Royal Tennis Court at Falkland）だからである。これは一五三九年にスコットランド王ジェイムズ五世が建設を命じたものである。

リアル・テニスは歴代のスコットランド王が愛好した。ジェイムズ五世以外にも、メアリー女王、ジェイムズ六世〔イングランド王ジェイムズ一世〕がフォークランド・パレスのコートでプレイしたと考えられている。なお、現存はしていないが、それ以前にもパース Perth にロイヤル・コートがあったことがわかっている。

というのも、一四三七年のスコットランド王ジェイムズ一世の暗殺事件がそのテニス・コートで起こっているためである。国王はコートで刺客に襲われたが、その少し前にボールが入り込むという理由でコートの排水溝を閉じるよう命じていた。その結果、国王が隠れる場所がなくなってしまい、暗殺されてしまったとする逸話が残されている。

ギルマイスター仮説

ところで、リアル・テニスの起源についてはまだ定説がないというのが実情である。古代ギリシャ、ホメロスの時代に行われていた球戯や古代ローマの球戯を起源とする古い歴史書もよく見られ、その説がヨーロッパの球戯関連の博物館で紹介されている場合もある。これ以外にも、古代エジプト説、古代ペルシャ説、メキシコ・インディアン説、アラビア・サラセン説などがあるが、いずれも確証は得られていない。

そういった従来の憶説に対し、ドイツのスポーツ史研究者であるハイナー・ギルマイスターは、言語学の知識を援用して興味深い説を提唱している。それはテニスのみならず、他の多くのヨーロッパ球戯の起源にも関わる仮説である。

ギルマイスターはジュ・ドゥ・ポームの起源を一二世紀に北フランスの修道院で行われていた「カシュ cache」と呼ばれる球戯とする仮説を唱えている。この球戯は中世の騎士が行っていた馬上槍試合を模倣したもので、その目標は互いのゴール〔回廊の開口部〕を突破することにあったという。それが歴史的に変化し、テニス、クリケット、フットボール、ホッケー、ゴルフ、ビリヤード等といった近代的な球戯、すなわち「球技」になったとする。

たしかにローンテニスの先行形態の一つであるリアル・テニスのコートにはボールが入ると得点が得られる小窓がある。これをゴールと見なせば、かつてのテニスにもゴールが存在したことになる。

またゴルフにおける「ホール」も、それを一定の標的と見れば一種のゴールといえなくもない。たとえば、日本では近代的な球技をそれぞれゴール型、ネット型、打球技などに分類するのがふつうであるが、ギルマイスターの仮説を念頭におけばこのような分類自体が近代的な発想にとらわれたものということになる。事実、リアル・テニスについても、ラケットとネットが使用されるようになるのは一六世紀以降のことであり、元来この二つの用具はこの球戯を行うために必要不可欠なものではなかった。さらに第二部でふれるように、ネットを用いないロングポーム（フランス・ピカルディ地方）やラケットを用いないカーツェン kaatsen（オランダ・フリースラント州）など、日本ではほとんど知られていない球戯が今もじっさいに行われている地域がヨーロッパの中に数多く存在している。

ギルマイスターの仮説に基づけば、ヨーロッパで近代化された「球技」の多くが、相手のゴールを突破する「陣地取り」に由来し、何よりも「攻撃」をその本質とする球技ということになる。

だがこのことは、人類史の観点から見れば、すべての球戯にあてはまる普遍的な要素とはいえな

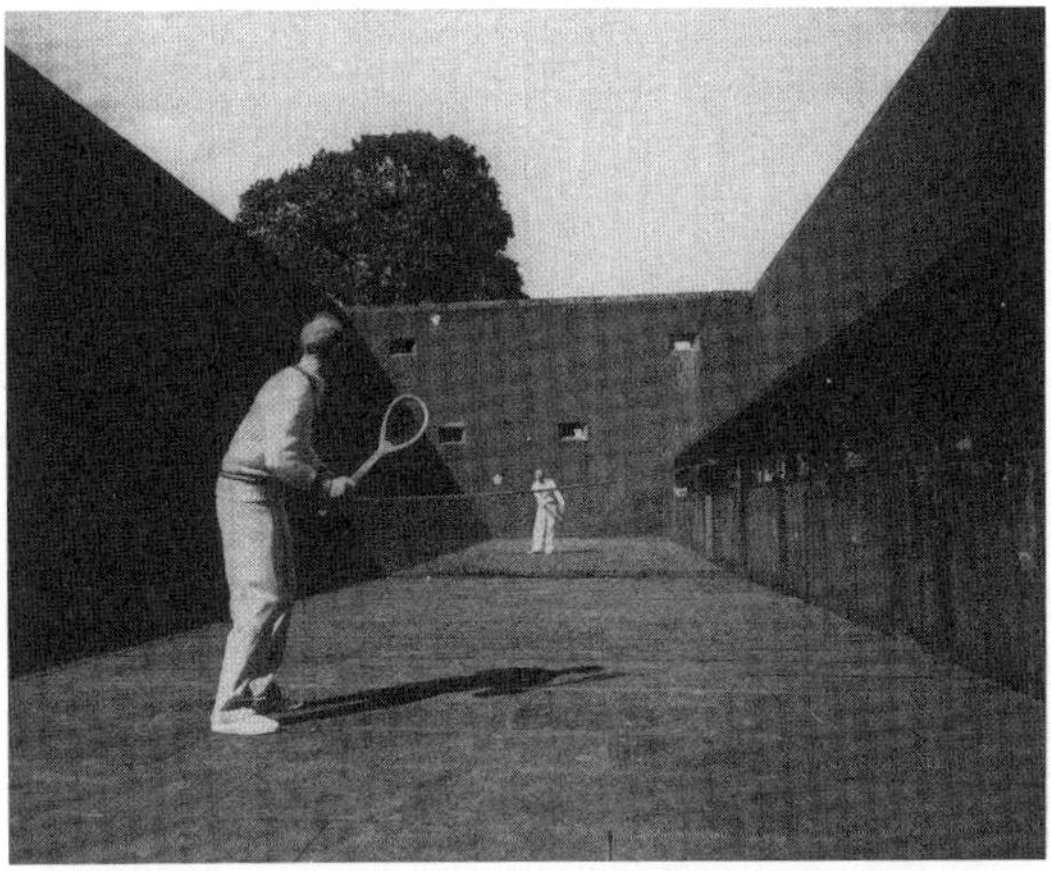

図30　「フォークランド・パレス」（スコットランド）にある球戯場
出典：L. St. J. Butler and P. J. Wordie (eds.), *The Royal Game*, Stirling: The Falkland Palace Real Tennis Club, 1989, p.32.

図31　馬上槍試合
ここでは城門をめぐる攻防が描かれている。
出典：Gillmeister, *op.cit.*, p.91.

い。

プロローグでもふれた日本の蹴鞠やマレーシアのセパ・ラガ（セパ・タクロウの起源の一つ）は、多くのヨーロッパ球戯のように「突破」や「攻撃」を目標とするものではなく、できるだけ長くボールを落とさないことを目標とする球戯である。また、メキシコのトルティック族が行うトラッチリ tlachli は膝、腰、手首、肘でボールを打つ球戯であり、もともとは宗教的な儀礼だったと考えられている。これらのことは、そもそも人がなぜボールで遊ぶのかという根本的な問題にも関わっており、スポーツ史やスポーツ人類学におけるきわめて重要なテーマの一つである。もともと英国におけるスポーツの近代化過程を研究テーマとしてきた筆者が、あえてヨーロッパ全体を見ることの必要性に気づくきっかけの一つとなったのがギルマイスター仮説であった。

ただし、ギルマイスターの仮説にはつぎのような問題点が指摘されてもいる。それは彼がイタリアやスペイン（バスクを含む）の球戯、中世フランスのスール、アイルランドのゲーリック・スポーツなどへの言及をほとんど行っていないことである。わたし自身もそのことに気づいてはいたが、その点をじっさいに検証する必要性を強く感じるきっかけとなったのがつぎにふれる「バスク・スポーツ」であり、それらを実際にフィールドワークする機会を得たことであった。

バスクの衝撃

わたしがスペイン北部とフランス南西部にまたがるバスク地方を初めて訪問したのは二〇〇七

図32　ペロタ・マノの試合の様子
ダブルスの試合。向かって右側には壁がなく、すべて観覧席になっている。（著者撮影：スペイン・バスク地方、ベルメオ、2007年９月16日）

年九月のことである。バスクは民族独自の競技が数多くあることで知られてもいる。旅の途中で観ることができたのは、素手ないしは大きな堅い革製のグラヴをつけて小さなボールを打ち合うペロタ pelota という球技（これにはさまざまなヴァリエーションがある）、数百キロもの石を一定の時間に何度も担ぎ上げる「石担ぎ」や、バスク特有の船を使用するレガッタ、あるいはボウリングといったどれもユニークな競技である。

なかでも、手のひらで硬球を打ち合うペロタ・マノ（ペロタ球技の一種）には強い衝撃を受けた。バスク社会では、ペロタ・マノのチャンピオンが一番尊敬されるといわれている。というのも、この競技のトップ選手になるためには「スピード、正確さ、目と手の同調、他者との協力（ダブルスの場合）、俊敏さ、戦術、持久力」に加え、試合を通して硬球の痛みに耐える能力が求められるからである。この競技におけるチャンピオンはこれらすべての能力を兼ね備えている。だから、マノのチャンピオンは共同体のリーダーになることを期待されるともいう。

近代化され、グローバル化〔地球世界化〕したスポーツの特徴は、人類が分け隔てなく共通のルールで競い合える点にある。これに対し、「バスク・スポーツ」は民族のアイデンティティに深く根ざしており、老いも若きもそのような独自の価値観を共有している点が最大の特徴であり、魅力といえる。あるいはそれは日本の祭りや伝統行事など、一見、スポーツとは見なされない営みとあい通ずるものかもしれない。このような観点でヨーロッパを眺めてみると、バスクに限らず、英国を含むヨーロッパの広い地域で伝統的な民族スポーツを「発見」することができる。第二部で紹介するのは、そういった個性的な「ヨーロッパ球戯」の数々である。

注

＊1　Harvey, p.230.
＊2　Taylor, p.48.
＊3　Pardon, p.105, 107, 109, 115, 117.
＊4　Gillmeister, p.185（ギルマイスター、一九九三年、二一八頁）.

第二部　人はなぜスポーツをするのか

1　イングランド
2　バスク地方（スペイン北東部及びフランス南西部）
3　オランダ・フリースラント州
4　ベルギーと北フランス
5　アイルランド
6　連合王国としての英国

1 イングランド

夏の楽しみ

六月から八月にかけてイングランドでは世界的にも有名なスポーツ行事が続く。アスコット競馬、ウィンブルドン・テニス、ヘンリー・ロイヤル・レガッタ、全英オープン・ゴルフ、クリケットの国際試合《テストマッチ》等だ。いずれもイングランドの夏を彩る風物詩として欠かすことのできないイヴェントであり、戸外で行われる点でも共通している。

二〇〇九年、ウィンブルドン・テニス場では開閉式屋根が完成し、話題となった。以前は「ウィンブルドン・ウェザー」と呼ばれる降雨による中断や日没サスペンデッドも珍しくはなかったが、イングランドの夏は日没時刻が遅く、雨さえ降らなければ、照明設備がなくても午後九時頃までゲームを楽しむことができる。

「グランド・スラム」と呼ばれるテニスの四大大会のなかで、唯一、芝のコートで試合が行われるウィンブルドン大会は、独自のルールにより、「白色」を基調にしたウェアの着用が義務づけられている。元々はクリケット選手のいでたちに準じたものともされるが、そこには別の効用もあった。「ローンテニス」は「芝 lawn のテニス」を意味し、最初は男女が一緒に楽しめる屋

図33　「テニス・パーティー」（サー・ジョン・レイヴァリー作、1885年）
出典：Mary Ann Wingfield, *Sport and the Artist, Vol.1: Ball Games*, Woodbridge; Antique Collectors' Club, 1988, p.241.

外球戯として人気を博した。その際、白いウェアはドレス姿でプレイしなければならないジェントル・ウーマンたちの暑さ対策にもなっていたのである。白いウェアは汗じみをめだたなくする効果もあったからだ。これはもう他の大会では見られない「伝統」だが、ローンテニスが一九世紀後半のイングランドで生まれた当時の「最新」のボールゲームだったことを今に伝える貴重な痕跡《こんせき》ともいえる。

ところで、ウィンブルドンから少し西にハンプトンコート・パレスという観光名所がある。一六世紀に建てられた煉瓦《れんが》造りの宮殿はヘンリー八世のお気に入りだったともいわれる。手入れの行き届いた広大な庭園があり、世界中から多くの人びとが訪れるこの宮殿の中に「ローンテニス」の先行形態である「ジュ・ドゥ・ポーム（jeu de paume）」の専用コートがあることはあまり知られていないかもしれない。

「ロイヤル・テニス・コート」と呼ばれるこのコート

図34 「ハンプトンコート・パレス」にある「ロイヤル・テニス・コート」の外観
（著者撮影：2002年８月25日）

は、一五二八年に造られたもので、現在もロイヤル・テニス・コート・クラブが使用している世界で一番古い現役の室内コートである。ちなみに、「ジュ・ドゥ・ポーム」はフランス語で「手のひらの遊び」を意味し、英国では元来、このゲームを「テニス tennis」と呼んでいた。「リアル・テニス real tennis」という呼称もあるが、これは「ローンテニス」が登場した後に、それと区別するために使われるようになったものである。この古い室内テニスは、米国では「コート・テニス court tennis」、オーストラリアでは「ロイヤル・テニス royal tennis」と呼ばれており、現在、英国に二七か所、米国に一〇か所、フランスに三か所、オーストラリアに六か所、このゲームのための専用コートがある。ハンプトンコートのロイヤル・テニス・コートには「国際リアル・テニス・プロ協会（International Real Tennis Professionals' Association）」が置かれており、国内リーグのみならず世界選手権も行われている。

「リアル・テニス」は一二世紀に北フランスの修道院で始まったとされる。その後、聖職者から王侯・貴族へと広がり、中世後期にはイングランドにも伝わった。ヘンリー八世は八歳の頃からこれに興じたという。

フランスでこの球戯がもっとも盛んだったのは一六世紀から一七世紀にかけてのことである。パリだけでも、数千ものコートがあったといわれているが、じつはその大部分は庶民が興じる屋外コートだった。この球戯は、室内で行うポームと区別して「ロングポーム longue paume」と呼ばれた。これは「長いポーム」という意味であり、逆に室内のコート・テニスは「クルトポーム courte paume〔短いポーム〕」と呼ばれた。後段でふれるように、「ロングポーム」は現在もフランス北部のピカルディ地方を中心に盛んに行われている。その意味では、屋外で行う「ローンテニス」の発想は古くからあったことになる。

「ローンテニス」は芝のうえでもよく弾む中空のゴム製ボールを用いることからそう呼ばれるようになった。ただし、「〇《ラヴ》、一五、三〇、四〇」という得点方法や、二

図35　屋外のロングポーム
16世紀フランスの木版画である。上部にはサーヴィスが最初に打ち上げられる「ひさし」が描かれている。出典：Gillmeister, *op.cit.*, p.58.

ポイント差がつくまで終わらないデュースの取り決めなどはすべて「ポーム」から引き継がれたもので、ときに試合が四時間を超すようなことが起きるのもそのためである。後段でも述べるように、一九二一年にはフランスで「ロングポーム」を統轄する目的で「フランス・ロングポーム連盟（Fédération Française de Longue Paume）」が設立されており、二〇〇八年の時点で三八のクラブが登録している。その意味では、「ロングポーム」もすでに近代的な競技スポーツの仲間入りを果たしているといえるだろう。

「ローンテニス」は近代的な競技として世界に伝播したが、もともとはイングランドのジェントルマンとジェントル・ウーマンが短い夏の期間に戸外でともに楽しめる新しいレジャーとして考案されたものである。そして、テニスは自転車とともに女性のファッションにも大きな影響を与えた。白いウェアもテニスのグローバル化に一役買っていたわけである。

ジェントルマンはなぜクリケットを受け入れたのか？

「ローンテニス」以外にもイングランド発祥でグローバル・スポーツへと変貌した夏の球技にクリケットがある。英国のメージャー前首相をして、「ゲーム以上のもの」と言わしめるクリケットの魅力とはいったい何なのか。今では世界中でサッカーのつぎに競技人口が多いといわれ、グローバル化しているクリケットではあるが、この球戯が初めてイングランドで行われた時期は一六世紀のことだったと考えられている。

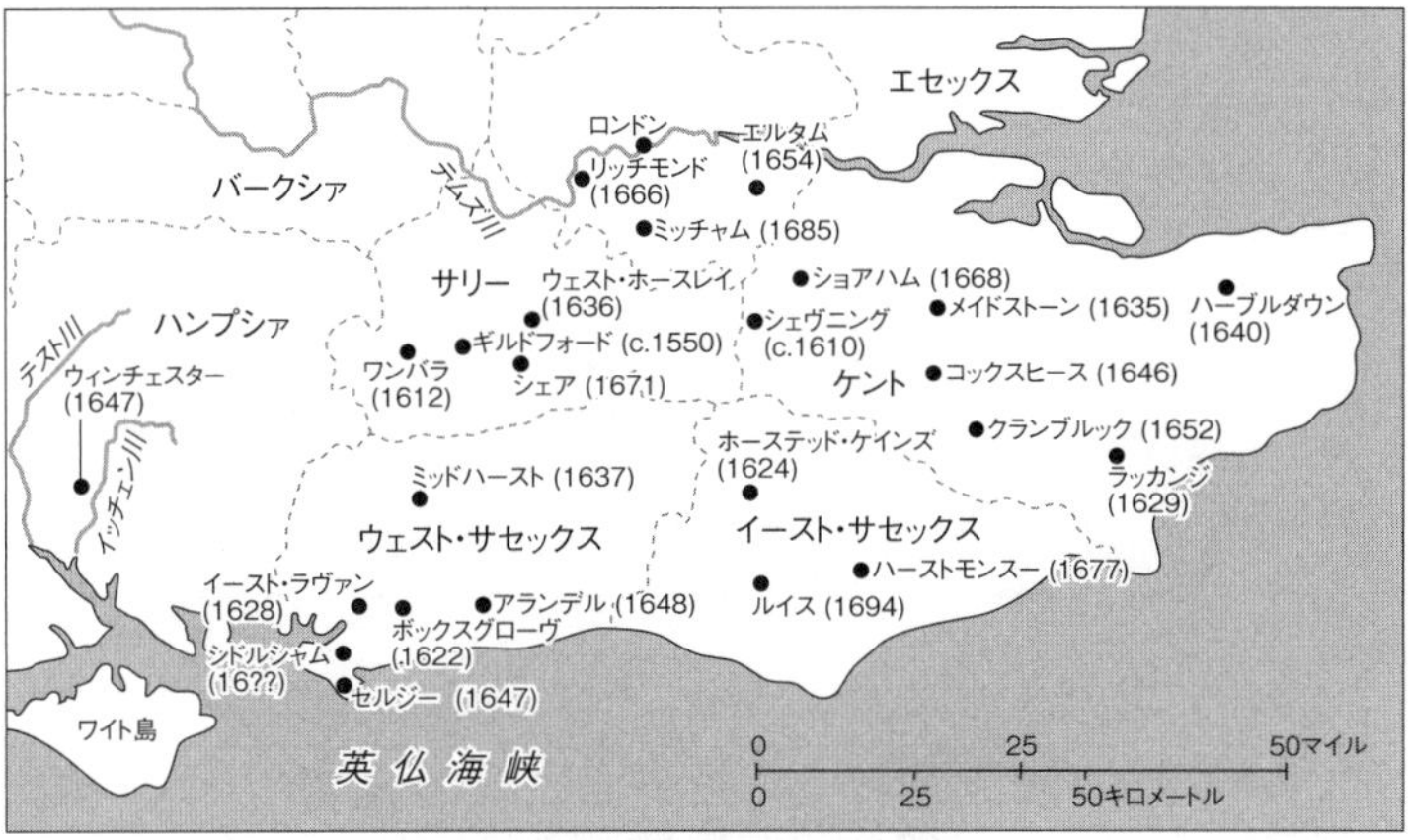

図36　1700年以前にクリケットが行われた記録のある場所（イングランド南東部）
出典：David Underdown, *Start of Play: Cricket and Culture in Eighteenth-century England*, London: Allen Lane, The Penguin Press, 2000, p.13.

一二九九〜一三〇〇年の王室出納簿には若きエドワード皇太子〔後のエドワード二世〕が「クリーグ creag」というゲームを行うために六ポンドを支出したことが記録されている。‘creag’は、‘creaget’を縮めた言葉であり、クリケット cricket を意味したのではないかとする説もあるのだが、今のところそれを示す確たる証拠は存在せず、またその後の三〇〇年もの間の史料が欠落してもいる。

現在のところ、はっきりとクリケットに言及した史料と考えられているのは、一五九八年にサリー州ギルドフォードのジョン・ダーリックという人物が記したものであり、それ以上さかのぼることはできない。その記述によると、彼は子ども時代に通っていた無料学校 Free School で友だちとよくクリケットをして遊んでいたという。それは一五五〇年代のことで、

図37　トラップボールのゲームの様子（1738年）
出典：John Arlott and Arthur Daley, *Pageantry of Sport: From the Age of Chivalry to the Age of Victoria*, London: Paul Elek Productions, 1968, p.19.

図38　1743年頃のクリケット
「ウィケット（門柱）」はまだ2本の柱に1本の横木を乗せた簡単な作りであり、バットもスティックのような形状である。これはウィケットが1組しかない「ワン・ウィケット」と呼ばれる方式であり、19世紀初頭まではよく行われていた。
出典：Frederick Gale, *Modern English Sports; Their use and their abuse*, London: Sampson Low, Marston, Searle, & Rivington, 1885.

一六世紀後半にはイングランド南部のカウンティを中心にクリケットが広がっていたとするのが現在の定説である。

では、しだいに言及が増え始める一七世紀のイングランド南部のクリケットとはいったいどのようなものだったのか。

結論からいえば、この時期のクリケットの大きな特徴は多様性にあった。というのも、いまだルールが統一されておらず、スツールボール、トラップボール、チップ・キャット tip-cat 等と呼ばれる類似の球戯が数多く知られていたからである。たとえば、野球を世界に広めようとしたスポルディングが起源と考えたキャット・アンド・ドッグ（cat and dog）とは、つぎのようなものであった。

この球戯は三人で行われる。まず直径三〇センチ、深さ二〇センチ程度の穴を二つ、八メートルほど離して掘っておく。それぞれの穴の前にドッグと呼ばれるバットを持った人が立ち、三人目がキャットと呼ばれる一〇センチほどの長さの木片を一方の穴の位置から投げる。自分が守っている穴に木片が入るとその人はドッグ〔バット〕を投手に渡さなければならないが、ドッグ〔バット〕を振り回して飛んできたキャット〔木片〕を打ち返し、もう一方の穴の前にいる人と場所を入れ替わることができればそれが二人の得点になる。一七世紀後半、ケント州で盛んに行われていたこの球戯につぎのような変化が起こる。

キャット〔木片〕が球体になる　↓　二つの穴の距離が約二〇メートルに延長される　↓目印として穴に棒が一本立てられる　↓　穴の両側に棒を二本立ててその上に横木を乗せる〔ウィケット〕　↓　目標物が穴からウィケットに変わる[*1]

ちなみに目標となる二つの穴の距離が約二〇メートルとされたのは、その距離が農業用の測鎖の長さと同じだったからだという。またバットとしては羊飼いの杖が使えたし、ボールも木の枝を切ったり、くり抜いたりするなど、道具の調達が比較的容易だった。つまり当初、クリケットは農民の娯楽として広まったものだったのである。それが、組織化やルールの成文化を経て現在のような競技スポーツへと変化し始めるのは一八世紀後半以降のことだった。一七六〇年頃からしばらく一世を風靡したクラブにハンプシァのハンブルドン・クラブがあるが、その時のメンバーは依然として農民や村民が中心で、貴族やジェントリといったいわゆるジェントルマン階級の人びとではなかった。

一八世紀に入り、ケント、ハンプシア、サリー、サセックス、ミドルセックス等の州で急速にクラブが結成されるようになる。その理由はジェントルマン階級の人びとがクリケットを賭けの対象とし、世間の注目を浴びるようになったことによる。たとえば、現存する最古のルールは一七四四年に成文化されたものだが、これは高額の賭けが頻繁に行われるようになったことで、ルールを統一し、訴訟や混乱を減らす必要があったからにほかならない。

ちなみにハンブルドン・クラブが全盛期だった頃のクリケットも、まだ現在の形態とはいくつもの違いがあった。たとえば、投手《ボウラー》は下手投げで、打者《バッツマン》はほとんど転がってくるようなボールをすくい上げる必要があった。そのため、バットはホッケー用のスティックのような形状をしていた。現在のように打者の手前でボールがバウンドする投球法をあみだしたのはハンブルドン・クラブのハリスという投手で、それに対抗するために登場したのが現在のようにまっすぐなバットだったといわれている。また目標物であるウィケットの真ん中に柱をもう一本加え、全部で三本になるのもこの頃のことである。当時は投手が有利で、ウィケットを守る打者が不利だったよ

図39　ラグビー校の正門前にあるボールメーカー「ギルバート」の工房
現在はラグビー・フットボール博物館になっている。（著者撮影：ラグビー、2002年８月19日）

図40　ラグビー博物館内のディスプレイ
（著者撮影：ラグビー、2002年８月19日）

うだ。そのため、二イニング制の試合であっても一日で終わっていたという。[*2]

なお、当時のジェントルマンたちがクリケットに興味を持った理由は、つぎのようなものだったと考えられている。

① ゲームの根幹にあるウィケットの攻防が賭けの要素である偶然性や意外性をもつ。

② 激しいプレイも見られるが、プレイヤーが肉体を直接ぶつけあうことはなく、バットという媒体物を通してプレイすることが貴族や地主階級の体面を保った。

③ ひろびろとした領地内で自由に楽しめる。

④ チームゲームでありつつ、結果がプレイヤー個人の能力に左右されるため、チームを支援し、優秀なプレイヤーを抱えるパトロネジ patronage の精神が刺激される。[*3]

一八世紀のイングランドでは賭博がひじょうに盛んであった。クリケットはその対象としてジェントルマン階級の嗜好にかなうものだったのである。また、フランスから伝わったテニスと異なり、あくまでもイングランドで独自に形作られてきた球戯であるということが人気を得た理由だったとも考えられる。

フットボールに魅せられた人びと

テニスとクリケットがイングランドの夏を代表する球技だとすれば、冬はフットボールの季節である。たとえば、毎年一二月にロンドン郊外のトウィッケナム・ラグビー場で行われる「ヴァーシティ・マッチ」はオックスフォード大学とケンブリッジ大学の対抗戦であり、ラグビー・フットボール・ユニオン〔RFU〕が成立した翌年の一八七二年に始まる伝統的な試合の一つだ。

競技名の由来にもなっているパブリックスクールのラグビー校は、ロンドンのユーストン駅からバーミンガムに向かう列車に乗って五〇分ほどの距離にある。同校は設立が一五六七年という名門校であり、保守党のネヴィル・チェンバレン元首相、作家のルイス・キャロル、詩人のマシュー・アーノルドなどの著名人を輩出している。同校の正面には、ボールを脇に抱えて走る少年の銅像が建てられている。ウィリアム・ウェッブ・エリス。ラグビーW杯で勝者に贈られる金杯にその名が冠されるこの少年は、一八一六年から二五年まで同校に在籍した実在の人物だ。

「一八二三年一一月、ラグビー校でフットボールが行われていたときのこと。ボールを手で捕球した少年がそのまま突進して相手のゴール・ラインをかけ抜けた。当時の規則では違反行為だったが、この出来事がボールを持って走るラグビー競技を生んだ。」

この「エリス神話」にじつは歴史的根拠はないのだが、その一方でラグビーの誕生が、アイルランドの民俗フットボールと関連しているのではないかとする指摘がある。

エリスの父親は軍人としてアイルランドに駐屯した経験があった。したがって、そこで行われていた球戯を見ていた可能性が高いというのである。後述するように、ゲーリック・フットボールとして近代化されたアイルランドのフットボールでは、ラグビー同様、手の使用が大幅に認められている。

図41　アシュボーンで行われている「ロイヤル・シュローヴタイド・フットボール」の様子
出典 : *British Calendar Custom 1* (Poster No. 2), English Folk Dance and Song Society, London.

かつてのイングランド、ウェールズ、スコットランド、アイルランドで行われていた民俗フットボールの形態は他の球戯以上に多様だった。手だけでなく棍棒が用いられることもあったし、多くはレスリング行為を含む模擬的な戦闘訓練、あるいは集団格闘技とも呼べる様相を呈していた。ラグビーは成文化されたルールと統轄団体をもつ近代的な競技スポーツであり、より多くの制限が加えられて現在の姿にいたっている。だが、手の使用をさらに制限しているサッカーに比べれば、「フットボールの原風景」により近い存在ともいえるのだ。

たとえば、イングランド中部ダービーシァのアシュボーンという小さな町では、毎年「告解の火曜日」と「灰の水曜日」に「ロイヤル・シュローヴタイド・フットボール（Royal Shrovetide Football）」が行われる。この大会は町全体をピッチに見立て、約五キロメートル離れたゴールを目指して数千人の住民が一つのボールを追いかけ、町中を走り回る。アシュボーンの住民たちは、街の真ん中を流れるヘンモア川を境に、「アッパーズ Up'ards〔上手チーム〕」と「ダウナーズ Down'ards〔下手チーム〕」に分かれて試合を行う。ここでは自陣のゴールまでボールを運ぶのが参加者の目的であり、そこにボールを三度打ちつけた者が勝者となる。かつての「フットボール」を彷彿とさせる「民俗フットボール」の一つといえる。

図42　「ナショナル・フットボール博物館」で展示されているワーキントンのボール（上）とアシュボーンのボール（下）
（著者撮影：マンチェスター、2012年9月20日）

2　バスク地方（スペイン北東部及びフランス南西部）

かねてから一度は訪問してみたいと思っていたバスク地方。わたしがこの地を初めて訪れたのは二〇〇七年九月半ばのことである。バスクの人びとは現存するヨーロッパ最古の民族といわれ、独自の言語やスポーツを持つことでも知られる。

神戸市外国語大学とバスク大学の共同国際セミナーの一環として、わたしたちはバスクの民族スポーツをフィールドワークする機会に恵まれた。ここでは、そのときにじっさいに見たスペイン北東部のバスク地方で行われているボールゲームを中心に紹介してみたい。

バスタン谷で見たボールゲーム

いわゆるバスク地方と呼ばれるのは、スペイン北東部〔ギプスコア、アラバ、ビスカヤ、ナバラの各県〕とフランス南西部〔ラブール、バス・ナバール、スールの各地方〕のピレネー山脈を中心とする地域である。ギプスコア県の県都サン・セバスチャンから小型バスに乗り、わたしたちが最初に訪問したのがフランス国境に近いナバラ県バスタン地区のアラヨッという小さな村だった。ここで初めて見たのがラショア laxoa と呼ばれるバスク民族独自のボールゲームである〔ペロタ・バスカ pelota vasca（西）：プロト・バスク pelote basque（仏）：「ピロタ」pilota（バスク語）」。

ゲームが行われたのは村の教会のすぐ横にある屋外コートで、縦が六六メートル、横が一六メートルの長方形の形をしたスペースである。一チームの人数は四人で、全員が利き手にグアンテ guante と呼ばれるグラヴ（長・短）をはめている。グアンテは堅い牛皮で作られており、八〇〇

図43．民俗音楽でわたしたちを出迎えてくれた二人
（著者撮影：スペイン・ナバラ県アラヨツ、2007年９月15日）

図44　ラショアのゲームの様子
このゲームでは教会の壁（左奥）も利用する。（著者撮影：アラヨツ、2007年９月15日）

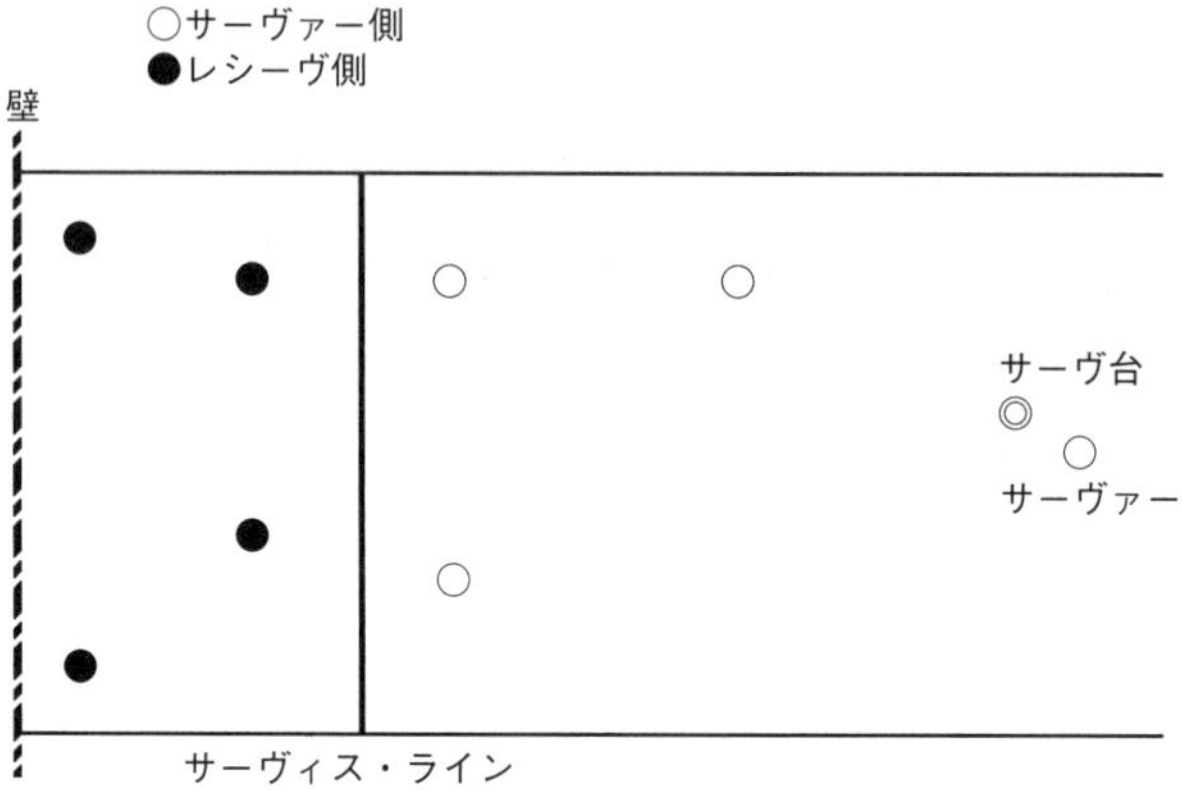

図45　ラショアのコートと選手の配置図

〜九〇〇グラムの重さがある。ブーメラン型に湾曲し、両側が持ち上げられ溝が作られている。ここにボールを転がして捕球し、「打つ」のではなく「投げ」返すのである。ボールは直径六五ミリ、重さ一二〇〜一二五グラムで、二枚の皮を縫い合わせたものが使用される。

サーヴィス側のエンド・ライン中央には「サーヴ台 botillo」が置かれ、サーヴァーがこの台に自分でボールをバウンドさせてからサーヴを行う。サイド・ラインを割らずにサーヴィス・ラインを越えればサーヴは成功だが、それと同時にサーヴィス・ラインは消滅し、後は互いに相手が投げ返したボールをワンバウンド以内で返球し合い、ラリーを行う。ボールがサイド・ラインを割るか、ツーバウンド以降にセーヴィングされると、そこに「シャサ chaza」と呼ばれるチェイス・ラインがマークされる。ネットは存在せず、チェイスが二つできるか、チェイスが一つとどちらかのポイントが四〇〔つまり三ポイント。テニスのカウント法と同様〕に達するとコート・チェンジが行われる。通常は九ゲーム戦で行われるが、この日の試合は七ゲーム戦であった。それでも二時間半におよぶ熱戦であった。

ラショアは団体で行われるネットの存在しないテニスのような競技である。だが、英国で誕生したローンテニスとはずいぶん趣の異なるゲームである。一般にはフランスで行われていた「ジュ・ドゥ・ポーム」が一三世紀にバスク地方へ伝わり、古い方式を温存させながら独自の変容を重ねてきたものとされる。後段でふれるベルギーの「ジュ・ドゥ・タミ」やフランス北部の「ロングポーム」にたいへんよく似たゲームである。

図46　ラショアにおける「サーヴィス」の様子
ラショアでは写真のような専用の「サーヴ台」が使用される。（著者撮影：アラヨツ、2007年９月15日）

すでに述べたように、「ポーム」には大きく分けて二つのヴァリエーションがある。屋内で行う「クルトポーム」と屋外で行う「ロングポーム」である。ラショアの元プレイヤーで、現在はその指導と普及に尽力しているティブルシオ・アラストア氏は、ラショアを「長いボールゲーム(juego de pelota a largo)」、すなわち「ロングポーム」の一種と位置づけている。とはいえ、ペロタの最大の特徴はその種類の多様さにある。

ペロタの多様性

図47は、バスク地方のペロタで使用されるコートの種類を示したものである。その種類は大きく分けて三つある。「プラサ Plaza(西)、Place(仏)」、「フロントン Frontón(西)、Fronton(仏)」、「トリンケテ Trinquete(西)、Tronquet(仏)」である。プラサは Plaza libre(西)、Place libre(仏)(「フリーな広場」の意味)とも呼ばれる。

アラヨツ村のコートは奥が教会の壁になっており、プラサの一種と見なすことができるだろう。フロントンは正面の壁に向かって左側にも壁があり、さらに後ろにも壁がある場合があるが、壁に向かって右側には壁がなく、多くの場合、こちらが観客席となる。後述する壁打ちのテニス、とくにペロタ・マノの人気が高まる一九世紀以降、とくにスペイン側の多くの町や村で特別に建設されたようである。フロントンやプラサは、ゲーム以外にも住民の憩いの場、子どもたちの遊び場ともなる。たとえば、守護聖人祭のメイン会場になったりもする町のマルチ空間として広く

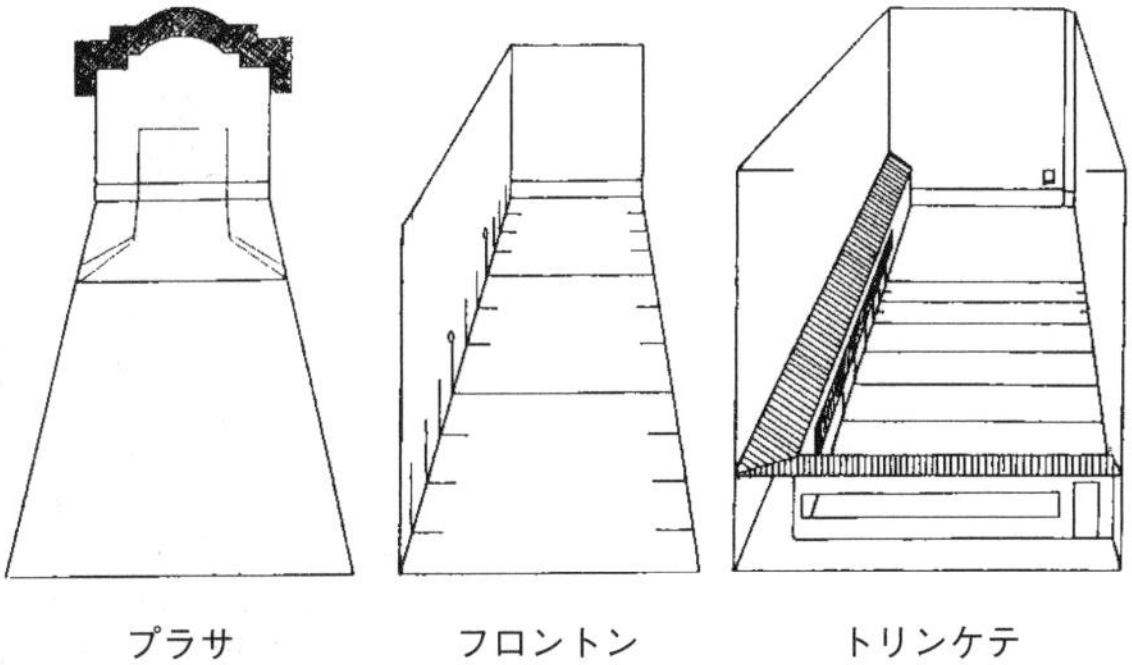

図47　バスク地方のペロタで使用されるコートの種類
出典：竹谷和之「バスク・ペロタの文化変容」、稲垣正浩編『新世紀スポーツ文化論Ⅱ』タイムス、2002年、125頁。

利用されている。トリンケテの構造はリアルテニス（クルトポーム）のコートとほぼ同じであり、こちらは四方が壁で囲まれている。またサーヴァー側から見て左側と後ろの壁には「ひさし」がある。こちらはコートの構造上、観覧席が少なく、多くの観客を呼び込むには不向きといわれる。

　アラストアは、バスク地方で行われている「長いボールゲーム」を自著の中で四つ紹介している。それらの特徴をまとめたのが表2（八四頁）である。チームの人数は二人から五人であり、ゲーム数は九ゲームないしは一三ゲームである。素手以外にも、グアンテやセスタCesta[*4]が用いられる。ネットがあるのはパシャカPaxakaだけで、あとはチェイス・ラインか、あるいはあらかじめ決められたセンター・ラインを挟んでラリーが行われる。これらはいずれもバスク地方で行われているもので、競技人口はそれほど多くはないものの、ボテ・ルセア Bote-luzea 以外の、ラショア、レボーテ Rebote、パシャカについては定期的に競技会が開催されている。

ここまで紹介してきたのは、ペロタの中でも二つのチームが直接ボールを返球し合う、いわゆる対面式のゲームであるが、これ以外にも両者が壁を介して間接的にラリーを行う壁打ちのペロタがある。この形態のことを総じて「ブレ blé（西）、blaid（仏）」と呼ぶ。竹谷は、一九世紀にこの方式が人気を博したとし、その背景には一八三三年のカルリスタ戦争における敗北と工業化の影響があった点を指摘している。とくに北部の鉄鉱資源に恵まれた地域には多くの非バスク人

図48　短いグアンテと長いグアンテ
手を入れた後、紐を手首に巻きつけてしっかり固定する。出典：Tiburcio Arraztoa, *Laxoa: La pelota en la plaza*, Berriozar (Navarra): Cénlit Ediciones, 2010, p.233.

労働者が流入し、バスク人のアイデンティティが失われる危機に見舞われた。彼らはバスク独自の音楽や舞踊とともに、伝統的なスポーツ大会を開催するようになり、ペロタの多様化とスペクタクル化を促したというのである。

「ブレ」、すなわち壁打ちの形態で行われるペロタにも、そこで用いられる用具に応じてつぎのようなヴァリエーションがある。

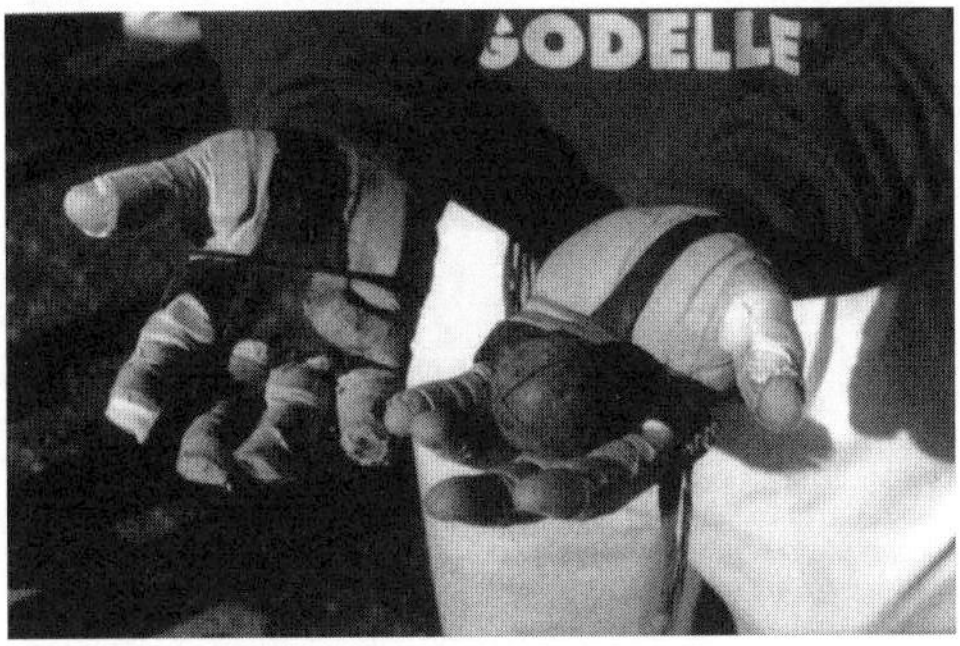

図49　マノの選手の手のひらとボール
手のひらはテーピングで保護されてもいる。出典：Arraztoa, *op.cit.*, p.257.

マノ mano〔手のひら〕、パラ pala〔しゃもじ型の分厚いバット〕、パレタ paleta〔小型のパラ〕、ホコ・ガルビ joko garbi〔初期の短いセスタ（籠）〕、レモンテ remonte〔長いセスタ〕、セスタ・プンタ cesta punta〔籠の部分を深くしたセスタ〕、シャーレ xare〔木の枝を曲げ綿のガットを張った用具〕、フローンテニス frontenis〔テニス・ラケット〕

ボールを投げたり打ち返したりするための新たな用具が開発されたきっかけは、南米からもたらされたゴムをボールの芯に用いるようになったことである。たとえば、革製のレモンテは一八〇〇年頃に作製されるようになったもので、グアンテとシャーレが一八五〇年頃、セスタ・プンタは一八八七年、また現在の籐で編んだレモンテは一九〇四年に考案されたものである。

今もなおバスク地方ではマノのチャンピオンが最高のペロタ選手 pelotaris と称賛される。この競技のチャンピオンにはペロタ競技に求められるいくつかの身体能力に加え、手の痛みに耐える強靭な忍耐力や精神力が必要とされるからだという。

パシャカ	
フロントン	トリンケテ
3人対3人	2人対2人
9ゲーム	13ゲーム
短いグアンテ、ネット	
中核なし、直径120mm、総重量240〜250グラム、1枚の皮を内側から縫う。	
フランス領バスク、ナバラ県バスタン地区及びマレレーカ地区	
バスク・リーグ（トリンケテ：10月〜2月）、バスタン・マレレーカ競技会（フロントン：11月〜3月）	

表2　「長いボールゲーム」の特徴

名称	ボテ・ルセア	ラショア	レボーテ	
コート	プラサ	プラサ	プラサ	
人数	5人対5人	4人対4人	5人対5人	
ゲーム数	9ゲーム (1ゲーム4点)	9ゲーム	13ゲーム	
用具	素手	グアンテ	籐のセスタ 〔3人〕	短いグアンテ 〔2人〕
ボール	直径70mm、重さ120〜140グラム、外側は皮を縫い合わせた硬球。	直径65mm、重さ120〜125グラム、2枚の皮の外側を縫い合わせる。	ゴム製の中核在り、直径70mm、重さ130〜140グラム、2枚の皮を内側で縫い合わせる	
実施地域	フランス領バスクとスペイン領バスク州に点在。	バスタン地区、マルダ・エレーカ（マレレーカ）地区（ナバラ県）、オンダリビア（ギプスコア県）	フランス領バスク、ギプスコア県	
競技会	なし	バスタン・エレーカ競技会（シニア：3月〜8月、児童－ジュニア：9月〜10月）、フランス領バスク国トーナメント（8月）	バスク・リーグ（4月〜6月） フランス選手権（6月〜8月）、エンリケ・アブリル・トーナメント（9月〜10月）	

出典：Arraztoa, *op.cit.*, pp.10–15.

ギルマイスター仮説との関係

テレサ・B・マクニールは、バスク地方のペロタが中世フランスの「ジュ・ドゥ・ポーム」に起源をもつものと述べている。[*5] 壁を介して間接的にボールを打ち合う方式のゲームが一九世紀に盛んになった比較的新しい方式であったとすれば、ペロタの中でも最初に紹介した二つのチームが直接ボールを打ち合う四つの方式、すなわちボテ・ルセア、ラショア、レボーテ、パシャカが比較的古い方式と考えられよう。その根拠の一つがゲームの得点方法にある、というのがマクニールの考えである。そのため、彼女はレボーテがロングポーム、パシャカがクルトポームから派生したものと考えている。たしかに、一九世紀に人気を博した壁打ちのボールゲームは、得点のカウントが一点、二点……とカウントされるのに対し、直接打ち合う方式では、「一五、三〇、四〇、ゲーム」というように、「ジュ・ドゥ・ポーム」のカウント法が引き継がれている。

では、ボテ・ルセアとラショアの歴史的な前後関係はどうなのか。この点については、多くの研究者が素手で行うボテ・ルセアの方が古いのではないかと考えている。[*6] その根拠として、たとえばギルマイスターは、サーヴァー側の後ろの境界線が paso（パス pass）と呼ばれていることを指摘している。またその点が、彼が唱えるヨーロッパ球戯の起源に関する研究仮説とも符合するのである。[*7]

ギルマイスターは言語学を援用し、テニスを始めとするほとんどのヨーロッパ球戯の起源が一二世紀に北フランスの修道院で行われるようになった「カシュ cache」という球戯にあるとする説を唱えている。[*8]'cache'は北フランスのピカルディ方言で、原型はフランス語の「シャスchasse」である。シャスという言葉はそもそも中世に騎士が行っていた馬上競技における「攻撃」を意味した。この競技は、後のトーナメントやジューストと呼ばれる馬上槍試合の先行形態で、「武装パス」[*9]ともいう。これは、武装した騎士たちが攻撃側と守備側に分かれて城門を突破しようと試みる競技であり、さながら「様式化された戦争」ともいえるものであった。カシュは中世の僧侶がこの競技をまねて考案した球戯だった、というのがギルマイスターの仮説である。

この仮説が魅力的であるのは、それがテニスのみならず、フットボール、ホッケー、ビリヤード、ゴルフ、クリケットなどの起源にもつながる点である。ギルマイスターによれば、「シャス」は修道院の中にある方形の中庭で行われた球戯であり、この球戯では回廊の廊下の開口部にボールを入れることが競われたという。その開口部はゴール（トーア Tor〔独〕）と呼ばれ、これは武装パスで用いられる用語からの借用だった。この点については第三部で詳しく検討するが、ここではペロタの位置づけについてのみふれておきたい。

図50は、ギルマイスターが示したヨーロッパ球戯の起源に関する系統図である。彼はペロタの中でも「ボテ・ルセア」を一番古い方式と見なしており、それが「ジュ・ド・ポーム」に起源をもつものと考えていることがわかる。この図には書かれていないが、彼はその間にさらに屋外で行う「ジュ・ドゥ・ポーム」である「ロングポーム」から派生した「ジュ・ドゥ・タミ」が介在したと見ている。これは「ジュ・ドゥ・ポーム」に見られた「ひさし」が「ふるい tamis」に転

伝統的フットボール（traditional football）3.

ラグビー式フットボール（rugby football）3.1

サッカー/ホッケー（soccer/hockey）3.2

（ワン・ウィケット）クリケット（one wicket）cricket）3.3

フエゴ・デ・ラ・シャサ
（juego de la chaza）2.4

<u>チェイスの概念</u>

1. カシュ cache（古北フランス語）、シャス chase（古中央フランス語）
2. シャス chace（フランス語）、チェイス chase（英語）
   2.1 カットkatt（ザーターラント、ドイツ）
      2.1.1 ケーツkeats（フリースラント）
      2.1.2 カスkas（ゴトランド島）
   2.2 シャサchaza（バスク）
   2.3 カッチャcaccia（トスカーナ地方）
   2.4 シャサchaza（コロンビア）
3. カッチャcaccia（イタリア：カルチョ）

出典：Gillmeister, *op.cit.*, p.94.

図50　ギルマイスターによる「球技（competitive ball games）の系図」

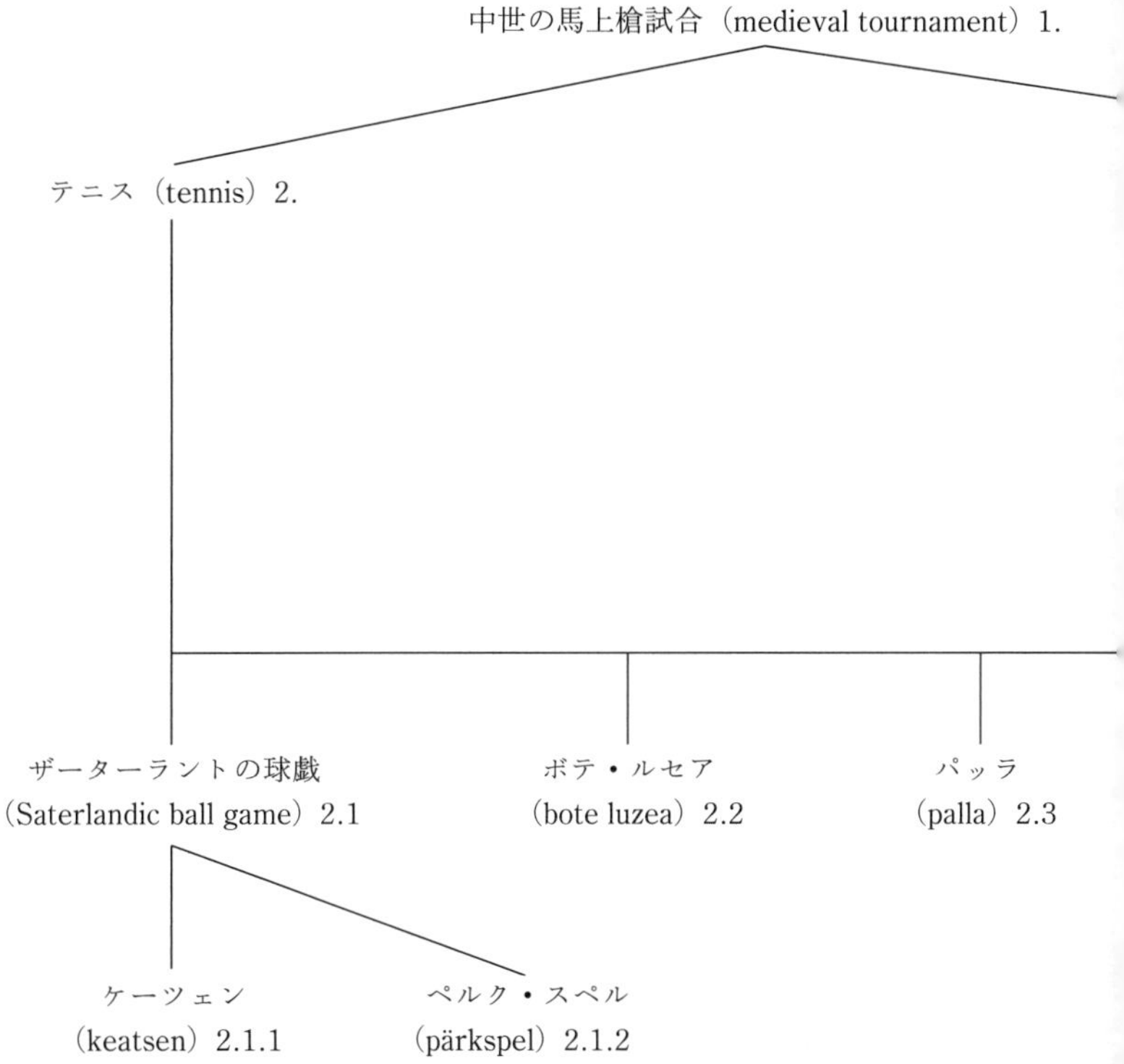

化したものとしている。

なお、ギルマイスター仮説については批判も見られる。たとえば、スポーツ史研究者の稲垣正浩は、ギルマイスターがテニスの起源となる「カシュ」が登場する一二世紀以前の球戯にまったくふれていないこと、またギルマイスターの描くテニス史がバスク人を始めとする少数民族の歴史的役割を軽視している可能性を指摘し、その背景にキリスト教的ヒューマニズムと書誌学的な実証主義の立場があるとの批判を試みている。[*10]

バスク・スポーツの起源とエスノサイエンス

ペロタはテニス史に関わる重要な研究対象といえるが、まだまだ謎の多い球戯である。その一因として、ヨーロッパ最古の民族である可能性を指摘されながらも、バスク人が一七世紀後半まで文字を持たなかったことが挙げられる。そのため、一二世紀以前の彼らの球戯がいかなるものだったのかということは今もなお不明なままなのである。しかしながら、先述の稲垣は彼らの球戯が太陽信仰の祭祀に由来すること、またペロタが戦闘訓練としての意味をもっていたとする仮説を示している。なぜなら、バスク人は一一〜一二世紀にキリスト教化されるまでアニミズム的な多神教を信仰していたからであり、バスク・スポーツの全般的な特徴として、スポーツの技術が実用術に直結していることが多いためである。彼らの球戯についても元来は何らかの実用的な意味をもっていた可能性が考えられるという。

バスクには球戯以外にもユニークなスポーツが数多く伝承されている。たとえば、丸太切り、石引き、石担ぎ、草刈り等はいずれも生業形態に直結しており、肉体の限界に挑戦する過酷な競技である。肉体的なパワーのみならず、強靭な精神力が必要となる。二〇〇六年、バスク政府はこれらを含む一八種類の競技を「特別な農村スポーツ」と位置づけ、奨励する計画を策定した。レガッタや闘羊、ペロタやボウリングはここには含まれないが、硬球を素手で打つペロタ・マノの選手が持つ強靭な手は、容易に武器になり得る強さをもっている。さらに稲垣は、グアンテや

図51　街中の専用球戯場で行われている九柱戯（ボウリング）の様子
（著者撮影：スペイン・ギプスコア県レガスピ、2013年９月14日）

図52　学校が終わり、街のフロントンでペロタに興じる少年たち
（著者撮影：スペイン・ギプスコア県ラスカオ、2013年９月13日）

セスタについても、石投げを想定した場合、優れた武器〔投石器〕となり得る点を指摘し、そこからペロタが戦闘訓練としての意味、実用性を持っていたとの仮説を示している。[*11]

すでに述べたように、わたしはいくつかのバスク・スポーツをじっさいに見学する機会を得、その力強さとユニークさに大きな衝撃を受けた。なかでも、ペロタ・マノの試合は素晴らしかった。硬球を思いっきり素手で打つ際、またそれが壁に当たって跳ね返る際にいやでも耳に入ってくる乾いた音は印象的で、この競技のチャンピオンがバスクでもっとも尊敬され、共同体のリーダーになることを期待される人物だとする話にもうなずかざるを得なかった。

ショーン・J・イーガンは、現在のペロタ・マノで用いられている壁がバスクに導入されたのは一八三九年頃のことだと述べている。だとすれば、ペロタ・マノの人気が高まった時期はそれほど古いことではないことになる。しかしながら、ギルマイスターがボテ・ルセアこそ一番古い形態を維持していることからもわかるように、両方のチームが直接ボールを打ち合う球戯であっても、グアンテやセスタ等の用具が導入されるまで、長い間、バスク地方の球戯は素手で行われてきたと考えられる。バスクで球戯が行われた最古の記録は、一三三一年の王室出納簿の記述であり、そこにはたしかに「手のひらのゲーム（juego a la palma）」と記載されていたのである。*12 また、一五八八年には聖職者が三人対三人のペロタを行い、賭けに関する諍《いさか》いがあったとする記録が残されてもいる。*13

後述するように、素手でボールを打つ球戯が行われているのはバスク地方だけではないが、ペロタ・マノは、それが今もたいへん人気があることに特徴がある。そこに示される伝統的な価値観は彼らの共同体で共有されていることが見て取れる。バスクを旅する途中、わたしは、学校から帰宅した子どもたちが町の中心にあるフロントンやプラサに集まってきて小さな硬球を壁に向かって打ち合い、遊ぶ光景を何度も目にした。それはパワー、スピード、敏捷性、戦術的な頭脳、そして痛みにたえる忍耐力が素手で硬球を打つペロタによって培われるとする固有の価値観によって支えられているように感じたのである。またそれがバスク・スポーツの魅力であり、他の民族スポーツとの大きな違いといって良いように思う。

3　オランダ・フリースラント州

アムステルダム中央駅からインターシティで約二時間半の距離にあるレーワルデンは、オランダ北部フリースラント州（Friesland〔蘭〕、Fryslân〔フリジア語〕）の州都である。わたしがこの地を初めて訪れたのは二〇〇九年八月のこと。当初の目的は、同州のフランネケル Franeker という小さな町にある球戯《カーツ》博物館（Kaatsmuseum KNKB）とその近くにある球戯場 Sjûkelân を見学することにあった。

カーツ博物館

目的の博物館は町のほぼ中央部に位置している。レーワルデンで列車を乗り換え、約一五分でフランネケル駅に到着する。駅は町の外にあるため、少しばかり歩かねばならない。オランダには数多くの運河が張り巡らされている。そのことはもちろん行く前から知ってはいたが、この一帯が低地地方《ネーデルラント》と呼ばれ、運河の水位が思いのほか高いことにはたいへん驚かされた。日本なら少しの雨ですぐさまあふれ出してしまいそうな水位の高さに圧倒されながら、わたしは町の中心部へと向かった。

その途中、ある看板が目に入ってきた。'oud kaatsveld'、英語で書けば'Old handball field'となる。すなわち「旧球戯場」である。ふつうの旅人ならおそらく気にもかけないであろうその看板を写真に収めた後、わたしはほどなくして'kaatsmuseum'という標識を見つけ、その方向に向かって歩いていった。

図53　オランダ低地地方の運河の様子
水面が道路とほぼ同じ高さにある。（著者撮影：フランネケル、2009年８月13日）

図54　「Kaatsmuseum」の標識
（著者撮影：フランネケル、2009年８月13日）

図55　「カーツ博物館」のある建物
（著者撮影：フランネケル、2009年８月13日）

標識を頼りに町中に入ったとき、わたしの目の前に現れたのは一見、博物館には見えない美しく、そしてかわいらしい建物だった。近づいてみると一階は地元銀行の店舗になっており、その二階部分がカーツ博物館だ。まずは入館料を支払い、館内を見てまわることにした。

最初に目がとまったのは手袋とボールが展示してあるケースだ。革製の手袋 gauntlet はさらにもう一組の革で作られた「中敷き」を入れて使用するようである。説明によるとボールはゴルフ・ボールほどの大きさ（直径三五ミリメートル、重さ二四グラム）で、二枚の革を縫い合わせて作った革袋に動物の毛を詰め込んだものである。

館内の展示では、フリースラント特有の「カーツェン（kaatsen〔蘭。フリジア語ではケーツェン keatsen〕）」がヨーロッパの古代に遡る球戯史に位置づけられていた。その流れを示したのが図56である。これはJ・J・カルマが一九七二年に出版した『フリースラントのカーツェン』という著書の中で発表したヨーロッパにおける「カーツェン〔ハンドボール〕の系図」である。

彼の考えでは、フリースラントのハンドボールの起源はフランスで成立した「ジュ・ドゥ・ポーム」であり、とくにそれが「ロングポーム」の系譜に属する球戯と見ていることがわかる。同博物館はカルマの系図そのものもパネルで紹介しており、この系図に基づく展示を行っていた。すでにふれたギルマイスターを始め、その後の研究ではこの系図の誤りや疑問点も指摘されてはいるが、そこからヨーロッパ球戯史に関する多くの情報が得られることも事実である。また後述するように、ギルマイスターはカーツェンが「ジュ・ドゥ・ポーム」の古い形態を残しているとしてとくに注目してもいる。では、カーツェンとはいかなるゲームなのか。その内容を見てみよう。

カーツェンはどんなボールゲームか

図57は現在行われているカーツェンのコートを上から見た図である。場所は長方形で縦が六一メートル、横が三二メートルである。ラケットとネットは使用されない。その代わり、先述の手袋《グラヴ》が用いられる。それぞれ三人で構成された二つのチーム（partuur）が、壁などは用いず直接ボールを打ち合う。得点は「〇、二、四、六、エールスト eerst」とカウントされる。テニスでいえば「〇、一五、三〇、四〇、ゲーム game」であり、四ポイントで一つのゲームが終わる点はまったく同じである。最終的には六ゲームを先取した方が勝ちとなる。

競技はどちらかのサーヴで始まる。サーヴをする側のチーム三人のうちの一人がサーヴ・エリ

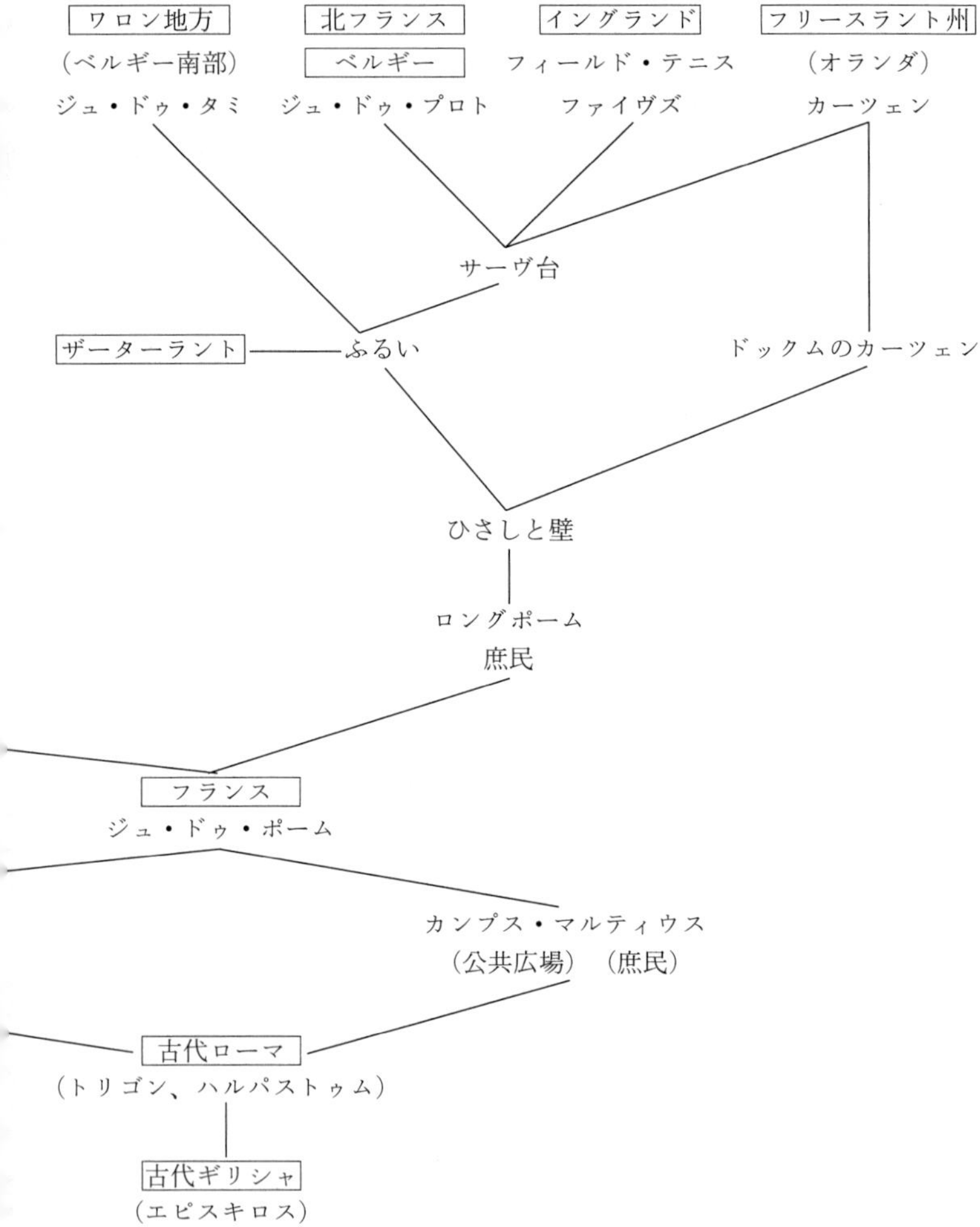

出典：J. J. Kalma, *Kaatsen in Friesland*, Franeker: Uitgeverij T. Wever, 1972, p.37.

図56　カルマによる「カーツェンの系図」

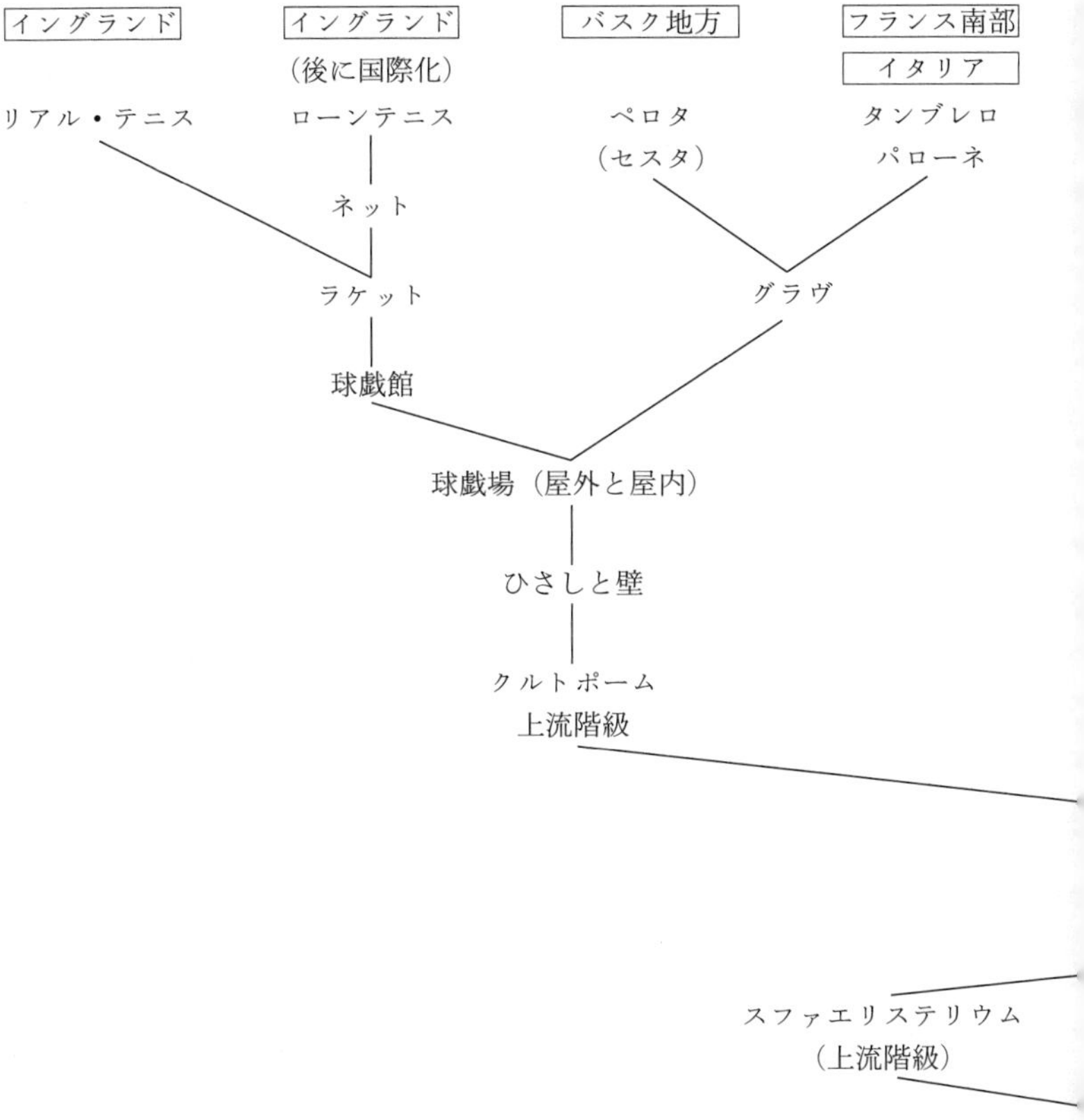

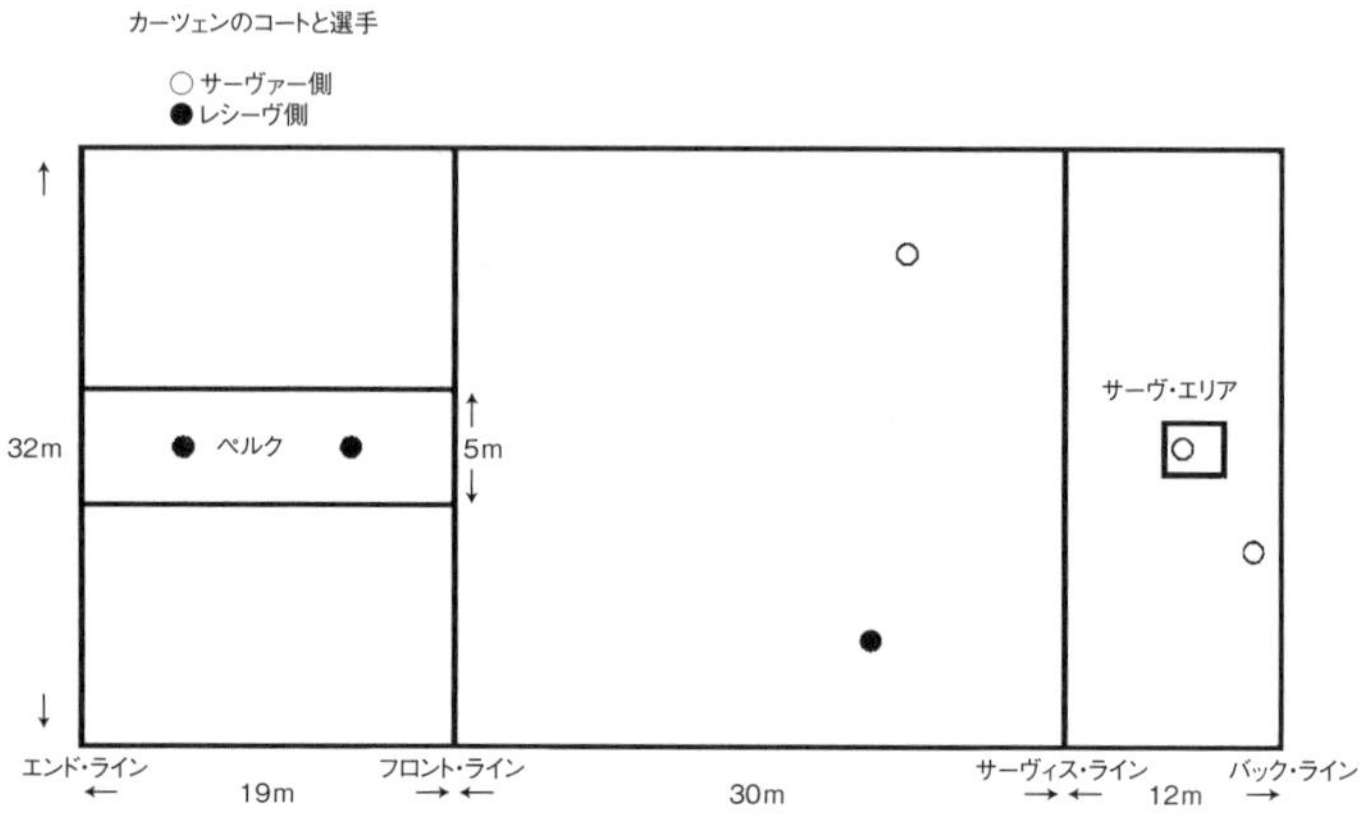

図57　カーツェンのコートと選手（各３人）の一般的な配置図

アからおよそ三〇メートル離れた横五メートル、縦一九メートルの「ペルク perk」と呼ばれるエリアにサーヴを打ち込む。サーヴはいわゆるアンダーハンドによるショットしか認められておらず、手のひらでボールを打つ。ペルクの中にはレシーヴ側のチームの二人が待ち構えており、打ちこまれたボールをノーバウンドか、ワンバウンドでできるだけ遠くに打ち返すのである。ちなみに手袋には二つの役割がある。第一の役割は素手より遠くにボールを飛ばすことであり、もう一つが手のひらの保護である。

ポイントはそれぞれつぎの場合にカウントされる。まずサーヴ側である。

1. レシーヴ側がサーヴを返球できなかった場合

（サーヴの返球はペルクの前方にあるフロント・ラインを越えなければならない）

2. レシーヴ側によるサーヴの返球が直接サイド・ラインを越え出た場合

3. サーヴの返球が、サーヴァー側のチームによってフロント・ラインを越えて再度返球された場合
4. レシーヴ側のショットが同じチームの他の選手に直接当たった場合

以上の場合には、ただちにサーヴァー側にポイントが与えられる。

つぎにレシーヴ側である。

1. レシーヴ側のショットがサーヴ・エリアのさらに後方にあるバック・ラインを越え出た場合
2. サーヴがペルク内に入らなかった場合
3. サーヴ側の返球が直接サイド・ラインを越え出た場合
4. サーヴ側のショットが同じチームの他の選手に直接当たった場合

上記以外の場合は、ボールが止まった地点にいわゆる「チェイス」がマークされる。カーツェンではこれが「カーツ kaats（フリジア語ではケーツ keats）」と呼ばれている。これは「未確定のポイント」としてマークされるため、その時点ではまだポイントは加算されない。これが二つマークされるか、どちらかがゲーム・ポイントに達している場合は一つになった時点でサイド・チェンジが行われ、サーヴ側とレシーヴ側の立場が入れ替わる。そのうえで、このマークで示されるラインをめぐるラリーが行われ、そのラインを越えられなかった方がポイントを失う。つまり、このラインの攻防に勝利した側にポイントが与えられるのである。なおカーツェンにおける「カーツ」は、フロント・ラインとバック・ラインの間の縦四二メートル、横三二メートルの間にだ

けマークされる。

カルマとギルマイスター

すでにふれたカルマの系図にも示されているように、カーツェン以外にも比較的小さなボールを主に手で扱う小球戯《ハンドボール》の種類はひじょうに多い。その中で、フリースラントで行われているカーツェンは、どのような系譜に位置づけられるのか。その起源を中世フランスで行われていた「ジュ・ドゥ・ポーム」と見なしている点で、カルマとギルマイスターの見解は一致している。カルマは「ジュ・ドゥ・ポーム」の屋外版ともいえる「ロングポーム」からカーツェンが枝分かれしたとしているが、その根拠はどこにあるのか。

カルマによると、そもそも「ジュ・ドゥ・ポーム」は遅くとも一四世紀にはフリースラントに伝わっていたという。[*14] 近年の研究では、この時期の「ジュ・ドゥ・ポーム」ではまだラケットもネットも導入されていなかったことがわかっているが、すでに王侯・貴族が行う「クルトポーム」と民衆の「ロングポーム」と見なせる事例が報告されており、両者はすでに分離していたものと考えられている。当時の「ロングポーム」について詳しいことはあまりわかっていないが、一七世紀以降であれば比較的多くの絵画資料が残されており、その様子を窺《うかが》うことができる。

たとえば、一七世紀半ばにランベール・ドメルが描いたロングポームの絵は、ラケットを使用してはいるが、最初にサーヴが打ち上げられる「ひさし」がしつらえられている（図60）。これはいったん「ひさし」にサーヴを打ち上げてラリーを始めるという、現在もリアル・テニスで引き継がれている方式が屋外でも実施されていたことを示している。さらにガブリエル・ペレルの銅版画では、ひっくり返した桶に斜めに板をおき、従者が投げたボールをサーヴしようとするプレイヤーの姿が描かれている（図61）。このいわば簡易の「サーヴ台」はカーツェンでも用いら

図58　カーツェンで用いられるグラヴと中敷き
（著者撮影：フランネケル、カーツ博物館、2009年８月13日）

図59　カーツェンで用いられるボールとその製作過程を示した展示
（著者撮影：フランネケル、カーツ博物館、2009年８月13日）

れていた。その形跡がいくつか残っている。

カルマが紹介しているのは持ち運びができる蓋《ふた》が斜めに取り付けられた木箱である。このような箱がかつてはサーヴ台として使用されたという。また、ドックムで行われていたゲームでも、「ふるい」や「サーヴ台」が使用されていたことを窺わせる「はね上がり'stuit'」という用語が用いられていたことを指摘している。

カルマの系図は、カルマ自身が今後の研究の「たたき台」として提起したもので、現在から見れば疑問に思わざるを得ない点も少なくない。筆者が見ても、バスク地方のペロタやイタリアのタンブレロ、パローネ等を「クルトポーム」の系譜に入れてしまって良いものかどうかという疑問が浮かぶ。また、ギルマイスターも中世フランスの「ジュ・ドゥ・ポーム」と古代ローマの球戯の間に関連はなく、両者を直接結びつける根拠が見当たらない点を指摘しているが、にもかかわらず、ギルマイスターがカルマの系図を大いに参考にしたふしも感じられる。その根拠がザーターラントの球戯に関するギルマイスターの関心の高さである。

カルマもふれているザーターラントは、現在のドイツ北西部ニーダーザクセン州クロペンブルク郡のうちのシュトリュクリンゲン、ラムスロー、シャレルという三つの村にあたる地域である。ここでは今も東フリジア語が話されている。そのことが示すように、フリースラントと同じフリース人が入植した地域である。フランス北部から北海沿岸に入植したフリース人のもとに「ジュ・ドゥ・ポーム」が伝播した時期はずいぶんと早かったに違いない、とギルマイスターはいう。

図60　ソミュール（フランス）におけるロングポームの光景
ここにもサーヴ用に設えられた「ひさし」が描かれている。ランベール・ドメル作（1646年）。出典：Kalma, *op.cit.*, p.29.

フリース人が住む海岸部は当時、おびただしい数の入江、河川、湿地が断続する群島で、船底の浅い小舟でしか行くことのできない場所だった。そのため、古い球戯の形態が温存されたのだとしている。

「ジュ・ドゥ・ポーム」を現在のテニスの起源とするのが以前からの定説であるが、ギルマイスターは言語学の知見を援用し、かつて騎士が行っていた「武装パス」を修道院の僧侶が模倣した球戯を起源とする独自の仮説を立てている。事実、フリース人の球戯〔フリースラントのカーツェン、ゴトランド島のペルク、そしてかつてザーターラントで行われていた球戯〕では、それぞれ騎士の馬上試合場（Park）を示すキーワードが残されている。すなわち、perk（西フリース語）、pärk（ゴトランド語）、pork（東フリジア語）である。また、これらはいずれも一五ポイント制をとることから、

図61 「野外のテニス」ガブリエル・ペレル作
ここでは「ひさし」が逆さにした洗濯桶と木の板に変容している。ラケットを持たない中央の人物がそこにボールを投げようとしているのがわかる。ギルマイスターはこの形態を古い「ロングポーム」と「ふるい」を用いる「ジュ・ドゥ・タミ」の中間形態と見ている。出典：Gillmeister, *op.cit.*, p.64.

これら三つの球戯はすべて「パルク球戯」という名称で一くくりにできるというのである。[*15]

さらにギルマイスターは、ザーターラントの球戯でも、サーヴァーの位置を示す四角い空間に対し、「はねあがり」を意味する「ステイト stuit」に似た「シュトイテ steute」という用語が用いられていたことを指摘している。つまり、この点についてはカルマの指摘を踏襲しているのである。[*16]

すでに述べたように、カルマの系図では、たとえばバスク地方のペロタやイタリアのタンブレロ、パローネ等が「クルトポーム」の系譜にだけ位置づけられている。これらは元来、屋外で行われてきたものであるし、既述のように、ペロタのもっとも古い形態を残していると考えられるボテ・ルセアやラショアではサーヴ台が用いられている。つまり、「クルトポーム」より、むしろ「ロングポーム」の特徴が見てとれるのである。このようなカルマの系図に対し、ギルマイスターが提示した系図〔図50〕はハンドボールだけにとどまらない、よりスケールが大きなものとなっている。

ギルマイスターの系図

ギルマイスターによれば、ヨーロッパ球技の系譜は中世騎士の馬上試合から分化したものである。まず、テニスとフットボールに分化した球戯はそれぞれさらに分化を続けていくことになる。フットボールは、ラグビー、サッカー、クリケットへと分化し、テニスはザーターラントの球戯、バスクのボテ・ルセア、イタリアのパッラ、コロンビアのフエゴ・デ・ラ・シャサへと分化する。さらにザーターラントの球戯から分化したのがフリースラントのケーツェン〔カーツェン〕とゴトランドのペルク・スペルとしている。とくにテニスの系譜を考えるうえで彼が重視しているのが「チェイス」の仕組みである。なぜなら、この独特のルールこそ、彼が主張する馬上試合模倣説と深く関わる要素だからである。しかしながら、この系図にはヨーロッパにおける多くのボールゲームが記載されていない。ギルマイスターはカルマの系図でいうヨーロッパ球戯と古代ギリシャや古代ローマの球戯の間の直接的な関係を否定しているから、それらに対する記載がないのは当然のことであろう。だがカルマが記載しているローンテニスや後述する北フランスのロングポーム、あるいはバスクの多様な球技形態をいっさい無視しているのはたいへん気になるところである。

フリースラントのスポーツ――近代化と遊び心

ギルマイスターは自説である「チェイス」を基本とするルール体系の歴史的重要性を示す過程で必然的にフリース人の球戯を重視するが、この点についてはたしかにうなずける点もある。たとえば、わたしが見学したフランネケルにあるカーツェン専用の球戯場は今も「シュークラン Sjûkelân」と呼ばれている。これは「馬上試合場 tilting-ground」を意味する。

ここで毎年七月に開催されているのが「フランネケル・カーツ大会（Franeker Kaatspartij）」

図62　カーツェン競技会が行われる会場〔シュークラン Sjûkelân〕
（著者撮影：フランネケル、2009年８月13日）

〔通称ＰＣと呼ばれる〕である。この大会の前身である'balverkaatsersdag'はじつに四〇〇年近い歴史があるとされるが、現在の同大会では一六組の男子チームがトーナメント戦を行い、優勝チームのうちの一人が最優秀選手の称号を得る。本大会に出場するチームを選抜するために年間六〇〇以上もの試合が行われるが、それらはすべてフリースラント州フエーレンヘーンに本部がある「王立ハンドボール協会（Koninklijke Nederlandse Kaatsbond）〔ＫＮＫＢ〕」の後援によるものである。なお、この大会がときにＰＣと呼ばれるのは、同大会を運営する組織の名称が「パーマネント委員会」（'Permanente Commissie der Franeker Kaatspartij'）と呼ばれたからである。この委員会が組織されたのは一八五三年のことで、二〇〇三年には一五〇周年を記念し、王室から「ロイヤル」の称号も得ている。

ただし一九世紀半ば、カーツェンは存亡の危機に見舞われてもいた。一八世紀まで国民的なスポーツだったカーツェンは一九世紀に入って急速に衰退し始め、フランネケルの熱心なカーツェンの支持者がこの事態を打開するために設立したのがPCであった。

カーツェンの存続を考えるうえでさらに知っておかねばならないのは、ギルマイスターも指摘しているフリースラントの地理的かつ歴史的な独自性である。

フリースラントはもともと「フリース人の国」を意味し、オランダの中では少数民族といってよい。同州ではオランダ語とともにフリジア語が公用語として認められており、フリジア語で'Fryslân'というのが同州の正式な名称となっている。この地域ではカーツェン以外にも、他の地域では見られない特徴的なスポーツが行われている。一九七三年に出版された『フリースラントのスポーツ』という書物では、カーツェンとともにスケート Schaatsen、フィーエルヤッペン Fierljeppen、スクッチェシルン Skûtsjesilen が紹介されている。

フランネケルで博物館と競技場の見学をしたわたしは、翌日、ヒンデローペンというフリースラントにある別の町を訪問することにした。それはこの町にスケートに関する博物館があることを知ったためである。恥ずかしながら、そこに行くまで、わたしはフリースラントでスケートがたいへん人気が高いことを知らなかった。一見、球戯とは関係がないと思われるスケートであるが、じつは球戯史と深く関係していることに気づかされたのも同博物館を訪問したのがきっかけである。

フリースラント州のヘーレンフェーンには、オランダにおけるスケートの聖地ともいわれる'Thialf'というリンクがあるが、同州を訪問して初めて知ったのがこの地方のほぼ全体を使って行われる「エルフステーデントホト Elfstedentocht」という大会の存在であった。オランダ語で「一一都市巡り」を意味するこの大会は一九〇九年に始まっている。したがって、わたしが訪問した年がちょうど一〇〇周年の節目にあたっていたのだ。これはフリースラントの一一の都市を結ぶ全長二〇〇キロにも及ぶ水路〔運河・川・池等〕で行われる世界最長のマラソン・スケート大会である。最高記録は前回の一九九七年大会で樹立された六時間四七分。水路のすべての氷が規定（一五センチメートル）以上の厚さにならないと開催できないため、一〇〇年間に完全な形で実施されたのはわずか一五回だけである。毎年、氷の厚さを測る委員会が組織され、「エルフステーデントホト」の開催の是非を発表する。そのため、気温と氷結の具合が地元の人びとの一大関心事となる。

ちなみに英語の'skate'はオランダ語の'schaats'に由来する。このことが示すように、オランダでは古くからスケートが日常生活の中で用いられてきた。スケート博物館に展示されている絵画からもわかるように、バロック期のフランドルの画家ピーテル・ブリューゲルやヘンドリック・アーフェルカンプは凍った川や池で行われていたそり遊びやスケート、ゴルフに似たコルフkolf、アイスホッケーに似た打球戯など、さまざまな氷上の遊びに興じる民衆の姿を描き残している。

カーツェンはフリースラントでは夏のスポーツであるが、冬にも人びとはスケートを履いて球戯を行っていたのである。スケート博物館では動物の骨を用いたスケートや橇《そり》の実物が展示されてもいた。鉄製のブレードが登場するのは一七世紀のこととされるが、ヨーロッパ全体が寒冷化したともいわれるこの時代にも人びとは氷上の楽しみを追求し、技を競い合っていたのである。

これに対し、「フィーエルヤッペン Fierljeppen」もあちらこちらに張り巡らされた運河とともにある生活から生まれたスポーツである。これは球戯ではなく、棒を使って運河を飛び越す競技である。幅約一メートルの助走台を走り、踏み切り台で川の中心部に立てられた棒に飛びつき、よじ登り、対岸を目指して飛ぶ。三回の試技を通して一番長い距離の記録を競うのだ。これもおよそ二五〇年の歴史があるという。ちなみに二〇〇〇年は日本とオランダの友好交流四〇〇周年に当たり、それを記念して日本フィーエルヤッペン協会が設立されてもいる。

そして「スクッチェシルン Skûtsjesilen」も水に関係したスポーツだ。これは農民が運搬船として使っていた底が浅い船 Skûtsjes で行われる一種のヨット・レースである。毎年八月に競技会が開催されるが、もともとは農民たちが互いに金を賭けて行っていた競走を競技として復活させたもので、競技会の歴史自体はそれほど古くはない。

かつてのカーツェンでも賭けが行われていたことは想像に難くないが、四つの競技から感じられたのは、与えられた環境の中で暮らす人びととその生活の中からさまざまな遊びや競争が生みだされてきたこと、またそれが大きな変化を被ることなく、再生され、引き継がれてきたことである。いわば「遺産」としてのスポーツという側面がフリースラントのスポーツには強く感じられる。だがそれは単なる「遺物」ではない。現在もなお生活に息づく文化であり、当然のことながらそれらを後の時代に引き継ぐ努力もなされている。

図63　木靴にブレードを取り付けたスケート靴
(著者撮影：ヒンデローペン、スケート博物館、2009年 8 月14日)

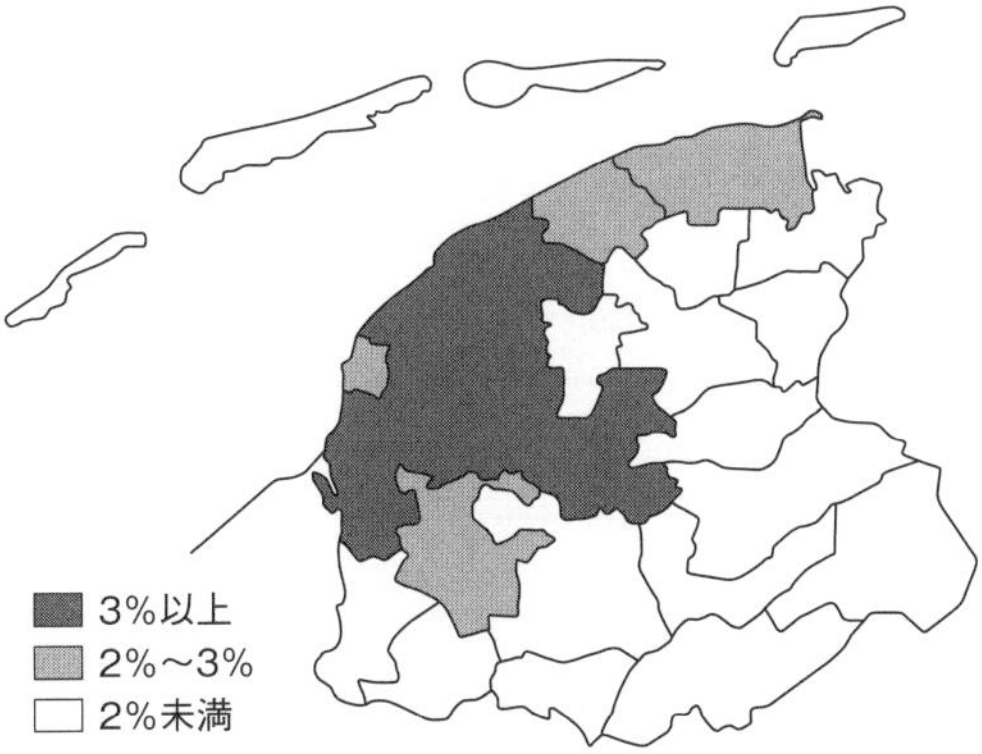

図64　フリースラントにおけるカーツェン競技人口の割合
出典：Gosse Blom, *Het Kaatsen: Een Inleiding*, Leeuwarden: Steven Sterk uitgevers, 2007, p.10.

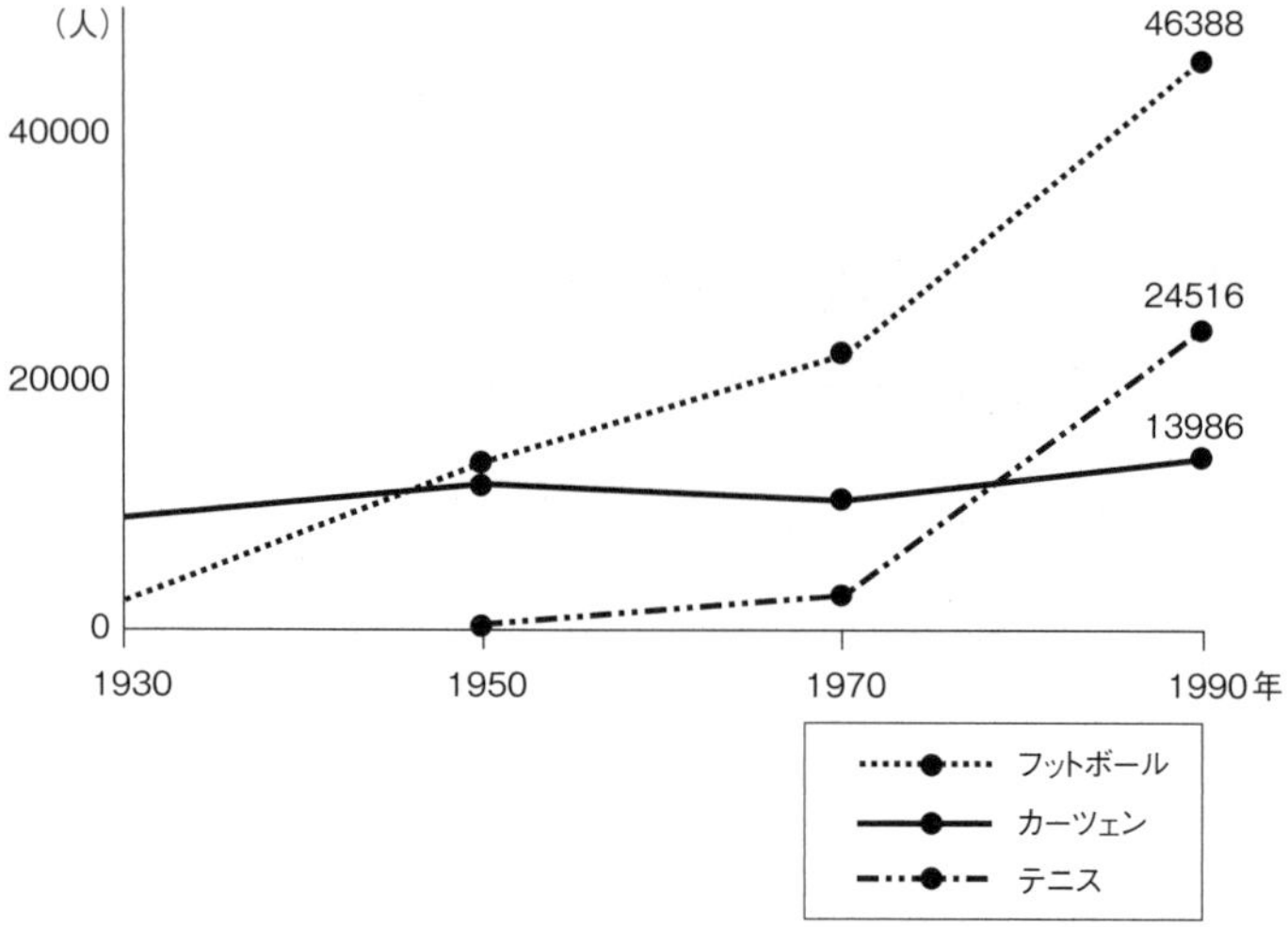

表3　フリースラントにおける競技人口の推移（1930〜1990年）
出典：Gosse Blom, *op.cit.*, p.15.

図64は現在もカーツェンが実施されている地域を示したものである。黒く塗られた地域は「カーツェン・クラブ」に登録している人の割合が人口の三%を超えるところであり、グレーは二〜三%である。フリースラントがその中心地であることがよくわかる。表3はフットボール、テニス、カーツェンの競技人口の推移を示したものだ。一九九〇年にはフットボールとテニスがカーツェンの競技人口を大きく上回っているが、だからといってカーツェンの競技人口が減っているわけではない。カーツェンの相対的な人気は落ちたかもしれないが、競技そのものが衰退しているわけでは決してないことがわかるだろう。

4　ベルギーと北フランス

オランダ・フリースラント州フランネケルの球戯《カーツ》博物館を訪れた翌年、わたしはベルギーにあるもう一つの球戯博物館を訪問することにした。この博物館は、ベルギーの首都ブリュッセルからインターシティで約一時間の距離にあるアト Ath という小さな町にある。フランネケルと同様、町外れの駅から街中に向かって歩いていくと、町の中心にかつて市庁舎だった立派な建物がある。その二階部分が球戯博物館になっている。

国立球戯博物館

ベルギーは大まかに言って北部のフランドルと南部のワロン〔アルデンヌ地方〕に分けられる。一部、ドイツ語が使われる地域もあるが、ブリュッセルを含む北部ではオランダ語の方言であるフランデレン語が、また南部ではフランス語が公用語である。博物館のあるアトはエノー州にあり、南部のフランス語を公用語とする地域である。事実、フランス北部の大都市リールとの直線距離は五〇キロメートルほどだ。そのような事情から、同博物館の看板はフランス語とフランデレン語で示されている。博物館の名称は、フランス語では'Musée National des Jeux de Paume'、

図65　「ベルギー国立球戯博物館」のある建物〔旧市庁舎〕
（著者撮影：アト、2009年８月12日）

フランデレン語では 'Nationaal Museum van Het Kaatsen' である。ベルギーが独立したのは一八三一年のこと。それまで、スペイン、オランダ、フランスなどの列強国の影響を強く受けてきたのに加え、第一次世界大戦ではドイツの占領下におかれた経験もある。

展示室に入ってすぐ目に入るのが、マネキン人形を使い、世界各地の球戯とハンドボールを紹介しているコーナーだ。すぐ横には、フリースラントのカーツェンで使用されるのとほぼ同様のグラヴとそれを製作する工房が再現されている。これらに加え、係員が特別に見せてくれたのは、サーヴを打つ際に使用する「ふるい」とそれ用の別のミット状の手具だった。ふるいには台となる金具がついており、面を平らに保つための器具が取り付けられている。ミット状の手具は堅い皮を貼り合わせたもので、お椀のような窪《くぼ》みがあり、その外側に手をいれるための柔らかなグラヴが縫いつけられている。バスク地方のグアンテを小さくしたような独特の手具である。それらはかつてベルギーで行われていた「ジュ・デゥ・プティット・バル・オ・タミ（Jeu du petite balle au tamis）」の用具だという。後述するように、似た球戯は現在もフランス北部のピカルディ地方で行われており、そこでは「ラ・バル・オ・タミ（La balle au tamis）」と呼ばれている。

これに対し、現在、ベルギーで行われている小球戯（ハンドボール）はフランス語で「ラ・バル・プロト（La Balle Pelote）」、フランデレン語では「カーツェン」と呼ばれている。この球戯で用いられるボールとグラヴはフリースラントの「カーツェン（ケーツェン）」とよく似ているが、コートの形と人数が異なっている。「ラ・バル・プロト」では平たい台形と細長い台形を組み合わせた形のコートが用いられ、「バロドロム Ballodrome」と呼ばれる。また、一チームの人数は五人である。

フリースラントの球戯博物館と同様、この博物館も「カルマの系図」を展示しており、自分たちの伝統球戯の起源がフランスで成立した「ジュ・ドゥ・ポーム」であり、とりわけ「ロングポーム」の系譜に属する球戯と見なしていることがわかる。フリースラントよりもフランスに近く、とくにフランス北部と隣接しているためであろうか。類似の球戯が伝承されているフランスのピカルディ地方の球戯の用具等も展示されており、それらに関する情報もここから得ることができた。

ラ・バル・プロト

では、改めてベルギーで現在行われている「ラ・バル・プロト」と呼ばれる球戯について述べてみたい。この球戯で用いられるボールは直径四五ミリメートル、重さ四五グラムの硬球である。そのため選手はケーツェンと同様のグラブを着用する。かつてのボールは子牛の毛か皮の切れ端を白い羊の皮で包んだもので手作りだった。現在は羊の代わりに合成繊維が使われている。また、壁打ち用や初心者用のボールもある。

図66　「ラ・バル・プロト」で用いられるグラヴと中敷き
（著者撮影：アト、2010年９月19日）

図67　「ラ・バル・プロト」のゲームの様子
出典：Robert Delys, Equipe de Tollembeek, 1995, Reproduction interdite. J. Regnier, Ath Musée National des Jeux de Paume.

「バロドロム」と呼ばれるコートも、かつてはふつうの道路を利用していたが、現在は各連盟により、コートの大きさと形状が決められている。コートの形状と人数は異なるものの、基本的なルールはフリースラントのケーツェンとほとんど変わらない。

まず、グラヴは統轄団体である「ベルギー球戯連盟（Nationale Kaatsbond - Fédération Nationale des Jeux de Paume）」〔ＮＫ－ＦＮＪＰ〕が認める職人が作ったもので、二〇〇グラム以下の重さであることが定められている。

サーヴァーはレシーヴ側のサイドにサーヴを打ち込み、レシーヴ側はノーバウンドかワンバウンドで打ち返さなければならない。それが叶《かな》わず、ボールの動きが止められたら、その地点に「チェイス」がマークされる。チェイスが二つマークされるか、一つマークされた時点でどちらかが四〇ポイントに達していたら、コート・チェンジがなされ、陣地 camp が入れ替わる。そのうえですでにマークされたチェイスを境にラリーが行われ、その勝敗がポイントにな

図68　「ジュ・デゥ・プティット・バル・オ・タミ」で用いられる「ふるい」
（著者撮影：アト、2010年９月19日）

る。ポイントは四ポイントで一ゲーム〔ジュ〕となる。テニスのカウント方法と同じで「一五、三〇、四〇、ゲーム〔ジュ〕」である。あらかじめ決められたゲーム〔ジュ〕を獲得したチームが試合に勝利する。その数は最大で一五ゲーム〔ジュ〕である。

他国との関係と歴史的経緯

先にふれたNK-FNJPは二〇一三年に、以前の「ベルギー王立球戯連盟（Fédération Royale Nationale de Balle Pelote - Koninklijke Nationale Kaatsbond）」が再編されてできた統轄団体である。一九二八年に結成された「国際球戯連合（International Ball Game Confederation）」[*17]にも加盟しており、国際大会も開催されている。

ベルギーにおける小球戯の歴史は古く、一四世紀までさかのぼる。この頃は「ジュ・ドゥ・ポーム」が盛んであった。一三三八年にはブリュッセルの西、オーデナールデという町で早くも禁止令が出されている。小球戯では平らな場所が必要となるため、教会の中庭がよく使用されたという。歴史家ドゥゼーは、この球戯が「ラ・バル・プロト（La Balle Pelote）」と呼ばれた歴史的背景として、スペインとの歴史的関係を示唆している。[*18]

ドゥゼーは、現在のベルギーにあたる地域で一九世紀により盛んに行われていたのは、手のひらでボールを打ち合う「ラ・バル・プロト」ではなく、グラヴを用いる「ジュ・デゥ・プティット・バル・オ・タミ」だったと述べている。では、「ラ・バル・プロト」はどのようにして広まったのか。ドゥゼーはその大きなきっかけがナポレオン軍の捕虜として勾留されたスペイン兵士にあったと述べている。[*19]

スペイン兵捕虜は一八一二年から翌年まで、アトと同じエノー州トゥルネーにあるサンジャン兵舎に収容されていた。スペイン兵は勾留先でも自分たちの小球戯（ペロタ pelota）を行って楽

図69　「ジュ・デゥ・プティット・バル・オ・タミ」用のグラヴ
（著者撮影：アト、2010年9月19日）

図70　「バロン・オ・プワン」（フランス）で使用されるボール
（著者撮影：アト、2010年9月19日）

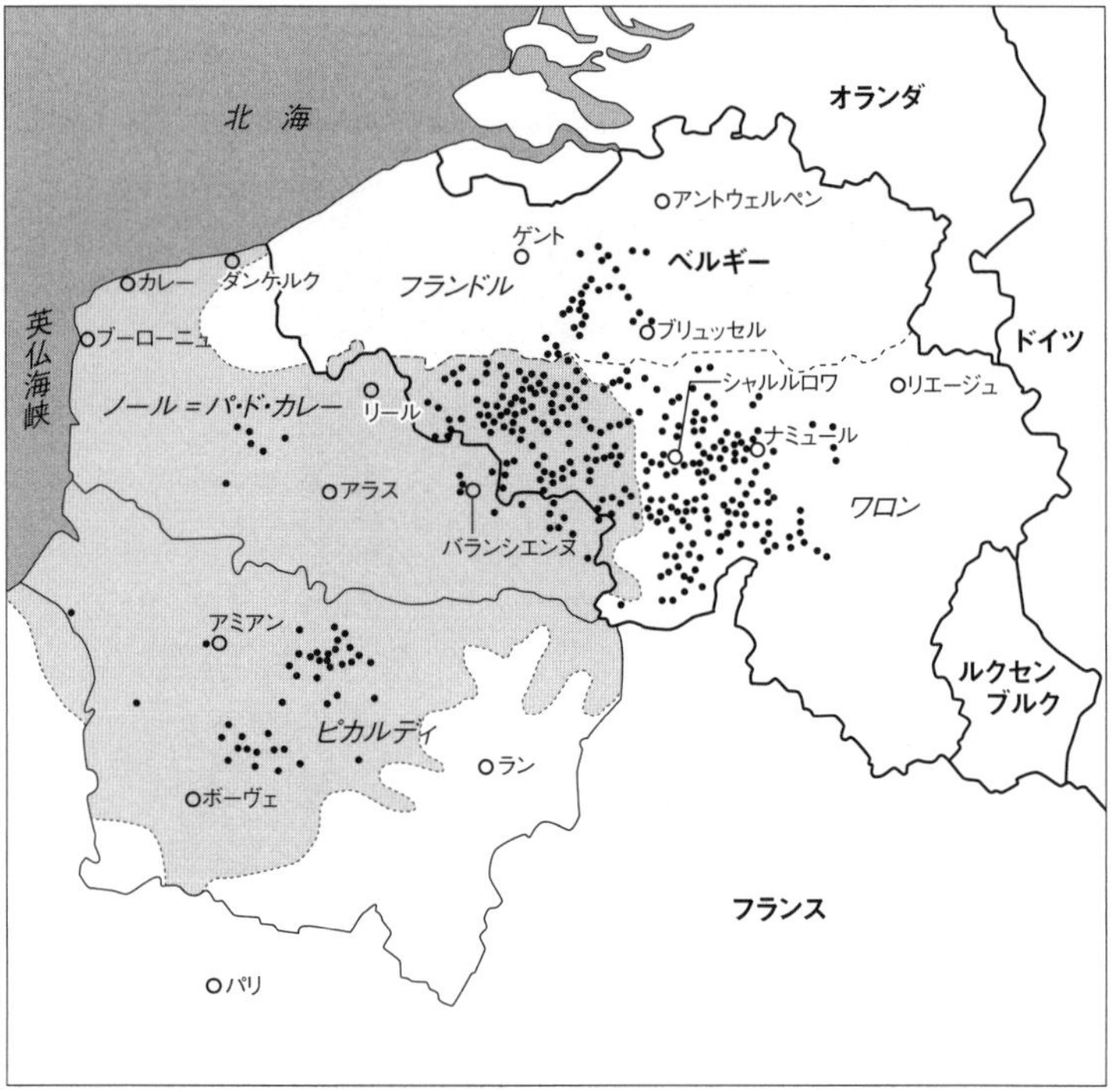

図71　ベルギー及びフランス北部で類似のゲームが行われている場所
出典：Marie Cegarra, *Jeux de balle en Picardie: Les frontières de l'invisible*, Paris: Éditions L'Harmattan, 1998, p.72.

しんだ。彼らがどのようなペロタを行ったかはわからないが、彼らが行ったペロタと地元民が知る小球戯には共通点も多く、互いの交流が生まれたようである。また、スペイン兵たちのペロタに関する技術はトゥルネーの人びと、とりわけ若者に大きな影響を与えたという。

その最大の特徴はスペクタクル性にあった。地元の人びとは、スペイン兵のペロタ選手を「カラコス Caracos」と呼んだ。これは一六世紀から一八世紀にかけてヨーロッパの騎兵が使用した戦術である「カラコール（Caracole, Caracol）」にちなんだ呼び名である。スペイン兵は、よりダイナミックなサーヴを行うとともに、敵方に駆けていって動き回り、返球をしづらくした。このプレイに対し、馬上で射撃をした後に半回転して後方へ下がる機動を意味するこの言葉が使われたのである。ベルギーにおいて手のひらで小球を打ち合う球戯が「ラ・バル・プロト」とよばれる所以がここにある。

つぎにこの球戯が影響を受けたのは、オランダ・フリースラントにおける「ケーツェン」である。ただし、距離が離れていることもあり、両者の交流が

図72　1989年にブリュッセルの「グラン・プラス」で行われた「ラ・バル・プロト」の大会
毎年7月に4チームのトーナメント戦が行われる。出典：J. Regnier, Les Gloires de la Balle Pelote en Hainaut, n.d..

始まった時期はそれほど古くはない。すでに述べたように、フリースラントでは手のひらで打ち合う「ケーツェン」が衰退気味になったことを受け、一八五三年に大会を開催する目的で「パーマネント委員会〔PC〕」が設立された。その後はこの組織が統轄団体としてオランダにおけるケーツェンの組織化を促したが、その役割は一八九七年に設立された王立オランダ球戯協会〔KNB〕が引き継いでいる。

一八八八年にベルギーのチームがフリースラントを訪問し、オランダとの交流が始まる。その後も数年おきに互いのチーム派遣と交流が続いた。その結果、ベルギーでも「ジュ・ドゥ・プティット・バル・オ・タミ連盟（Fédération de Jeu de Petite Balle au Tamis）」（一九〇〇年）、「ジュ・ドゥ・デミ-ドュル連盟（Fédération du Jeu de Demi-Dure）」（一九〇二年）、そして「ベルギー・ジュ・ドゥ・プロト連盟（Fédération Nationale de Jeu de Pelote）」（一九〇三年）が結成された。組織化の進展は、試合に関する新聞報道なども促したから、小球戯の存続に大きく寄与したが、フリースラントにベルギーの「ラ・バル・プロト」が伝播することはなかった。[*20]

これ以外に、ベルギーの小球戯がより大きな影響を受けてきたのがフランス、とりわけフランス北部に位置するピカルディ地方との交流である。繰り返し述べているように、ベルギーとフランス北部は隣接しており、人の往来はきわめて容易である。フランスのチームとの交流は一九世紀初頭から始まっている。この時期には、トゥルネーやその出身者が住むフランスの町との間で定期的に交流試合が行われていたようである。同じような交流は、ベルギーのシメイとフランスのクソルル、ベルギーのナミュールとフランスのジヴェとの間でも見られた。一八一五年までは「ラ・プティット・バル・オ・タミ」が主だったが、トゥルネーではその後「ジュ・ドゥ・プロト」が採用されるようになったという。また一八六四年から七〇年にかけては「ポーム・ドゥ・ブリュッセル」と呼ばれるチームがフランスの複数の町で試合を行っているほか、一九世紀後半から二〇世紀初頭には他の町でも数多くの国際試合が報告されている。[*21]

図73　バレンシア（スペイン）の球戯（1881年）
この球戯は現在も行われており、「バレンシア球戯連盟（Federació de Pilota Valenciana）」が組織されてもいる。出典：Ignacio Ferro, ‘Patrimonio Histórico Español del Juego y del Deporte: La pelota Valenciana’, Museo del Juego, 2010.

ピカルディ地方における「伝統の継承」

（1）「ロングポーム」

ベルギーとフランス北部でいくつかの球戯が共有され、交流が盛んに行われてきた最大の理由は、両地域が地理的に隣接しており、ともにフランス語圏であることが挙げられよう。フランス北部のピカルディ地方で今も行われ続けている伝統的な小球戯がある。その一つが「ロングポーム（La longue paume）」である。この球戯の歴史は古く、既述のように起源は一二世紀まで遡る。

もちろん、現在、ピカルディ地方で行われている「ロングポーム」は当時のゲームとは大きく異なっている。一チームの人数は六人で、全員がラケットを使用する。ボールをワンバウンドかノーバウンドで打たねばならない点、また得点の数え方はテニスと同様だが、ネットが存在しないため、敵味方がコート上で混在するシーンも見られる。

競技はサーヴィスで始まるが、最初に行われるのは、後のラリーの基準となるチェイス（フランス語では「シャス chasse」）のラインを決める攻防である。ボールを打ち損じるか、ツーバウンドした場所に「シャス〔チェイス〕」がマークされる。ラインが二つ（どちらかがアドヴァンテージのときには一つ）決まった後、攻守が入れ替わり、既定の「チェイス・ライン」を挟んだ攻防がそれぞれ一回ずつ行われる。得点が入るのは「チェイス・ライン」に基づく攻防の時だけで、「チェイス」の場所を決める際のラリーでは得点が入らない。二つの「チェイス・ライン」に基づく攻防が終了すると、サイド・チェンジは行わず、そのままつぎの「チェイス・ライン」を決めるための攻防が行われる。ゲームはこの手順を繰り返しながら進んでいく。

この方式であれば、プレイヤーはネットなしでもラリーを楽しむことができる。これは、スポーツ史家ギルマイスターのいう「パルク球戯」に共通するルールであり、一チームの人数、コートの形状と大きさ、ボールの材質と大きさ、そしてボールを返球する方法〔手のひらで打ったり、ラケット、グラヴなどで打ったり、籠状の用具で捕球してから返球する等〕にかかわらず、共通する原理といってよいものだ。つまり、ベルギーの小球戯と「ロングポーム」の原理はまったく同じであり、フランス北部の人びとにとって理解しやすい球戯だったことが、両者の交流を盛んにしたもう一つの理由だったということである。

現在、フランス北部のピカルディ地方で行われている伝統的な球戯は全部で四つある。それは、「バル・ア・ラ・マン（La balle à la main）」、「バロン・オ・プワン（Le ballon au poing）」、「バル・オ・タミ（La balle au tamis）」、そして「ロングポーム」である。

（2）「バル・ア・ラ・マン」

直径四五ミリメートルの比較的小さなボールを手のひらで打ち合う「バル・ア・ラ・マン」は、フランスでもっとも早く組織化された競技の一つである。現在の「フランス・バル・ア・ラ・マン連盟（Fédération Française de Balle à la Main）」の前身とされる「ソンム県プロト・クラブ（Sociétés de Pelote de la Somme）」がアミアンで結成されたのは一九〇八年五月のことである。第二次世界大戦前には五〇のクラブが存在したが、その後は八つのクラブ（ソンム県に七つとオワーズ県 Oise に一つ）にまで減少した。現在は一五まで戻しているが、戦前に比べれば衰退傾向にあることは否めない。アミアンで最初のクラブが発足した際、競技の名称が「プロト pelote」と呼ばれたことはベルギーからの伝播を窺わせる。事実、「ベルギー・ジュ・ドゥ・プロト連盟」は同クラブが結成される五年前の一九〇三年に結成されてもいる。

ベルギーの「ジュ・ドゥ・プロト」と比較した場合、用いられるボールに大きな違いはないが、

表4　ピカルディ地方で行われる小球戯の種類と特徴

	ロングポーム	バル・ア・ラ・マン	バロン・オ・プワン	バル・オ・タミ
1コート	長さ40m、幅12m	長さ65m、幅12m	長さ65m、幅20m	長さ94m、幅13m
1チームの人数	6人（4人、2人、1人）	8人	6人	9～6人
ゲーム数	6ゲーム先取（1ゲーム15点刻みの60点）	8ゲーム先取	5～7ゲーム先取	5～7ゲーム先取
用具	ラケット（長さ72cm，横幅20cm）	グラヴ	腕（肘と拳の間）	タンブール、ふるい
ボール	直径55mm、重さ16～20グラム、球状のコルクにフェルト2枚を縫い合わせ、覆う	ゴム製の中核在り、直径45mm、重さ40～43グラム、2枚の皮を縫い合わせる	直径60～65cm、重さ425～475グラム、中空のゴムボールを合成皮革で覆う	中核のある硬球、直径32mm、重さ28グラム（現在はバル・ア・ラ・マンと同じ）
特徴	手際良さ、上品さ	手際良さ、順応性、力強さ、戦術	強い気持ち、忍耐	動体視力、瞬発力、正確さ、判断力

出典：Marie Cegarra, *op.cit.*.

一チームの人数やコートの形状などは異なっている。「バル・ア・ラ・マン」は一チームが八人で構成され、コートは長方形である。

同連盟によれば、この競技がもっとも盛んなのはソンム県東部とオワーズ県北部で、やはりベルギーに隣接しているノール＝パ・ド・カレー地域〔ノール県とパ・ド・カレー県〕にもクラブがあるという。連盟は、この競技が中世に起源をもつ「ジュ・ドゥ・ポーム」にもっとも近い球戯であることを主張し、その普及を図っている。二〇〇八年の時点で連盟に加盟している選手はおよそ二〇〇名ということである。

(3)「バロン・オ・プワン」

「バロン・オ・プワン」〔'Ballon français' や 'Paume au ballon' とも呼ばれる〕ワールドゲームズ大会（World Games）の正式種目である「ファウスト・ボール（Faustball〔独〕、Fistball〔英〕）」によく似た競技である。用いるのは直径が六〇〜六五センチメートル、重さが四二五〜四七五グラムの中空のゴム製ボールで、サッカーボールなどと同じように、ゴムボールをさらに合成皮革で包んだものである〔図70を参照〕。いわば大きな中空ボールを用いる「バル・ア・ラ・マン」と考えればよい。ただし、ボールが大きいため、選手は手のひらではなく、拳と肘の間の部分でボールを打つ。したがって、ワンバウンドでの返球が認められたバレーボールのような競技といえばよりわかりやすいだろうか。

現在の統轄団体は一九七二年に結成された「フランス・バロン・オ・プワン連盟（Fédération Française de Ballon au Poing）〔FFBP〕」であるが、一九〇〇年にはパ・ド・カレー県でリーグが立ち上げられ、一九一一年には「ソンム県バロニスト連盟」、一九三五年には「フランス・バロニスト連盟」が結成されている。FFBPによれば、四〇のクラブが加盟し、選手は二五〇〇人が登録されているが、そのうちの大半はソンム県にあるクラブだという。毎年八月一五日にアミアンのオトワ球技場（la Hotoie）でフランス選手権大会の決勝が行われる。

ボールを打つ腕の部位は、布や皮を巻いて補強されるとはいえ、コートの全長は六五メートルに及び、サーヴを成功させるためにはボールを二〇メートル以上飛ばさなければならない。屈強な腕が必要で、ときに「過酷なスポーツ（Sport très dur）」ともいわれるが、FFBPはこの球戯が一九世紀から行われているピカルディ地方の伝統的なスポーツの一つであり、「高貴なゲーム（"C'est un jeu noble"）」だと主張している。なお、この球戯ではサーヴィス・ラインを示す位置に二メートルの高さの紐が張られており、他の三つの小球戯とはその点が異なってもいる。

（4）「バル・オ・タミ」

「タミ tamis」は「ふるい」を意味する。この球戯では、サーヴを打つ際に「ふるい」にボールをいったん弾ませ、撥ね上がったボールを手のひらで打つ。「ふるい」は直径が約四〇センチメートルで、木や金属の枠に馬の毛で編んだ網が張られ、三つの足がついており、二〇センチメートルほどの高さになる。また、プレイヤーは「タンブール tambour」と呼ばれる用具を使用する。これは縦が二一、横が一五センチメートルの楕円形の木枠に布を張ったもので、ラケットが出現する前の打突用具の一つともいわれている。ひじょうによくボールが飛ぶため、この球戯のコートは全長九四メートルに及ぶ。かつてはより小さな硬球が用いられていたが、現在は危険性を減らすために、「バル・ア・ラ・マン」と同じ形状のボールが用いられている。

一九〇四年に「ピカルディ・バル・オ・タミ連盟（La Fédération picarde du jeu de balle au tamis）」が結成されている。その後、競技人口が減少して衰退していたが、一九七六年にアミアンで再組織化がなされた。現在はピカルディの地域スポーツの一つに位置付けられるとともに、選手権大会も開催されるようになっている。一五〜一六世紀にスペイン系ハプスブルク家がフランドル、アルトワ、ノルマンディ、ピカルディを支配した際、この球戯がスペインからもたらされたという説もある（当時は'pelote au tambour'とも呼ばれたという）。

テニスの原風景

わたしはじっさいに「ロングポーム」を観戦するため、二〇一三年九月初旬にピカルディ地方を訪問した。試合が行われるのは、アミアンから自動車で一時間ほど南東に走ったところにあるメリ＝ラ＝バタイユという小さな町のコートである。

その日は日曜日で、朝七時三〇分に選手入場が行われ、午後六時までに計一一の試合が行われ

表5　'Challenge Inter-Unions 2013' の各カテゴリーと試合結果

カテゴリー	勝者	獲得ゲーム（ジュ）数
第5ランク	オワーズ	7対4
第4ランク	オワーズ	7対1
キャデ Cadets	オワーズ	7対4
ミニム Minimes	オワーズ	7対5
ヴェテラン Vétérans	オワーズ	7対4
女子	オワーズ	7対6
ベンジャミン Benjamins	ソンム	7対3
ジュニア	ソンム	7対4
第3ランク	ソンム	7対3
第2ランク	ソンム	7対6
第1ランク	ソンム	7対3

た。表5にあるように、試合はすべてカテゴリー分けがなされており、結果はオワーズが六勝、ソンムが五勝だった。この大会はフランス・ロングポーム連盟（Fédération Française de Longue Paume）〔FFLP〕の主催で行われたもので、オワーズ県とソンム県の連合対抗戦だった。

FFLPが結成されたのは一九二〇年のことだが、一八九一年には「フランス競技スポーツ連合（Union des Sociétés Françaises de Sports Athlétiques）」に加わり、翌年には「フランス選手権大会（Premier championnat de France）」が開催されている。盛んな地域はソンム県のサンテール〔ペロンヌ、モンティディティエ、ロワ〕、オワーズ県北部で、両県の県境あたりである。他の伝統球戯に比べ、ロングポームの特徴は荒々しさを排除した「冷静な判断」とその「正確さ」、「手際の良さ」と「上品さ」にあるといわれる。じっさいに競技を見ても、選手の動きにローンテニスのような激しさは見られなかった。

以上、ここで紹介してきたベルギーとフランス・ピカルディ地方の伝統的な球戯には共通点がいくつか見られる。まずルールであるが、いずれも「チェイス〔フランス語ではシャス〕」のライ

図74　'Challenge Inter-Unions 2013' の試合会場に貼られたタイムテーブル
（著者撮影：メリ＝ラ＝バタイユ、2013年９月8日）

図75　'Challenge Inter-Unions 2013' の試合の様子
コートの表面はアスファルトであるが、まわりには大きな木が植えられており、ボールが外に飛び出すことはほとんどない。また、それによって日差しも適度にさえぎられている。手前にある赤と青に塗り分けられた２本のポールが２つの「チェイス（シャス）」の位置におかれる。（著者撮影：メリ＝ラ＝バタイユ、2013年９月８日）

図76　'Challenge Inter-Unions 2013' の試合の様子（シニア）
（著者撮影：メリ＝ラ＝バタイユ、2013年9月8日）

ンを決めた後に、それをめぐる攻防を行うことで得点が入るというルールを採用していることである。そのため、ローンテニスにおけるネットやバスク地方のペロタ・マノにおける壁などは必要ない。また、そのこととも関係するが、サーヴを行う側とリターンを行う側の空間〔形状や広さ〕が同じではない。その点でいえば、テニスよりも野球に近いともいえる。事実、ロングポームは六人制のチーム戦であり、チェイス・ラインを敵側のできるだけ奥に作った方が、サイドを交代したときに守る範囲が狭くなり、有利になるため、低い弾道で前線の相手を抜いていくようなラリーの攻防が見られた。これは野球の打者が打ったボールが内野をゴロで抜けていく場面ととてもよく似ている。あるいはクリケットの打撃で野手の間を抜くシーンと言ってもよいだろう。その一方でチェイスをめぐる攻防は、相手の陣地 camp の奥深くまで攻め入ることが主たる目的となる。したがって、ラグビーやアメリカン・フットボールに似た側面も見てとれるのである。

これらは現在、いずれも組織化がなされており、ルールの成文化もなされている。球戯の種類によって求められる選手の特性は少しずつ異なるものの、いずれの組織もこの「チェイス・ゲーム」ともいえる複数の球戯が古く中世まで遡る「伝統的な球戯」であるとの認識のもと、普及に努めている。競技人口は少ないものの、その意味ではすでに一定の近代化がなされているともいえる。これらの球戯に携わる人たちの動機は「伝統を維持する」強い意識にあるようだ。そして、これらの球戯は、テニスの原風景を今に伝える生きた資料ともいえよう。

5　アイルランド

スポーツにはいくつかの「聖地」がある。ヨーロッパではその多くが博物館を併設し、その「記憶」を後世に伝えようとしている。とくに近代スポーツの母国である英国では、ウィンブルドン（テニス）、ニューマーケット（競馬）、セント・アンドリューズ（ゴルフ）等で各競技団体が独自の博物館を開設し、多くのファンを喜ばせている。

直接スポーツと関わりのないところにいくら立派な博物館を作っても何か物足りない。「聖地」というからにはそれ相応の歴史が必要であり、そこから多くの人びとの「記憶の場」ともなるのだろう。

これまでに訪問したスポーツ博物館の中で、わたしがもっとも強い印象を受けたのは、ダブリンのクロークパーク競技場にあるＧＡＡ博物館である。ＧＡＡは「ゲール運動競技協会（Gaelic Athletic Association）」の略で、「ゲール」はスコットランドやアイルランドなどで暮らすケルト系の民族を意味する。

ＧＡＡゲームとは

アイルランドは一二世紀以降、長い間イングランドの支配下にあり、弾圧を受け続けた歴史をもつ。一八八四年に結成されたＧＡＡは、英国スポーツに「対抗」してアイルランド独自のスポーツを創出し、普及させた団体である。最初に作成されたＧＡＡ憲章の中で「国技（National Games）」と規定されたのは、ハーリング（Hurling）、ゲーリック・フットボール（Gaelic football）、ハンドボール（Handball）、ラウンダーズ（Rounders）の四つであり、これらはどれも「ＧＡＡゲーム」と呼ばれている。ＧＡＡゲームが盛んに行われているのはアイルランド国内においてであり、日本ではほとんど知られていない。ただし、いずれもヨーロッパ球戯史を語るうえで外すことのできないゲームである。

（1）ハーリング

ハーリングは、スティックと直径六五ミリメートルのボールを用いるゴール型の団体競技である。同じ打球技であるホッケーに似ていなくもないが、ハーリングには「ハイスティックの禁止（肩より上にあるボールを扱ってはならない）」や、スティック以外でボールにさわることなどへの制限がない。また、フィールドはゲーリック・フットボールとまったく同じで、長さ一三〇～一四五メートル、幅が八〇～九〇メートルと広い。一チームの人数は一五名である。

ちなみにホッケーのスティックは直径五一ミリメートルより太くすることはできないが、ハー

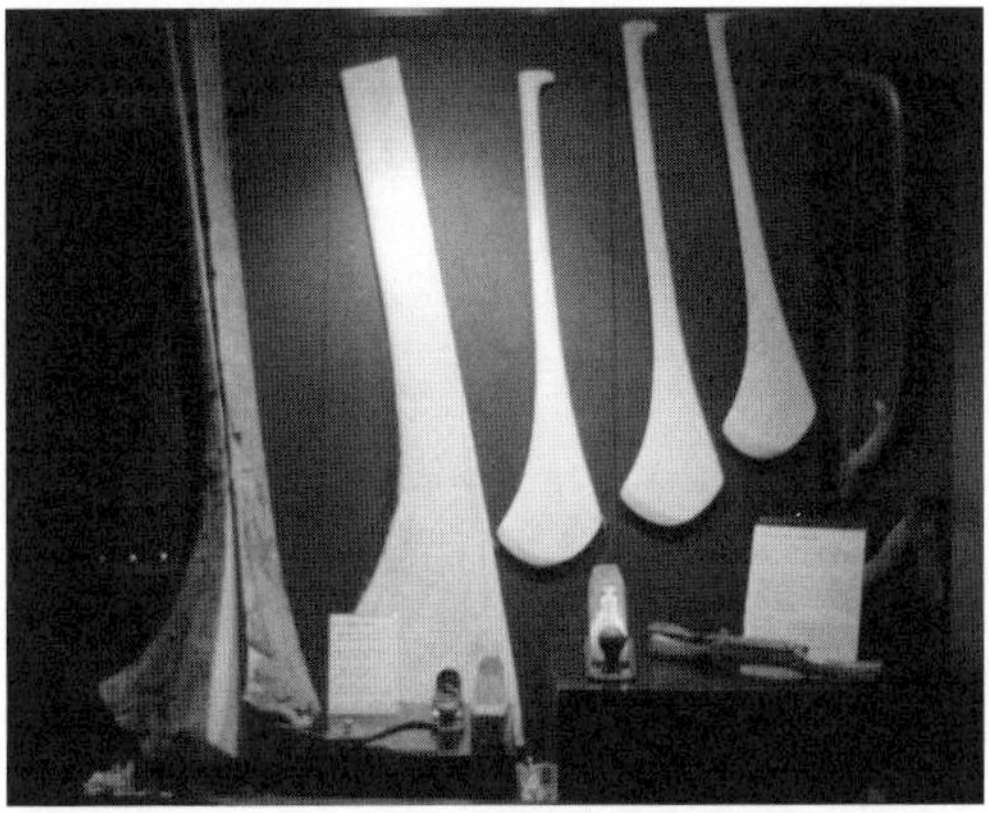

図77　「ハーリー（ハーリング用スティック）」の製造工程を示した展示
（著者撮影：ダブリン、GAA博物館、2012年9月17日）

図78　ハーリングにおける「ヒッティング」の様子
出典：Donal Keenan, *The Ultimate Encyclopedia of Gaelic Football & Hurling*, Cork: Mercier Press, 2007, p.116.

図79　ハーリングでの「ハンドリング」
ハーリングでは空中のボールを手でキャッチすることが認められている。出典：Eoghan Corry, *An Illustrated History of the GAA*, Dublin: Gill & Macmillan, 2005, p.218.

リングのスティックはボールを扱う先端部分が手のひらほどの広さがある。ボールの最高速度は時速一五〇キロメートル、飛距離も八〇メートルに達する。そのため、二〇一〇年からは危険防止のためにヘルメットの着用が義務づけられている。ボールをプレイしていれば身体接触が認められているため、一見荒々しく見えるが、スティックで相手の身体を叩く行為は反則であり、ボールを摑《つか》んだり、トスしたり、蹴《け》ったりすることはできるが、地面にあるボールを手で摑んではいけない。ボールを持ったまま走ることができるのは四歩までである。

もっとも難しいのは、スティックの先端部分にボールを乗せて走る技術である。わたしが知る限り、アイルランドの人びとの中には、ハーリングの激しさより、その技術的な難しさを指摘する人の方が多い。多くの人がハーリングの試合に出るためには子どもの頃からトレーニングを始める必要があると口を揃える。

なお、ゴールの形状、大きさ、得点方法についてはゲーリック・フットボールとまったく同じである。この競技を見ると、英国でルールの統一がなされたホッケーがいかに多くの制限を加えられて出来上がったものであるかがよくわかるが、それに似た印象が得られるのが、つぎにふれるゲーリック・フットボールである。

図80　「クロークパーク競技場」のゴール
（著者撮影：ダブリン、2008年８月19日）

（2）ゲーリック・フットボール

ハーリングと同様、一チームの人数は一五名である。ゴールはハーリングとまったく同じで、サッカーとラグビーのゴールを組み合わせたような形状をしている。下の部分にボールが入ると三点、上部を通過すると一点が入る。図80は、ダブリンのクロークパーク競技場のゴールである。ここでは毎年八月から九月にかけて「全国カウンティ対抗選手権大会（GAA All-Ireland Intercounty Championship）」の準決勝と決勝が行われる。観客席にボールが飛び込まないよう、後方に防球ネットが張られているのがわかるだろう。

図81　ゲーリック・フットボールにおける「ハンドリング」
出典：Keenan, *op.cit.*, p.49.

ゲーリック・フットボールは、サッカーに比べ、手の使用が大幅に認められている。ラグビーと異なるのはボールを保持して走ることが四歩以内に制限されていることであるが、バスケットボールのようにボールを手でワンバウンドさせれば最大九歩まで進むことができる。また、その後もボールをトスするか、蹴ってパスすることは認められているので、自分でそのボールを捕球することでさらに多く進むことができる。ボールを投げることは反則である。サッカーのような「オフサイド・ルール」はなく、またラグビーのような腰から下へのタックルは認められていない。どちらかというと、オーストラリアン・フットボールに近いルールであり、じっさいに一九六七年以降、定期的にオーストラリアン・フットボールのチームとの国際試合が行われている。

（3）ハンドボール

GAA博物館によると、ハンドボールは一八世紀までにアイルランドでもっとも人気のあるゲームになっていたという。ただし、ここでいうハンドボールとは、壁打ちのハンド・テニスとでもいうべき球技である。ラケットを使わないスカッシュといっても良い。最初は何もないただの壁や建物の切妻《きりづま》が用いられたが、しだいに三つないしは四つの壁をもつ専用コートが建設されるようになった。

図82　アイルランド島で確認されている「ハンドボール・アレイ」の分布図
出典：Áine Ryan, The Irish Handball Alley: A Space for play, in 6th Annual Conference of Sports History Ireland, 2010.

図82は、現在確認ができている「ハンドボール・アレイ（コート）」の所在地をアイルランドの地図上にプロットしたものである。その数はじつに七四〇か所に及ぶ。

現在行われているゲームはシングルスかダブルスである。かつては屋外のコートが一般的であったが、現在は屋内コートが主流になりつつある。一九八四年に「世界ハンドボール評議会（World Handball Council）」が結成され、世界選手権も開催されている。加盟国はアメリカ、カナダ、バスク、オーストラリア、イタリア、日本、プエルトリコ、インド、そしてアイルランドであり〔二〇一四年現在〕、ハンドボールは例外的に国際スポーツとしての広がりをもっている。また、アイルランドは一九七〇年、一九八四年、一九九四年、二〇〇三年、二〇一二年に同大会のホスト国となっている。

（4）ラウンダーズ

ラウンダーズはベースボールに似た打球技である。GAAのラウンダーズ部門は、ベースボールがラウンダーズから派生した球戯であり、アイルランドからの初期の移民がアメリカにこの球戯を伝えたことを示唆しているが、真偽のほどは不明である。

ラウンダーズは、身体接触がほとんど見られないため、子どもから大人まであらゆる年齢の人が性別も関係なく一緒に楽しめるゲームとされる。また、手と目の協応を養うのにも良いという。アイルランド島内のあらゆる地域で行われているが、とくにモナハン、ウェックスフォード、メイヨー、リムリック、ダブリン、デリー、キャバン、カーロウで盛んである。

ラウンダーズはイングランドでも行われているが、そこでは比較的短いバットが用いられており、打者は片手でボールを打つ。文献上の初出はウィリアム・クラークの『ボーイズ・オウン・ブック』（第二版、一八二八年）である。

「これ〔ラウンダーズ〕はイングランド西部でもっとも人気のある打球戯の一つである。西部の大都市では、少年たちがフィーダー Feeder と呼ばれるラウンダーズにたいへんよく似たゲームを行っている。ラウンダーズでは、プレイヤーは二つの同じ人数のチームに分かれ、先攻後攻を決める。四つの石ないしは柱が一二～二〇ヤード離れて置かれる。ペッカー pecker ないしはフィーダー feeder と呼ばれるフィールドにいる者の一人がボールをやさしく放り投げる。打者は可能な範囲でバットを使ってボールを打つ。もし彼が三回失敗するか、打ったボールが自分の後ろに飛んで落ちるか、打者の後ろにいる者以外のフィールドに散らばっているプレイヤーにボールをキャッチされるとアウトとなり、他の者と交代する。もしこのようなことが起こらなければ、バットを手離して第一の目標に向かって走る。もし可能なら、第二、第三の、あるいは最初の位置に戻る。ただし、フィーダーないしはフィールドにいる者の誰かが走っている打者にボールを当てたら、その打者はアウトである。……」

図83　アイルランドにおけるラウンダーズの打撃シーン
出典：Cumann Cluiche Corr na hÉireann, CLG, *GAA Rounders: Coaching Manual*, p.16.

あくまでもマイナー・スポーツの一つとして紹介されたものである。イングランドでラウンダーズの統轄を行っているのは

「ラウンダーズ・イングランド」であるが、この組織が結成されたのは一九四三年と遅く、GAAの結成から六〇年ほど後のことである。だが、アイルランドにおいても、ラウンダーズはいったん忘れられかけていたという。

すでに述べたように、ラウンダーズは一八八四年の最初のGAA憲章ですでにGAAゲームとしての位置づけを得ていたが、その後、一九五〇年代の終わり頃までじっさいにGAAのクラブで行われることはなかった。英国領である北アイルランドのアントリムにある「エリンズ・オウン・クラブ（Erins Own club）」がラウンダーズの試合を初めて行ったのは一九五八年のことである。さらに一二年後に同クラブのメンバーが働きかけを行い、ダブリン郊外バルドネルBaldonnellの空軍のチームとベルファストのセント・ジョゼフ教員養成大学のチームが試合を行っている。また、その年にはアントリムとデリーで「小学校ラウンダーズ選手権大会」が開催された。この大会はそれ以来、毎年開催されており、デリー、アントリム、ティロンで広く普及した。シニア及びマイナーの選手権大会はアイルランド全土で行われており、二〇〇八年に「GAAラウンダーズ」は復興五〇周年を祝っている。

これまで紹介してきた四つのゲームの中でもっとも人気があり、競技人口も多いのがゲーリック・フットボールとハーリングである。シニアの準決勝と決勝が行われる八月から九月にかけ、ダブリンの街は試合の話題で持ちきりになる。組み合わせにもよるが、とくにゲーリック・フットボールの決勝戦のチケットは一般に販売されることはなく、GAAのクラブ会員限定であることから、わたしたち旅行者等がそれを入手することはきわめて難しい。GAAはあくまでもアマチュアの団体であり、選手はすべて別に職業をもっている。GAAは世界でもっとも成功しているアマチュア競技団体とさえいわれている。

図84　GAA博物館の入口
（著者撮影：ダブリン、クロークパーク競技場、2012年9月17日）

GAA博物館に見る成功と苦難の歴史

GAAの本部がおかれているのが、ダブリン郊外にあるクロークパーク競技場である。ここでは毎年ゲーリック・フットボール（男女それぞれ）、男子のハーリングとその女性版であるカモギー（camogie）の「全国カウンティ対抗選手権大会」の準決勝と決勝が行われる。そのため、同競技場はいわばGAAゲームの「聖地」ともいえる場所である。ここには、GAAゲームの歴史を紹介するGAA博物館が併設されている。GAAゲームの歴史と、その成功の秘密を同博物館の展示からさぐってみよう。

まず、同博物館の入口付近には、GAAの目的が明確に記されている。

「民族の鼓動　GAAは一つのスポーツ組織以上のものである。GAAはハーリング、フットボール、ハンドボール、ラウンダーズのゲームの促進に寄与するが、アイルランドの言語、音楽、ダンスを含む国民文化とゲール人のさらなる理想を豊かなものにする諸活動を支援してもいる。GAAは地域の共同体がもたらす誇りを強めるよう努力する。」

GAAが設立された一八八四年、アイルランドは英国の統治下にあったが、一九世紀後半は他の国々でもスポーツの組織化が盛んに行われた時期である。GAAはそのことを一五世紀の文芸復興になぞらえ、「スポーツ・ルネッサンス」と呼んでいる。

「一九世紀にはヨーロッパのいたるところで民衆娯楽が組織化されたスポーツとして形式を整えられた。それらの団体の多くは広い文化的、帝国主義的、あるいは国家的な目的を有していた。」

GAAはこのようにスポーツの組織化が単なるスポーツだけに関わる事象ではなく、ときには帝国主義あるいは国家主義的な目的と深く結びついていたことを指摘し、自らも政治的ないしは民族主義的な意図を強くもつ組織であることを率直に認めている。ちなみに彼らが展示している同時代のスポーツ年表はつぎのようなものだ。

一八六六年　第1回アマチュア・ボクシング選手権

一八六七年　全国野球選手協会（アメリカ）
一八六八年　ダブリン大学でゲーリック・フットボールのルールが作成される。
一八六九年　ゴールウェイのキリモア・クラブでハーリングのルールが作成される。
一八七一年　ラグビー・ユニオンの結成とイングランド対スコットランドによるラグビー初の国際試合（イングランド）
一八七三年　トリニティ・カレッジのA・コートニーがダブリン大学のカレッジ・パークで行われた陸上競技会の一〇〇ヤード走で初の世界記録を樹立。
一八九五年　W・G・モーガンがバレーボールを発明（アメリカ）。
一八九六年　アテネで第1回近代オリンピック大会が開催される。
一九〇五年　カモギー協会
一九二二年　アイルランド・アマチュアハンドボール協会
一九七二年　アイルランド・女子ゲーリック・フットボール協会

この時代に起こった事象はもちろんこれだけではないし、いささか内容にばらつきが見られる点も否めない。しかしながら、この表はスポーツ史上のある重要なポイントを示している。それは、一九世紀後半から二〇世紀初頭のヨーロッパが「帝国主義」と呼ばれる時代であり、多くの近代的な競技スポーツが同時代に誕生していたという点である。

ＧＡＡが自ら単なる一スポーツ団体に収まる組織ではなく、政治性を帯びた組織であることを公言する背景には、ＧＡＡのみならず、アイルランドという国が歩んできた歴史が深く関わっている。その最たるものが宗主国イングランドとの歴史的関係である。博物館の展示はそのことも深く印象づける内容になっている。

イングランドとの歴史的関係

一八八四年八月、ダブリンで学校を開設していたマイケル・キューザックはゴールウェイで国家主義者のグループと面談し、アイルランド人競技者のための全国組織の設立とハーリングの復興に関する計画を示した。

当時、アイルランドの多くの伝統的なスポーツは衰退しており、地主階級の人びとは競馬、ハーリング、クリケット、陸上競技などを支援していた。だが、職人や労働者は公式な競技会から締め出されていた。一八七九年、メイヨーのアスリートだったパット・ナリーとマイケル・キューザックは階級に関係なくすべての陸上競技選手が参加できる新たな全国規模の競技団体の結成を呼びかけるが、このときは成功にはいたらなかった。一八八二年にキューザックは「ダブリン・ハーリング・クラブ」を結成する。同クラブは一八八三年一二月に「メトロポリタン・ハーリング・クラブ」と名称を改め、後にＧＡＡの母体となる。

ゲーリック・フットボールとハーリングのルールは一八八五年一月に開催されたＧＡＡの第三

回会議で作成され、『ユナイテッド・アイリッシュマン』紙に掲載された。

ところが同年二月、GAAに思わぬ競争相手が現れる。ダブリンを拠点とする複数のクラブが「アイルランド・アマチュア・アソシエーション（Irish Amateur Athletic Association〔IAAA〕）」を結成したのである。両者の関係は急速に悪化することとなる。というのも、三月にIAAAは

図85　2012年カモギー決勝戦（コーク対ウェックスフォード）の試合の様子
（著者撮影：クロークパーク競技場、2012年9月16日）

図86　ウェックスフォード・チームの応援団
（著者撮影：クロークパーク競技場、2012年9月16日）

自会員がGAAの組織するゲームに参加することを禁じたからである。これに対抗してGAAも自らの競技会からゲール人以外の参加者を締め出した。以後、GAAゲームは国家主義の象徴的な存在となり、独立運動にも大きく関与していくことになる。GAAに加盟する選手は、長い間、英国からもたらされたサッカー、ラグビー、テニスなどをプレイしたり観戦したりすることを禁じられた。そのいわゆる禁止条項はアイルランド独立後の一九七〇年まで続いた。

独立運動との関わりは、ハーリングの女性版といえるカモギーの組織化にも認められる。カモギーは一八九三年に結成された「ゲーリック・リーグ（Gaelic League）」のダブリンの一支部で考案された。そのルールが初めて成文化されたのは一九〇二年のことで、男子が行うハーリングのルールを基に、女子が行えるよう改められたものである。一九〇五年にはカモギー協会が設立され、一九一二年には初のカウンティ対抗戦がダブリンとラフ **Lough** の間で行われた。また同じ年にはユニバーシティ・カレッジ・ダブリン〔UCD〕に最初の大学クラブが設立されてもいる。

なお、「ゲーリック・リーグ」は英国による長い支配によって失われつつあったゲール語〔アイルランド語〕を中心に、アイリッシュ・ミュージック、ダンスを含むアイルランド文化を復興する目的で結成された。かつて一八世紀末には約半数のアイルランド人が英語を話せなかったが、一〇〇年後には英語を話せない人の割合はわずか一パーセントにまで減少していた。一八九二年に「アイルランドが脱英国化する必要性」というエッセイを発表した詩人で文学者でもあるダグラス・ハイドは、外国文化を排除しアイルランド独自の言語と文化を保護することを訴えた。その翌年に結成された「ゲーリック・リーグ」はその後も会員数を増やしながら成長し、一九一五年以降の独立運動にも深く関わっていく。独立後の初代首相となるエイモン・デ＝ヴァレラ、独立運動の英雄で軍人のマイケル・コリンズも同リーグの熱心な会員であった。

植民地化以前のアイルランド

ＧＡＡの成功の裏に独立運動との関わりがあるのは間違いない。だが、その素地は一九世紀に入って急速にアイルランド独自の文化が失われつつあったことにも起因しているように思う。一九世紀アイルランドにおける「スポーツ復興」を理解するためのヒントがＧＡＡ博物館に展示されている。

図88は一五世紀に製作された「棺《ひつぎ》の蓋《ふた》」であり、ドネゴルで発見された。製作されたのはヘブリディーズ諸島であり、戦士の装飾がなされ、細身のスティックとボールが彫られている。ＧＡＡゲームの一つであるハーリングの歴史は古く、イングランドによる植民地化以前に遡る。その根拠とされるのが、アイルランドに伝わる「英雄伝説」である。

博物館の展示によれば、言語学的には八世紀に遡るとされる「英雄伝説」、『レンスターの書』（一二世紀）の中ですでにハーリングが言及されている。ハーリングの能力は、「強さ、機敏さ、優れた運動能力」のメタファーとして描かれているのである。

伝説の中でもっとも卓越したハーリングの能力をもつ者がクー・フリンである。以下は「クランゲの牛捕り」の一節である。

「満五歳になったとき、クー・フリンは母親に、ムルテヴネの平原に住む家族のもとを離れ、エウィン・ワハに行きたいと言いました。そこでは宮廷の戦士になる一五〇人の少年たちが訓練を受けていました。クー・フリンは連れは要らないと言い一人で北への長旅に出かけました。道中、子どもの背丈ほどもある金銀でできた投げ槍、銀のハーリング・スティック、そして金のボールで退屈を紛らしながら。最初にボールをスティックで打って遠くへ飛ばし、それから同じ方向にスティックを投げると、スティックは空中でボールに当たり、さらに遠くへとボールが飛びます。つぎに投げ槍を投げると、槍はスティックの握りの端に突き刺さり、その勢いでスティックがさらに飛び、これがボールを再び空中で打つのです。それから走っていって、三つが落ちてくるところを受け止めるのです。この遊びを幾度となく繰り返したのです。

エウィン・ワハにたどり着いたとき、訓練を終えた少年たちが広場で遊んでいました。クー・フリン少年も参加したのですが、ルールを知らなかったので、ゲームの邪魔者でした。少年たちはあっちへ行けとどなりましたが、知らん顔です。そこで少年たちは遊ぶのをやめ、この邪魔者を懲らしめようと一五〇人全員が雨あられのように投げ槍を投げつけると、クー・フリンは盾をかざして身を守ったので、盾はヤマアラシのようになりました。全部の槍を受け止めたのです。少年たちは後ずさりましたが、もう一度まとまって、遠くから重いハーリングのボールを投げつけました。そのボールをクー・フリンは胸で受け止めたりスティックで打ち飛ばし、ハーリング・スティックも体をかわしてよけたり、受け止めては膝でへし折ったりしました。[*22]……」

「一行が運動場まで来たとき、クー・フリンは一五〇人の少年たちを相手にハーリングをしており、いつものように自分だけは片手でやっているのに、いつものように圧勝していました。クー・フリンはとても目がいいので、少年たちが打ったボールはすべて阻止し、攻撃の番になるとたてつづけに得点するのです。レスリングでも多くの少年をなぎ倒しましたが、一五〇人集まってもクー・フリンに近寄ることさえできません。[*23]……」

伝説の内容から考えると、ハーリングは戦士と関わりが深く、その内容も武術的な球戯だったことが窺われる。また、それ以外にもノルマン人がこの島に渡ってくる以前の球戯の様子を伝える資料がある。「ブレホン法（Brehon Laws）」というアイルランド語で書かれた法律である。これによると、ハーリングは少なくとも八世紀から規制されていたことがわかっている。ハーリングによって起こる参加者の負傷や死亡に対する補償が準備されていたという。また、ノルマン人の侵入後はイングランドの法により、禁止されることになる。

そのもっとも古い規制が、一三六六年の「キルケニー法（Statute of Kilkenny）」である。同法はクラレンス公爵が招集した議会で成立した。アイルランドにいるノルマン系イングランド人のアイデンティティを保持させるため、彼らがスポーツを含むアイルランドの文化や生活習慣に染まることを禁じようとしたのである。その一環として「キルケニー法」はハーリングを禁止した。

その理由は「スティックを持ち、地面の上のボールを使う人びとがハーリング horlinges と呼ぶゲームにより、大いなる危害及び負傷が生じる」からとされた。また、一五二七年の「ゴールウェイ法（Statute of Galway）」がやはりハーリングを禁じており、一六九五年の「安息日遵守法（Sunday Observance Act）も日曜日のハーリングとフットボールを禁じている。だがこれは、アイルランドでハーリングとフットボールが行われ続けていたことの裏返しでもあるだろう。

少なくとも一七世紀から一八世紀にかけてアイルランドを訪れた外国人はとくに地域共同体でハーリングが重要な位置を占めていることに注目している。それによると、北部では細身のスティックと堅いボールで地面を転がすカーマナクト camánacht あるいはシンティ shinty と呼ばれる打球戯が盛んで主として冬に行われていたのに対し、南部及び中部では夏に柔らかなボールと幅が広いスティックでボールをすくい上げ、手で持つオモイン iomáin と呼ばれる打球戯が盛んだったという。また、フットボールについては、レンスター北部では街中で行われており、南西マンスターではクロスカントリー型のカド caid という球戯が行われていたことがわかっている。

記憶の場

GAA博物館の展示は、GAAゲームの普及が独立運動や民族独自の歴史的文化の再生を背景にしていたことを物語っているが、最後にわたしがもっとも大きな衝撃を受けた展示を紹介しておきたい。それは「血の日曜日」と呼ばれる事件の展示である。

一九二〇年一一月二一日、クロークパーク競技場でゲーリック・フットボールの試合が行われていた。そこに英国の駐留部隊が乱入して銃を発砲。競技場にいた一四名が死亡し、約一〇〇人が負傷した。

アイルランド独立戦争下の惨劇であり、アイルランド人であれば誰もが「記憶」している辛い

図87　「クロークパーク競技場」の電光掲示板
ハーリングの試合後、競技場に映されたメッセージ。“Slán Abhaile”（スローン・アソリャ）はゲール語で「気をつけてお帰りください」といった意味である。（著者撮影：ダブリン、2009年８月16日）

図88　ドネゴルで発見された「棺の蓋」
十字架の右横に剣、ハーリー（スティック）、ボールが彫られている。（著者撮影：ダブリン、GAA 博物館、2009年８月17日）

図89 「クロークパーク競技場」のホーガン・スタンドに設置されている「血の日曜日」の記念碑
（著者撮影：ダブリン、2012年９月16日）

歴史である。同博物館では試合で選手が着用していたウェアとその試合のチケットが展示されていた。説明文によると、事件のあらましはつぎのとおりである。

「同年一一月二〇日の夕刻、マイケル・コリンズは『カイロ団』として知られる一四名の英国スパイの暗殺を命じた。

翌二一日の午後、クロークパーク競技場ではダブリンとティペラリーの試合が予定されていた。興行収益は収監された共和派の親族のための基金に充てられる予定だった。

ダブリンでは緊張が高まっていた。前夜の暗殺に続き、英国軍による報復の恐れがあったからである。それにもかかわらず、およそ一万人が試合を見にクロークパークに集まった。スローインは午後

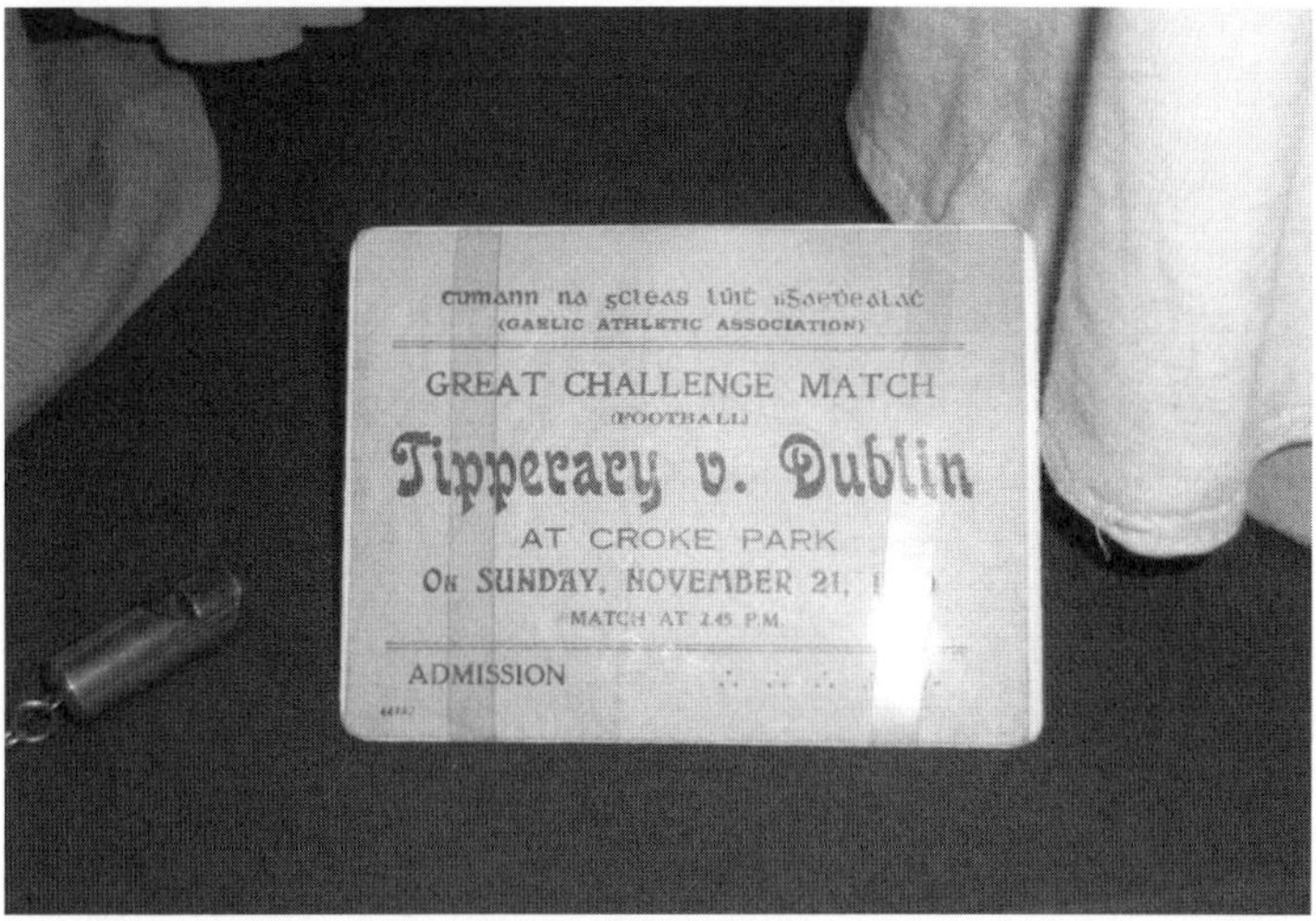

図90　「血の日曜日」に行われていた試合のチケットとホイッスル
（著者撮影：ダブリン、GAA博物館、2009年8月17日）

二時四五分で、レフェリーを務めるキルデアのミック・サモンによって行われた。およそ一五分後、観客はクロークパーク上空に一機の飛行機を目撃している。飛行機はグラウンドを二周し、赤い光を発した。この光は混成軍に対する合図だったといわれる。警察と英国軍の混成部隊がピッチを襲い、群衆に発砲した。だがそれは当初の命令を越える行為だった。出口は閉鎖され、正面の入口にはバリケードがおかれた。観客は取り調べを受け、数時間後にようやく退去を許された。およそ一〇〇名が負傷し、ティペラリーのチーム・キャプテンであるマイケル・ホーガンを含む一四名が死亡した。」

　クロークパーク競技場はGAAゲームの「聖地」であるが、二〇〇七年二月には新たな歴史が刻まれてもいる。この競技場で初めてラグビーの国際試合が行われたのだ。アイルランドとフランス、そしてかつての宗主国であるイングランドとの試合だった。「聖地」の条件、それは多くの人びとの記憶を喚起する歴史に加え、つねに未来をも紡ぎだす、生きた「記憶の場」であることなのかもしれない。

6　連合王国としての英国

二〇〇七年に初めてバスク地方を訪れたわたしは、彼ら彼女らのスポーツから大きな衝撃を受けた。学生の頃からスポーツの近代化過程に関心を抱いてきたことから、研究対象はおのずと英国に絞られていたが、バスクのスポーツは多くが英国スポーツとは形態も価値観も大きく異なるように思えたからである。バスク民族がスペインとフランスという二つの国家に分属していることもたいへん興味深い点である。バスクは二つの国家に属しながらも、「バスク国」としてのアイデンティティを保持している。そこで重要な位置づけを付与されているのがバスク語とバスク・スポーツであることに気づかされもした。そのうえで改めて英国の存在を眺めかえすと、わたしの英国観は大きく変わらざるを得なかった。現在の英国は、イングランド、ウェールズ、スコットランド、そして北アイルランドにまたがる連合王国である。そのことを十分に踏まえなければ、英国スポーツの歴史もゆがんだものになる。「連合王国としての英国スポーツの多様性」。そのような観点から、二〇〇八年から翌年にかけ、わたしはイングランドのみならず、スコットランド、アイルランド、ウェールズへと調査旅行に出かけることにした。第二部〔フィールドワーク編〕の最終章はそこからの報告である。

（1）スコットランド

北京オリンピックの閉会式が行われていた頃、わたしはスコットランドにいた。もちろん、そこでもBBC〔英国放送協会〕を通じ、北京大会の閉会式の様子が伝えられていた。その直後に行われた英国のブラウン首相（当時）へのインタヴュー内容がとても興味深かった。というのも、「つぎのロンドン大会でも、英国はスコットランドを含んだ統一チームを編成するのか」という質問がなされていたからである。

英国は、イングランド、ウェールズ、スコットランド、北アイルランドからなる連合王国であり、サッカーやラグビーなどではこれらの王国間で最初の国際試合が行われた歴史をもつ。そのため、英連邦で行われるコモンウェルス競技会などでも、四つの王国がそれぞれ単独チームを編成しているのだ。

そんな中、一九九九年から独自の議会を持つようになったスコットランドのサモンド自治政府首相（当時）がロンドン大会へのスコットランド単独チームの参加を呼びかけていた。ブラウン首相は、「ロンドン大会では、今までどおり最強の英国統一チームを編成したい」と応え、また、北京大会の閉会式で英国選手団の旗手を務めたスコットランド出身のクリス・ホイ選手も単独チームの編成には批判的なコメントを公表した。

わたしはこのときに二つのスポーツ博物館を訪れた。グラスゴーにある「スコットランド・フットボール博物館」とセント・アンドリューズにある「英国ゴルフ博物館」である。

フットボール

エジンバラから西に約七〇キロに位置するグラスゴーはスコットランド最大の都市である。一九九〇年には「ヨーロッパ文化首都」に選ばれ、かつての重工業都市としてのイメージから芸術や文化による都市再生に取り組んでいる。この街でもっとも盛んなスポーツはサッカーだ。レンジャーズ（一八七二年〜）とセルティック（一八八七年〜）という二つの有名サッカークラブがあるのに加え、スコットランドでもっとも古いサッカークラブであるクイーンズ・パークFC（一八六七年〜）とスコットランドのナショナル・チームの本拠地であるハムデン・パーク競技場には「スコットランド・フットボール博物館」が併設されている。

ハムデン・パーク競技場はいわばスコットランドの国立競技場であり、グラスゴー中心部の南に位置する。一九〇三年にオープンし、一九九九年に大規模な改修が行われた。二〇一二年のロンドン・オリンピックではサッカー競技の会場の一つとなり、日本男子代表チームの初戦であるスペイン戦が行われてもいる。

グラスゴーのセントラル駅から約一〇分で到着するマウント・フロリダ駅。ここで下車し、さらに徒歩で五分。住宅街を抜けたところにハムデン・パーク競技場がある。試合がない日はスタジアム・ツアーが実施されており、ピッチ、観客席、ロッカールーム、博物館等を見学することができる。博物館の展示で初めて知ったのは世界初のフットボール・クラブがスコットランドのエジンバラで組織されていたということだ。スコットランド国立古文書館には、一八二四年から

図91　「ハムデン・パーク競技場」の正面
（著者撮影：グラスゴー、2008年８月25日）

図92　スタジアム・ツアーにて
（著者撮影：グラスゴー、2008年８月25日）

一八四一年までの同クラブの会員名簿と会計帳簿が保管されているという。それは古文書館にあるジョン・ホープという人物に関する書類の中から発見された。

それによると、一八二四年、一七歳の見習い弁護士だったホープは彼が結成した「フットボール・クラブ（Foot-Ball Club）」でゲームを行っている。メンバーは土曜日の午後にフットボールをするために集まっていたが、そのときのフットボールは一九世紀後半にルールが統一される近代的な形態ではなく、各地で行われていた「伝統的」なフットボールに似たものだったはずだ。一八二五年の彼の手紙には、一つのゲームに三九名が参加したとあり、「向こう脛《ずね》を蹴られること」や「転倒させられること」も珍しくはなかったという。ゴールはスティックを立てて示されていた。残存するルールによると、「足をひっかける tripping」行為は禁止されていたものの、「押す pushing」、「つかむ holding」、ボールを「持ち上げる lifting」行為は許されていた。レフェリーは「チェアマン chairman」と呼ばれていたようである。

クラブは若い法律家や弁護士、ジェントルマンたちが主たるメンバーで、最初六一名だった会員が一八二六年には八五名に増加している。会費は一シリング六ペンスで、グラウンドの借料、用具代等に充てられたが、後にグラウンドを借用する回数が増えたことから会費が六シリングに値上げされている。

その後、スコットランドでサッカーの中心地となるのがグラスゴーである。まずスコットランドで最初のサッカークラブがこの街で結成されている。先にふれたハムデン・パークを本拠地とするクイーンズ・パークFCである。それはイングランドでFAが結成されたわずか三年後の出来事だった。また、グラスゴーはサッカーで世界初の国際試合が行われた場所でもある。それは一八七二年のことで、イングランド代表対スコットランド代表の試合であった。翌年にはスコットランド・フットボール協会SFAが結成され、以後、イングランドのFAとSFAはそれぞれ別の協会として今日にいたっている。

図93　「村のボールゲーム」アレグザンダー・カーズ作（1818年）
出典：Dennis Brailsford, *British Sport: A Social History*, Cambridge: The Lutterworth Press, 1992, p.93.

クイーンズ・パークFCが結成されたとき、サッカーはあくまでもアマチュアのためのスポーツだった。同クラブは現在もなお厳格なアマチュアリズムを遵守しているが、プロ化の波はすぐさま訪れた。

たとえば、クイーンズ・パークFCとスコットランドのナショナル・チームでフルバックとして活躍したウォルター・アーノットは、一〇歳のときにイングランド対スコットランドの国際試合を観に出かけたが競技場に入ることができなかった。なぜなら、その試合を観るには入場料を支払う必要があったからである。スコットランドのサッカー界にプロ化の波が押し寄せるのは一八八〇年代のことで、サッカーはジェントルマンの「趣味」から、労働者階級が厳しい現実の世界を抜け出すための新たな「文化装置」へと急速に変貌する。同博物館には、スコットランドでサッカーやラグビーが人気を得た歴史的背景を示唆する興味深い絵画が展示されていた。それはアレグザンダー・カーズが描いた「村のボールゲーム（The Village Ba' Game）」（一八一八年）という作品である〔図93〕。

スコットランド人画家であるカーズは、スコットランドの人びとの生活場面を数多く描いている。博物館に展示されていたのは彼が描いた三枚のフットボール絵画の内の一枚であり、ジェドバラという町で行われたフットボールがモデルとされる。この町では、現在も住民による民俗フットボールが行われている。

吉田文久によれば、昔ながらの民俗フットボールが現在も行われているのはスコットランドで七か所、イングランドで一〇か所である。カーズが描いたジェドバラのフットボールは毎年キリスト教の祝日にあたる告解火曜日の後の木曜日に行われており、住民が「山の手」を意味する「アッピーズ Uppies」と「下の手」を意味する「ドゥーニーズ Doonies」の二つに分かれ、それぞれのゴールを目指す。ゲームが行われるのは町中の通りであり、成文化されたルールはなく、レフェリーも存在しないが、無事にゴールを行った者が勝者となり、戦利品のボールか賞金を受け取る。それは年に一度の祭りの一部として行われてきたものであり、いわば年中行事の一つでもあった。とくにイングランドとの国境に近いボーダーズ地方ではつねにイングランドからの侵略の危機にさらされており、その緊張関係がゲームの存続を支えてきたとする指摘もある。

なお、アッピーズ側のゴールはジェドバラ城の中庭であり、ドゥーニーズ側のゴールは「スキップ・ランニング・バーン」という名の橋を通り過ぎたところである。両方のゴールは一キロメートルほど離れている。使用されるボールは直径がおよそ一〇センチメートルと小さめであり、四枚の皮革を縫い合わせた中に藁を詰めたものだ。いわゆる近代化された競技スポーツとは異質なものだが、これもフットボールの原風景の一つといえる。

「ゴルフの聖地」

エジンバラの北東にセント・アンドリューズという小さな町がある。ここには北海に面した海岸沿いに「オールド・コース」と呼ばれる特別なゴルフコースがあり、一八世紀半ばに結成された「ロイヤル・アンド・エンシェント・ゴルフ・クラブ〔RAC〕」の本部もこの町にある。同クラブは「全英オープン・ゴルフ」の主催団体であり、全英オープンの招待状は現在もここから届けられる。ロンドンから飛行機でエジンバラに移動した際、窓から見える景色が微妙に異なることに気づく人もいるだろう。家の色が赤いレンガ色から白色に変わる。緑色の芝生が目につくのは同じだが、イングランドではサッカー場が多いのに対し、スコットランドではその多くがゴルフ場に変わる。

セント・アンドリューズはいわば「ゴルフの聖地」だ。近くの鉄道駅からタクシーに乗った際も、運転手から「目的はゴルフか」とすぐさま聞かれた。この時の目的はもちろんゴルフに関連

図94　セント・アンドリューズの「オールド・コース」
（著者撮影：セント・アンドリューズ、2008年８月25日）

してはいたが、プレイすることではなく、そこにあるゴルフ博物館を訪問することにあった。町の中はゴルフ用品の工房やショップが立ち並んでおり、まさにゴルフ一色だ。海岸の方向に歩いていくと、「オールド・コース」のすぐそばに英国ゴルフ博物館の建物がある。

ゴルフの起源

博物館に入って驚いたのは、最初に紹介されていたのがオランダの絵画だったことだ。スコットランドでは、ゴルフの起源はスコットランドの羊飼いが先の曲がった杖でボールを打つ遊びだったとする、いわゆるスコットランド発祥説が有力だと考えていたからである。ボールをスティックで打つ球戯にはさまざまなヴァリエーションがあり、スコットランドでその原型が作られたゴルフに限ったものではもちろんない。博物館はゴルフと類似の球戯をいくつか紹介していた。

展示によれば、ゴルフはヨーロッパで行われていた打球戯の一つにすぎないが、スコットランドのゴルフがそれ以外の打球戯と違うのは、標的がつねに地面の穴《ホール》であることだ。ゴルフに類似するオランダの「コルフ colf」は一四世紀からプレイされていた。コルフの標的は地面の穴でもかまわないが、ふつうは地面の上にある一本の杭や扉などであった。コルフは一七世紀のフランドルの画家たちが描いているように、野原、街中、またしばしば氷の上でも行われた。数世紀を経て、ゴルフとコルフはまったく異なるゲームとなるが、オランダのゴルフ史家であるヘンゲルは、近世における両国間の関係についてたいへん興味深い指摘を行っている。一五世紀から一七世紀にかけ、スコットランドと現在のオランダないしはベルギーにあたる低地地方の間ではひんぱんに交易が行われていた。そのため、スコットランドにオランダで作られた皮革球が輸出され、オランダにはスコットランドで作られたクラブが輸出されていたという。そして、スコットランドでゴルフが盛んになった地域はいずれも低地地方と交易が行われていた東海岸にあり、西海岸では一九世紀半ばまでゴルフが普及していなかったとしている。*24

もっとも、大陸の低地地方では一八世紀までにコルフの人気が衰えてしまう。これ以外の「ペルメル（pall mall）」や「ジュ・ドゥ・マイ（jeu de mail）」などが流行したためである。それらは屋外の区切られたコートの中でゲートにボールを通す打球戯であった。

図95 「英国ゴルフ博物館」の入口
（著者撮影：セント・アンドリューズ、2008年８月25日）

図96 「氷結したスヘルデ川」（アダム・ヴァン・ブレーン作：1680年頃）
「英国ゴルフ博物館」で紹介されている 1680年頃の絵画。氷上で打球戯を行う人びとが描かれている。この絵は1949年にロイヤル・アンド・エンシェント・ゴルフ・クラブに寄贈された。出典：Wingfield, *op.cit.*, p.192.

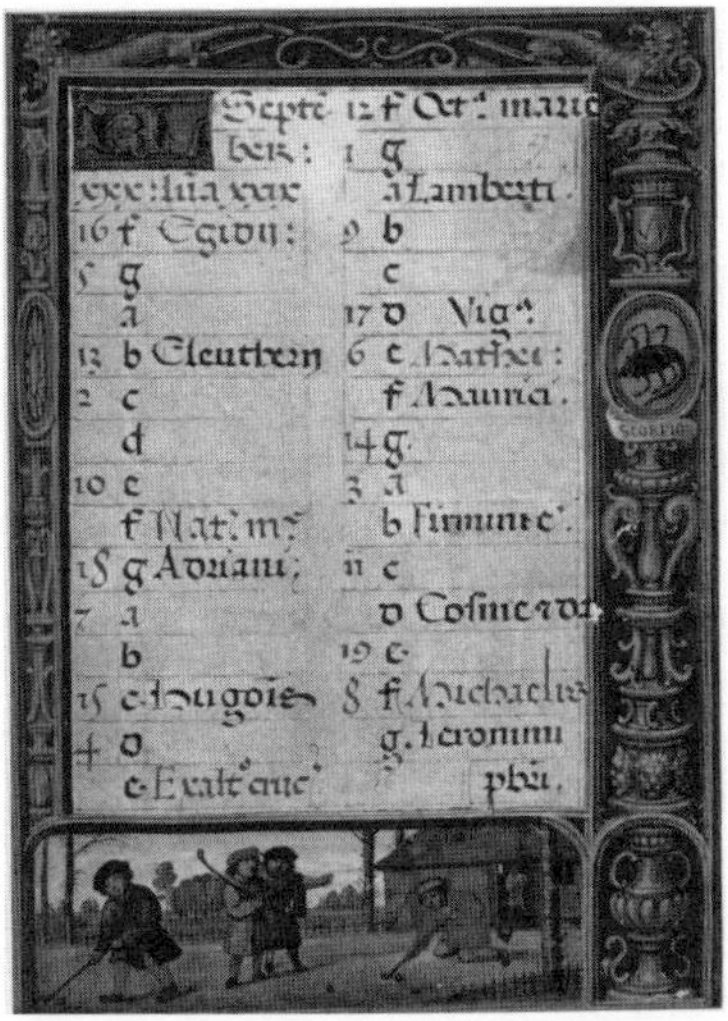

図97　1500年頃の『フラマン語の時禱書』（"Flemish Book of Hours", British Library, London）に描かれたコルフ（Colf）の絵
クラブを使って木製のボールを穴に打ち込もうとする人物が描かれている。出典：Steven J. H. van Hengel, *Early Golf*, 1982, p.23.

図98　氷上のコルフ
ヘンドリック・アーフェルカンプ（1585-1634年）作。17世紀に描かれたオランダの冬の情景には同様のシーンが数多く描かれている。出典：Hengel, *op.cit.*, p.37.

図99　1650年以前のスコットランドでゴルフないしゴフ goff が行われた記録のある場所
出典：Hengel, *op.cit.*, p.14.

禁止令

ヨーロッパ大陸でもっとも古い「打球戯」に関する記録はじつはそれを禁じた布告である。一三六〇年、ブリュッセルの判事がクラブを用いてボールで遊ぶ「コルフェン colven」を行う者に罰金を科しており、一四世紀末にはオランダでもたびたび禁じられるようになった。スコットランドでも同様に禁止令が出されている。スコットランドの国王が「フットボール futbawe」と「ゴルフ golf」を禁じたのが一四五七年のことである。英国ゴルフ博物館は一四七一年に出された禁止令を紹介している。その内容は、国防のための弓術の訓練を妨げるとの理由から、フットボールと「ゴフ goff」を禁じるというものだ。同様の禁止令は一四九一年にも出されており、ゴルフは「無益なスポーツ（'unprofittable sport'）」と見なされた。

その後数世紀がたち、セント・アンドリューズで「ロイヤル・アンド・エンシェント・ゴル

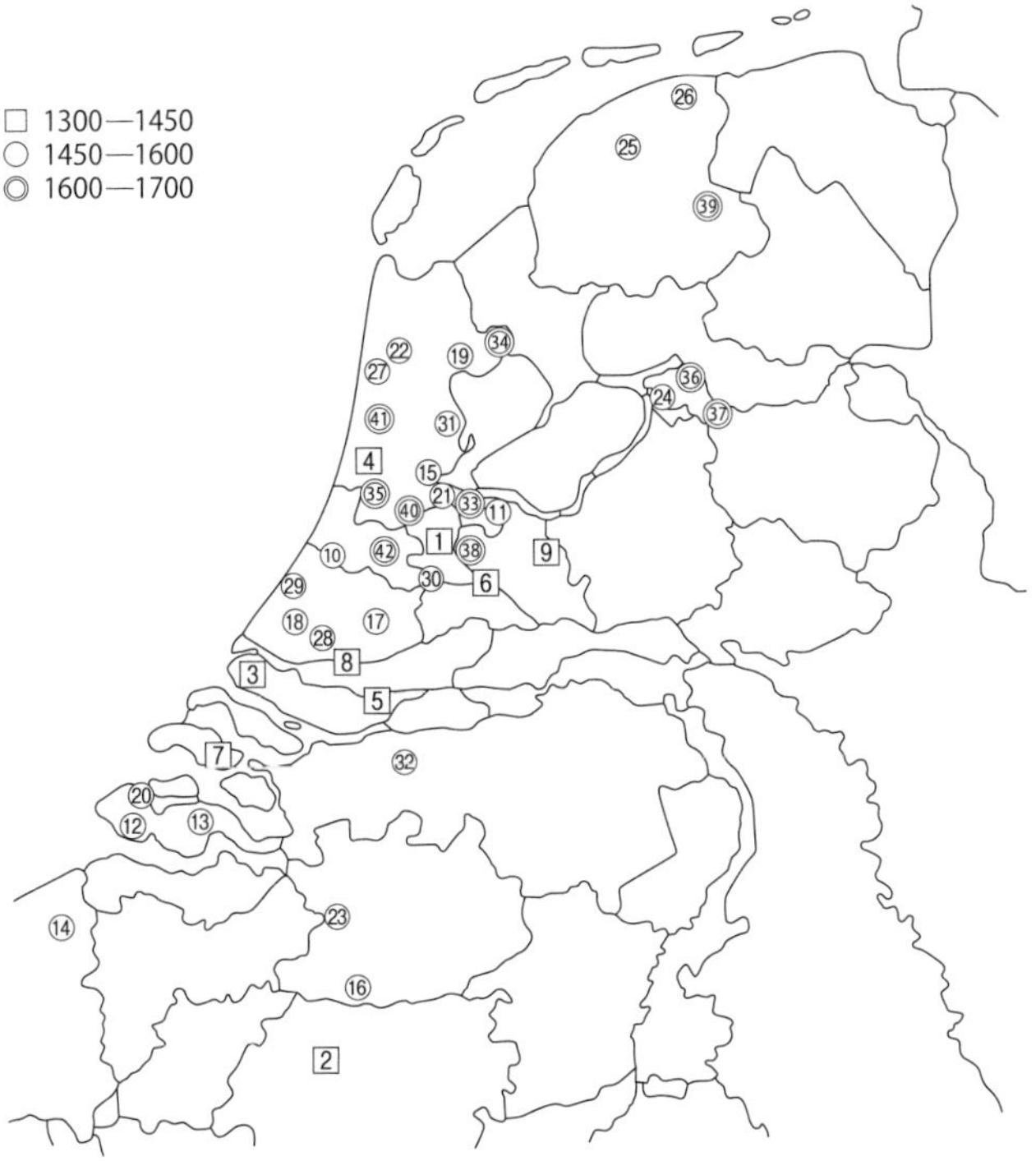

1　ルーネン・アーン・デ・フェヒト（1207年）
2　ブリュッセル（1360年）
3　ブリーレ（1387年）
4　ハールレム（1390年）
5　ドルトレヒト（1401年）
6　ユトレヒト（1401年）
7　ジーリクゼー（1429年）
8　ロッテルダム（1431年）
9　アメルスフォールト（1436年）
10　ライデン（1455年）
11　ナールデン（1456年）
12　ミデルブルフ（1461年）
13　フス（1469年頃）
14　ブルージュ（1477年）
15　アムステルダム（1480年）
16　メヘレン（1481年）
17　ゴーダ（1488年）
18　デルフト（1500年頃）
19　ホールン（1531年）
20　フェーレ（1548年）
21　マイデン（1550年）
22　アルクマール（1550年頃）
23　アントウェルペン（1553年）
24　カンペン（1561年）
25　レーワルデン（1566年）
26　ドックム（1571年）
27　エグモント（1580年頃）
28　スキーダム（1581年）
29　デン・ハーグ（1583年）
30　ウールデン（1583年）
31　エダム（1590年頃）
32　ブレダ（1595年）
33　マイデルベルグ（1606年）
34　エンクホイゼン（1612年）
35　ハーレマーメール（1625年）
36　エイセルマイデン（1634年）
37　ズヴォレ（1640年頃）
38　アウト・ザイレン（1650年頃）
39　ベーツステルズ（1654年）
40　アウダーケルク・アーン・デ・アムステル（1659年）
41　フォート・オレンジ（ニュー・アムステルダム）（1659年）
42　ニーウコープ（1660年頃）

図100　オランダ低地地方で1700年までにコルフ colf が行われた記録のある場所とその年代
出典：Hengel, *op.cit.*, p.15.

フ・クラブ〔RAC〕」が結成されるのは一七五四年のことである。その背景にあったのは、この当時のゴルフが、競馬と並ぶ「賭博スポーツ」と化していたことだ。ゴルフの組織化はそれによってギャンブルを楽しむことが主眼だったのである。

もう一つの打球戯

じっさいに観戦したことはないが、スコットランドの球戯の中でとくにふれておきたいものがもう一つある。それは「シンティ shinty」と呼ばれる打球戯である。

シンティが古くから盛んに行われていたのはスコットランド北西部に位置するハイランド地方である。シンティはキリスト教とともにアイルランドから伝えられたと考えられているが、'shinty' ないしは 'schynnie' という文字の初出は一五八九年であり、ゴルフ、カーリングとともにスコットランドの「国技」と見なされてきた。シンティは今もなお厳格なアマチュア規定を採用しており、一九世紀まではジェントリや地主が試合を組織していた。シンティは祭りに催されることもあったが、元来は元日の行事であったという。試合はしばしば二つの教区間で行われ、人数制限などは存在しなかった。

近代的な組織化が進むのは一九世紀後半以降のことである。背景にはハイランドの人びとの南部の町や都市への移住がある。彼らは自らの出自を忘れないために、移住先でシンティのクラブを結成したのである。一八八〇年代から一八九〇年代にかけて多くの試合が行われるようになり、

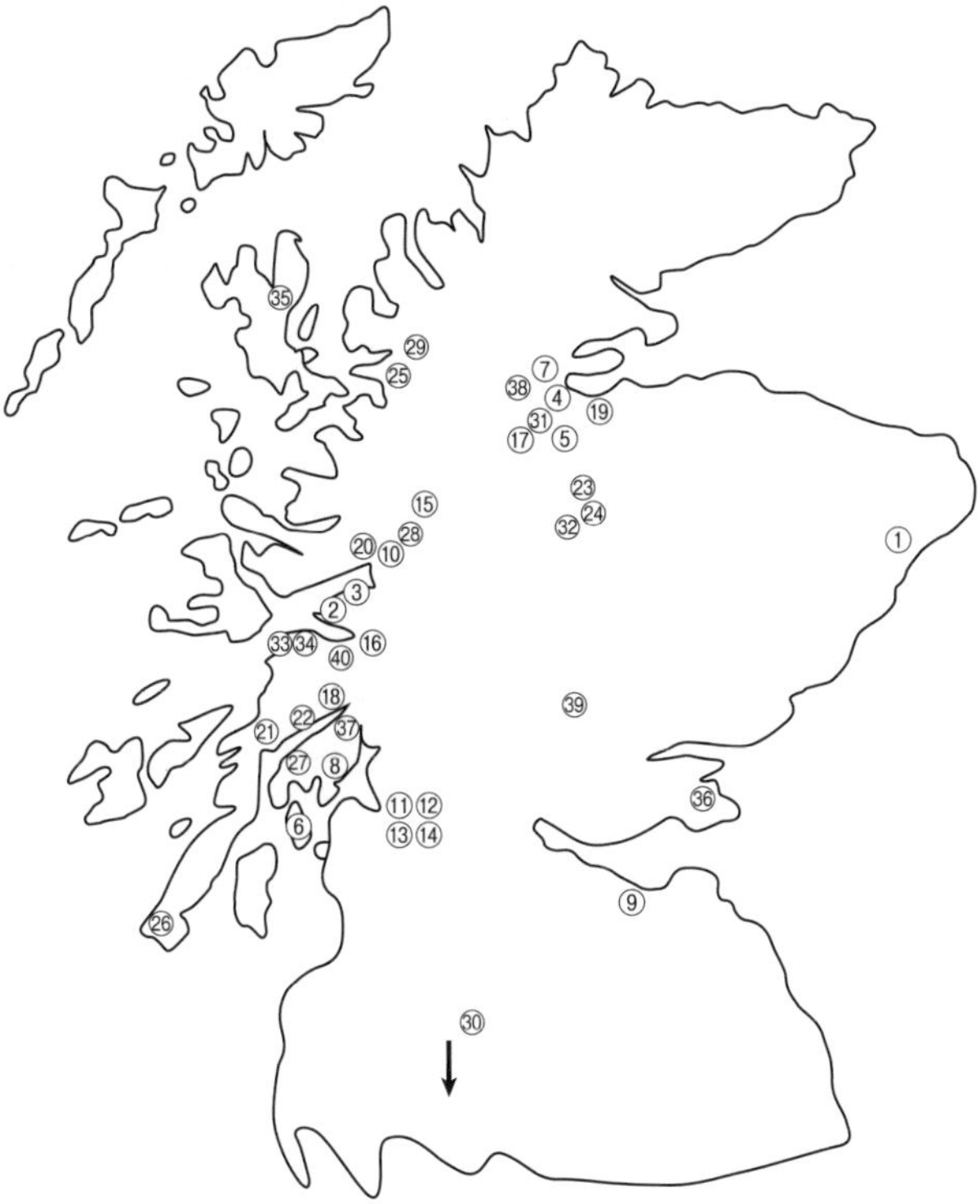

1　アバディーン大学
2　アッピン
3　バラチュリッシュ
4　ビューリー
5　ボルスキン
6　ビュート
7　カーバーフェイト
8　コル・グレン
9　エジンバラ大学
10　フォート・ウィリアム
11　グラスゴー・ハイランド
12　グラスゴー・ミッド・アーガイル
13　グラスゴー大学
14　ストラックライド警察
15　グレンギャリー
16　グレノーチ
17　グレヌークハート
18　インヴァラレイ
19　インヴァネス
20　キルマリー
21　キルモリー
22　ファーニス
23　キンクレイグ
24　キンガスジー
25　キンロッチシール
26　キンタイヤ
27　カイルズ・アスレチック
28　ロッホアバー・カーマナクト
29　ロキャロン
30　ロンドン・カーマナクト
31　ロヴァット
32　ニュートンモア
33　オーバン・カーマナクト
34　オーバン・セルティック
35　スカイ島・カーマナクト
36　セント・アンドリューズ大学
37　ストラチャー
38　ストラスグラス
39　テイフォース
40　テインイルト

図101　スコットランドにおけるシンティ・クラブの所在地
出典：Hugh Dan MacLennan, *Shinty!* , Nairn: Balnain Books, 1993, p.249.

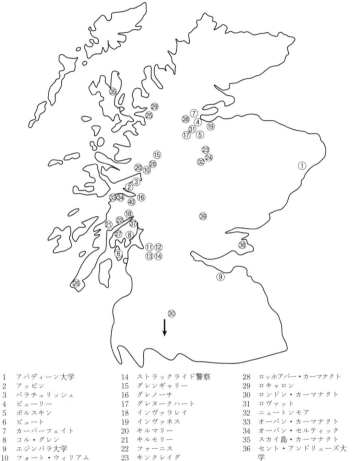

図102　シンティの試合の様子
出典：MacLennan, *op.cit*., p.109.

統轄団体の結成にいたる素地が出来上がっていく。一八八〇年にはルールが初めて成文化された。また、シンティの全国的な統轄団体である「カーマナクト協会（Camanachd Association〔CA〕）」は一八九三年に設立されている。このときまでにクラブ数は三三に増加する。なお、‘Camanachd’ないしは‘iomáin’〔オモイン〕はゲール語で、スコットランドのシンティとアイルランドのハーリングを意味する。

アイルランドのハーリングと同様、シンティは屋外で行われるスピーディなコンタクト・スポーツである。ピッチは縦が一二八メートル、横が六四〜七三メートルで、ゲームの目標は敵が守るゴールにボールを入れることである。ゴールは横幅が三・六六メートルで高さが三・〇五メートルである。チームの人数はシニアの男性でゴールキーパーを含む一二名であるが、シニアの女性、子どもの場合は、ピッチが狭められ、人数も少なくなる。

個々の選手は「カマン（caman）」と呼ばれる曲がったスティックを用いる。これで革張りの小さなボール〔外周が一九〜二〇センチメートル、重さが七〇〜八五グラム〕を打つのである。思いっきり叩くとボールは一〇〇メートルほどの距離を高速で飛ぶ。いくつかの大会が組織されているが、男性のシニアの部で最高峰とされる「カーマナクト杯（一八九五年〜）」と女性の「ヴァレリー・フレイザー杯」が毎年九月に決勝が行われる。ともに起源が同じであることから、アイルランドのハーリング・チームとの国際試合が一九七二年から行われている。ただし、ルールはCAとGAAが合意した「ハイブリッド・ルール」である。

（2）ウェールズ

二〇〇九年八月一九日、筆者はダブリンから空路でカーディフに入った。このときの主たる目的は、英国でもっとも古いとされるハンドボール・コートをじっさいに見学することにあった。空港からエアバスでカーディフの中心部に移動したわたしは、ホテルに荷物を置いた後、さっそく街の散策に出かけた。最初に訪れたのが街のシンボルともいえるカーディフ城だ。

カーディフの歴史は古く、古代ローマ人がこの地に最初の砦を築いた紀元一世紀までさかのぼる。現在はウェールズの首都であり、最大の都市でもあるが、一九世紀初頭の人口は二〇〇〇人にも満たなかった。カーディフが飛躍的に発展するきっかけとなるのはキファルサファー―カーディフ間のグラモーガンシャー運河の完成である。一八三九年には造船所のカーディフ・ドックの建設もはじまり、一八四一年にはタフ渓谷鉄道がマーサー―カーディフ間で開通する。これにより、バレー地域で採掘された石炭がカーディフへと集まるようになった。一八四二年から四九年にかけてイングランドとアイルランドからの労働移住者により、カーディフの人口が急増する。カーディフ城の改修が行われたのは一八六七年のことで、以後、現在のヴィクトリア朝式の城となるのである。

連合王国の中のウェールズ

ウェールズはグレートブリテン及び北アイルランド連合王国〈英国〉を構成する四つの「王国」の一つである。ウェールズのグウィネッズ王ルウェリン・アプ・グリフィズがイングランド王エドワード一世との戦いに敗れたのが一二八二年のことで、その後、ウェールズはイングランドの支配下におかれた。また、一五三六年の合同法による統合により、それ以降、イングランドの一部として扱われてきた。そのため、同じ連合王国の中でもスコットランドやアイルランドとはいささか事情が異なるが、ウェールズ語は現在も英語と並ぶ公用語であり、多くの場合、街で見かける看板の表示も二か国語で表記されている。

そんなウェールズには「国技」が存在しないといわれる。しかし、カーディフ城から南西の方角を眺めると、すぐさま目に入るのは巨大な「ミレニアム・スタジアム」である。この競技場は、ウェールズの国立競技場であり、ラグビー・ユニオンのウェールズ・ナショナル・チームの本拠地である。一九九九年のラグビー・ワールド杯の会場として建設され、収容人数は七万四五〇〇人。英国で三番目に大きなスタジアムである。

　このことが示すように、ウェールズではサッカーとラグビーの人気が高い。中でもラグビーのウェールズ代表チームは世界的な強豪として名を馳せている。ウェールズ代表はラグビー・ワールド杯とシックス・ネイションズに参加している。「ウェールズ・ラグビー・ユニオン」〔WRU〕が結成されたのは一八八一年のことだが、その前身ともいえる「南ウェールズ・フットボール・

図103　「ミレニアム・スタジアム」
（著者撮影：カーディフ、2009年８月19日）

図104　「ミレニアム・スタジアム」の近くにあるパブ「クイーンズ・ヴォルツ」の内部
店内にはスヌーカー〔ビリヤードの一種〕の台があり、壁にはラグビー・ウェールズ・ナショナル・チームの選手の写真が貼られている。（著者撮影：カーディフ、2009年８月19日）

ユニオン」の結成は一八七五年のことだ。また、サッカーの歴史も古い。「ウェールズ・フットボール協会（Football Association of Wales）」の結成は一八七六年であり、イングランド、スコットランドに続き、三番目の古さを誇っている。

WRUは、ウェールズ人とフットボールの歴史的関係についてつぎのように記している。

「ラグビーの起源を、古代ローマ人がカーリアン Caerleon とカーウェント Caerwent のような砦で行ったハンドボールや、ラ・スールとして知られるノルマンディーの粗野で七転八倒のゲーム、青銅器時代に起源をもつ『ハーリング』というコンウォールのゲーム、あるいは一七世紀にペンブロークシァで村の対抗戦として行われた『クナッパン Cnappan』にその痕跡を見るとしても、ラグビーがウェールズ人の生存に不可欠な活力源であることを否定するものではない。」

ラグビーが初めてウェールズで行われたのは一九世紀半ばのことで、ウェールズ南西部にあるランピター・カレッジにおいてであった。既述のように、一八七五年にはブレコン Brecon（ポウィス）で「南ウェールズ・フットボール・ユニオン」が結成されている。ただし、他の王国と同様、ウェールズでも伝統的なフットボールが行われていた。その事例を二つだけ紹介しておこう。

「クナッパン」

一つ目はWRUの右の文章でもふれられている「クナッパン」である。クナッパンは一九世紀半ばまでは日曜日や祝日にウェールズでよく行われていたという。ゲームは海岸や広い場所で行われ、あらゆる男性が参加できた。ボールは手のひらほどの大きさで、ツゲ、イチイ、野生リンゴ、セイヨウヒイラギ等の木で作られ、獣脂が塗られて滑りやすくなっていた。

試合はボールが高く投げ上げられて始まる。ボールをつかんだ者は徒歩でも馬に騎乗してでもそれを相手方の陣地へと運ぶ。試合の日は露店や屋台が出て、食べ物、飲み物、衣服やさまざまな物が売られたという。

試合はボールをその日の日没までに自陣から相手方の教区に戻すことが困難になるまで続けられた。ボールを投げたり、持って走ったりするのがゲームの基本であるが、ゴールは存在しない。ボールはしばしば最初の地点から二マイルも離れた地点に運ばれた。ゲームの内容は、ジョージ・オーウェンが一六〇三年に記した『ペンブロークシァの描写』を通してある程度知ることができる。

オーウェンによると、クナッパンは「太古の昔」からペンブロークシァでたいへん人気があったという。この活発なゲームは「好戦的な古代ブリトン人」により考え出されたもので、平穏な時に若者が行う訓練であり、また怠惰を避けるのがその目的である。個々人の勇気と敏捷さ、パワーとスタミナを向上させる軍事訓練として行われたという。プレイはたいてい昼過ぎに始まり、ときには二〇〇〇人が参加した。参加者は試合で衣服がぼろぼろになるため、上半身は裸であった。騒々しく荒々しいゲームであり、ルールは最小限でレフェリーもいないため、しばしば混乱に陥った。馬に乗る者は八インチ（約二〇センチ）の長さの棍棒《こんぼう》で武装し、馬上でボールを保持

図105 「ファイヴズ（Fives Playing）」
出典：Peter Roberts, *The Cambrian Popular Antiquities of Wales*, London, 1815.

している相手をそれで叩くことが認められてもいた。徒歩の者は同様の場合、拳で殴ることが認められており、馬を追走する際は馬に石を投げつけることが認められていたという。

もう一つは一九世紀末に書かれたかつてのカーディガンシァで行われたフットボールに関する記述である。それによれば、ボールを蹴るのはクリスマスの習わしだった。

同州のランウェアンでは、かつてクリスマスに教区民が高地側（The Bros）と低地側（The Blaenaus）に分かれてフットボールを行っていた。高地側の通称は'Paddy Bros'と呼ばれるアイルランド系の人びとの子孫であるのに対し、低地側の住民はブリトン人の子孫と信じられていた。彼らはクリスマスの日、教会で祈りをささげた後、高地と低地を分かつ有料道路《ターンパイク》に集まる。靴屋が製作したボールを住民が買い取り、ボールは空中に放り投げられる。落ちてきたボールを両者が奪い合い、それぞれのゴールを目指すのである。山を登ったところにあるリズラン村が高地側のゴールで、教区のはずれのニュー・コートが低地側のゴールである。教区全体がフィールドであり、時にはゴールがなされる前に日が暮れたという。

あるいはこのような「記憶」が現在のラグビー人気にも影響を及ぼしているのかもしれないが、ウェールズで盛んだったのはフットボールだけではない。ダリル・リーワジーはつぎのように述べている。

「中世と近世のウェールズでは、スポーツ行事は毎年の祝祭日に集約されていた。熊掛け Bear-baiting、闘鶏 cock-fighting、競走 foot racing はすべて観客が立ち見する祝祭の場で見られた。

マーサーでは、町を見下ろす丘の上で大市（Waun fair）が催され、競馬とボクシングが最大の見ものだった。……同様に、アニスアブルでは大市が、地方のハンドボール選手が腕前を披露する機会だった。この光景は国中の大市で同様に見ることができた。

バンドー bando、ないしはバンディー bandy と呼ばれる球戯はグラモーガンでよく行われたスポーツである。スコットランドのシンティ、アイルランドのハーリング、あるいはイングランドのホッケーと酷似したゲームで、これはしばしば海岸で行われた。……バンドーとハンドボールを含む前工業化時代のスポーツは試合が行われたことがわかる場所もあるが、その環境は不十分なものだった。ハンドボールの選手はしばしば教会やパブの切妻を利用したのであり、専用に建てられたコートにラインが描かれるのは後の時代のことである。それらのスポーツは迷惑がられてもなお一九世紀の間は存続した。」

ネルソン・ハンドボール・コート

わたしがじっさいに見たいと思った「ハンドボール・コート」は、リーワジーが語る「後の時代」に建てられたもので、ネルソンという町にある。カーディフからバスを乗り継いでネルソン

図106　「ネルソン・ハンドボール・コート」
（著者撮影：ネルソン、2009年８月20日）

図107　「ネルソン・ハンドボール・コート」のペイント
（著者撮影：ネルソン、2009年８月20日）

に入った。そのコートは町のハイ・ストリートのはずれにある。壁は三つで、ペンキで線が描かれている。すぐにでも試合ができる状態である。この町にあるネルソン図書館では、『ネルソン・ハンドボール・コート――コートの歴史とプレイヤーたち一八六〇～一九四〇年』と題される小冊子を手に入れた。同書によると、ネルソン・ハンドボール・コートは一八六〇年代に建てられたものだという。資金を提供したのはこの土地の所有者だった。

一九世紀初頭、南ウェールズは大きな変化の時代に入っていた。その要因はこの地域で発見された石炭と鉄鉱石である。それらは人の手で採石する必要があったし、それらを海に輸送するための運河や鉄道の建設においても多くの労働力が必要となった。イングランド、スコットランド、そしてもっとも多くはアイルランドから労働者が大量に移民してきたのはそのためである。

一八三五年から一八八〇年の間、南ウェールズにはアイルランド労働者が数多くいた。彼らは主として鉄道建設のために雇用されていた。ハンドボールがネルソンで行われるようになったのはこの時期のことである。

一九世紀初頭までのネルソンは主として農民が暮らす小さな村だった。工業化が起こった際、二つの鉄道会社〔グレート・ウエスタン鉄道とタフ・ヴェイル鉄道〕が村を挟んでそれぞれの鉄道駅を建設した。その間に位置したのがこの村であり、いつしかこの村のネルソン・インという旅籠が労働者たちの溜まり場となっていく。当時、この村はウェールズ語で'Ffos-Y-Gerddinen'という名前だったのだが、移民労働者たちはその名を理解することができなかったという。そのため、この村自体が「ネルソン」という新しい名前で呼ばれるようになったのである。

この地区に暮らすアイルランド人は酒を飲むためにネルソン・インに集まり、後ろの壁を使ってしばしば壁打ちのハンドボールを行ったが、すぐ近くのロイヤル・オークというパブの壁は小さく、ハンドボールができなかった。そこでこの店の主人がハンドボール・コートを建設した。これが現在のネルソン・ハンドボール・コートである。

南ウェールズでは、一九世紀末あるいは二〇世紀初頭まで、あらゆるところでハンドボールの競技会が開催されていたという。その場所は、ラントリサント、ポース、カーディフ、スウォンジーなどだが、そこにあったのはいずれも壁が一つのワンウォール・コートだった。ネルソンのハンドボール・コートはアイルランドで「ビッグ・アレイ」と呼ばれるフルサイズ〔壁が三つ〕のコートだったため、一八八〇年代から第二次世界大戦までの間にここで有名な試合が数多く行われている。たとえば、毎年、五月から八月にかけて行われたトーナメント戦や「ウェールズ・オープン・シングルス選手権」などである。後者は何年かに一度、チャンピオンが他の者の挑戦を受けるという形式の試合だった。これに対し、トーナメント戦は決勝の日が近づくと、地元の人びとの大きな関心を集めた。観客が結果に関する賭けを行っていたからである。当時、路上での賭け betting は法律で禁じられていたが、コート内で試合中に行われる試合結果に対する賭けは違法ではなかったのだ。

残念ながら、一九五〇年代に入るとハンドボールへの関心は薄れ、ネルソンのコートも使用されなくなった。しかし一九八〇年代に入ってこのコートに再び注目が集まることになる。一九八七年には「ウェールズ・ハンドボール協会（Welsh Handball Association）」が結成された。同協会の結成は伝統的な三面のゲームを保持するためだったとされるが、一九九五年には同コートで「第一回ヨーロッパ・ワンウォール・ハンドボール・トーナメント」が開催され、その時からワンウォール・ゲームのペイントが施されている。また二〇一〇年には町の交通量が増えたため、壁から八〇フィート〔約二四メートル〕離れたかつてのベース・ラインの位置に防球壁を兼ねたベンチが設置された。このように同コートは今も町のシンボルとしてネルソンの人びとに見守られ続けているのである。

図108　「マーガム・バンドー・ボーイズ」のメンバーが所有していたスティック（1845年頃）
（National Museum Wales 所蔵）

「バンドー」

最後に、リーワジーが述べているもう一つの伝統的な打球戯についてふれ、ウェールズを後にしたい。それはバンドー bando ないしはバンディー bandy と呼ばれる球戯である。

この球戯は一九世紀末まで、ウェールズの中でもとくにグラモーガン地方で盛んに行われていたという。バンドーは現在のアイスホッケーやアイルランドのハーリングに似た打球戯で、バンドーと呼ばれる曲がったスティックでボールを打ち、相手方のゴールに入れることを競った。試合は伝統的に教区間で二つのチームに分かれて行われた。通常は男性のみで行われ、勝利を目指して練習も行われていたという。

とくによく知られているのがグラモーガン西部のマーガムとヴェイル・オブ・グラモーガンのランビットにおけるゲームである。後者では、二つの教区が張り合っていた。それぞれ二〇〜三〇人でチームが構成され、そこに見物人も加わってゲームが行われていたのである。プレイヤーはそれぞれスティックを持っていたが、それはトネリコやニレといった堅い木で作られていた。またボールは現在のホッケーと同じ位の大きさで、こちらはセイヨウヒイラギやツゲの木を丸く削ったものが使われていた。

成文化されたルールは存在せず、ゲームの内容は地域ごとに異なっていた。試合時間や人数に制限はなく、ラフ・プレイはふつうのことで、レフェリーがいたとしても、スティックで相手を打つ行為を止めることはできなかったという。試合を見物する観客は結果に金を賭けており、地元の酒屋は酒を提供してもいた。ピッチの内と外の両方で、賭博、飲酒、荒々しいやりとりが見られたということである。結果的に、バンドーは二〇世紀に入るまでにすたれてしまうのである。

（3）アイルランド

わたしが初めてアイルランドを訪れたのは二〇〇八年八月のことであるが、以来、いずれも短期ながら、すでに四回、同国に渡っている。第一の理由はイングランドでその形態が整えられ、世界に伝播したサッカーとラグビーという二つのフットボールや、打球技であるクリケット、ホッケー、テニスとは異なる独自の球技がアイルランドで行われていることである。じっさいに現地に赴くことで得られる情報は、インターネットが発達した現在でもなお、遠く離れた日本での調査とは比べものにならない。ここではアイルランドと連合王国の歴史的関係と、独自の球技の歴史についてふれておきたいと思う。

移動する人びと

初めてアイルランドに赴《おもむ》いた際、わたしはダブリンにあるアイルランド国立図書館で行われているある展覧会を見る機会があった。テーマは「新参者から市民へ――一六〇〇～一八〇〇年のヨーロッパにおけるアイルランド人」というもので、たいへん刺激的な内容だった。以下はその時のパンフレットの導入部分を訳したものである。

「人、観念、商品はいつもアイルランドとヨーロッパの間を行ったり来たりしてきた。一六〇〇年以降、交流のペースは速まった。キンセールの戦い（一六〇一～〇三年）で頂点となるチューダー朝〔ヘンリー八世、エドワード六世、メアリー一世、エリザベス一世〕によるアイルランドの征服。それとともにもたらされた深い社会的、宗教的、経済的理由がアイルランド人のヨーロッパへの移住を後押しした。このような陸と海をまたがる人の移動は大陸との交易ルートの確立をもたらした。高度な技能を持たない失業した軍人と追放された貴族が、放浪学生、行き場を失った聖職者、放浪者とともにひしめき合う。知識はあるがしばしば他人と仲たがいを起こす政治的、宗教的、経済的な亡命者は、海外での不確実な将来と向き合った。ヨーロッパの権力者たちは貴族と軍人に食事を提供する運命をむしろ義務と感じた。宗教的な感傷により、聖職者が快く受け入れられることはほぼ確実だったが、放浪者と物乞いは冷淡な扱いに遭遇した。時間がたつと、移民は地域共同体を形成し、最終的には彼らを迎え入れた社会に溶け込んだ。本展示は彼らの物語である。」

この展示を通して強く印象付けられたのは、多くのアイルランド人がさまざまな理由で祖国からの「離脱と移動」を余儀なくされてきた歴史を背負っていることだ。またそれがアイルランド人のアイデンティティにも大きく影響していることに気づかされた。

同展覧会を監修したM・A・ライオンズとT・オコーナーは同名の著書の中でこう述べている。「アイリッシュ、すなわちアイルランドの人びとはいつも移動してきた。外国に行く旅行者たちは遥かなる岸辺に自らの足跡を残した。帰郷する移民とやってくる訪問者はその国に元々ある文化、経済、幸福に寄与した。……もちろん、アイルランド人は移住した唯一の人びとではない。移住は人間の本質の一部であり、人びと、資源、考え方の移動は人類の成長の中心に横たわっている。しかしながら、アイルランドをとりまく地理的な位置とその歴史的経験が理由となり、移住は近隣の人びとのそれに比べ、アイルランド人の意識の中でより大きなものとなっている。」

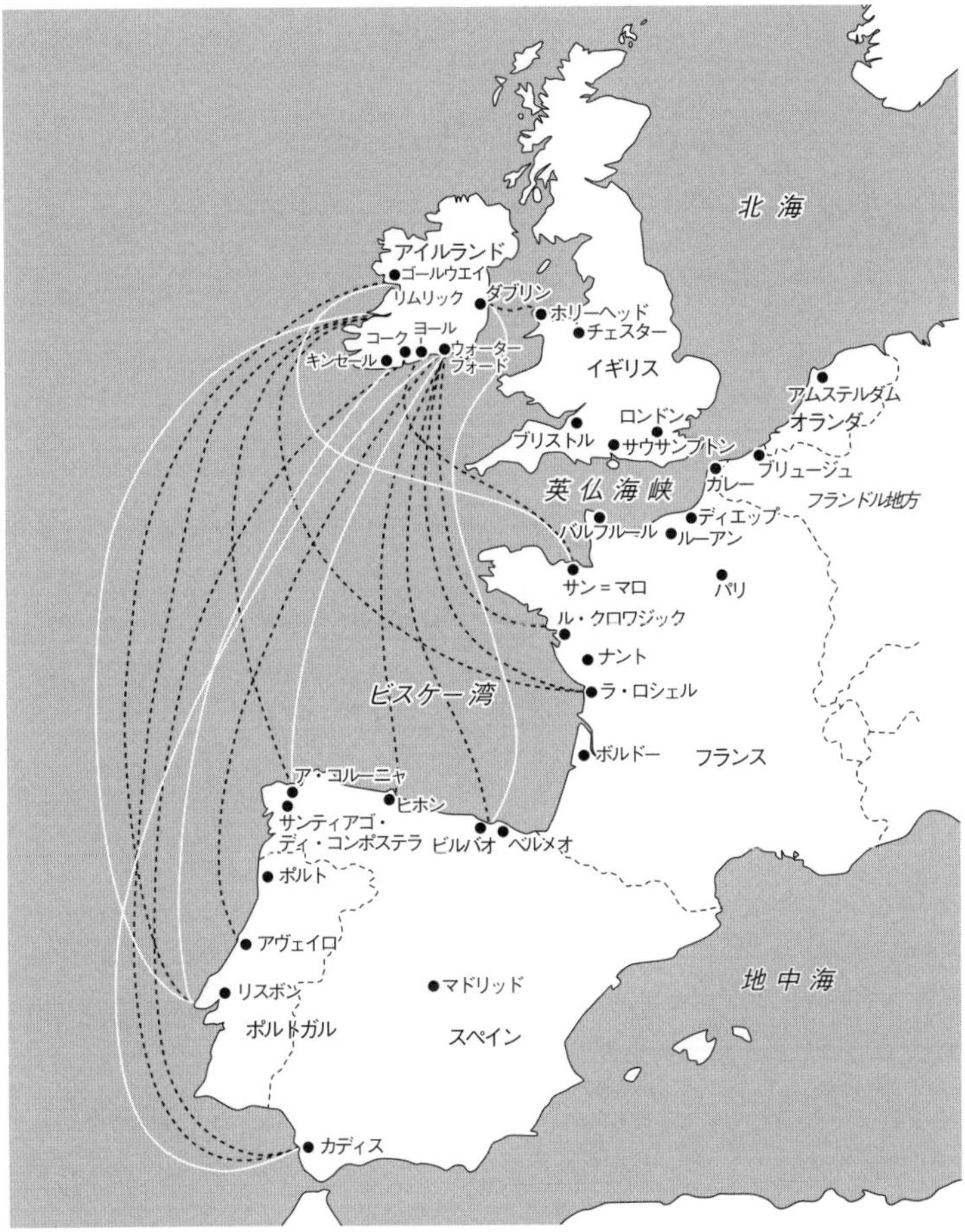

図109　近世のアイルランド人居住地と航海日数
ゴールウェイ—サン・マロ（7日間）、ダブリン—ビルバオ（12日間）、ウォーターフォード—ア・コルーニャ（13〜20日間）、キンセール—リスボン（30日間）、リムリック—リスボン（30日間）、ウォーターフォード—カディス（30〜32日間）とある。
出典：Mary Ann Lyons & Thomas O'Connor, *Strangers to Citizens: The Irish in Europe 1600–1800*, Dublin: National Library of Ireland, 2008, p.152.

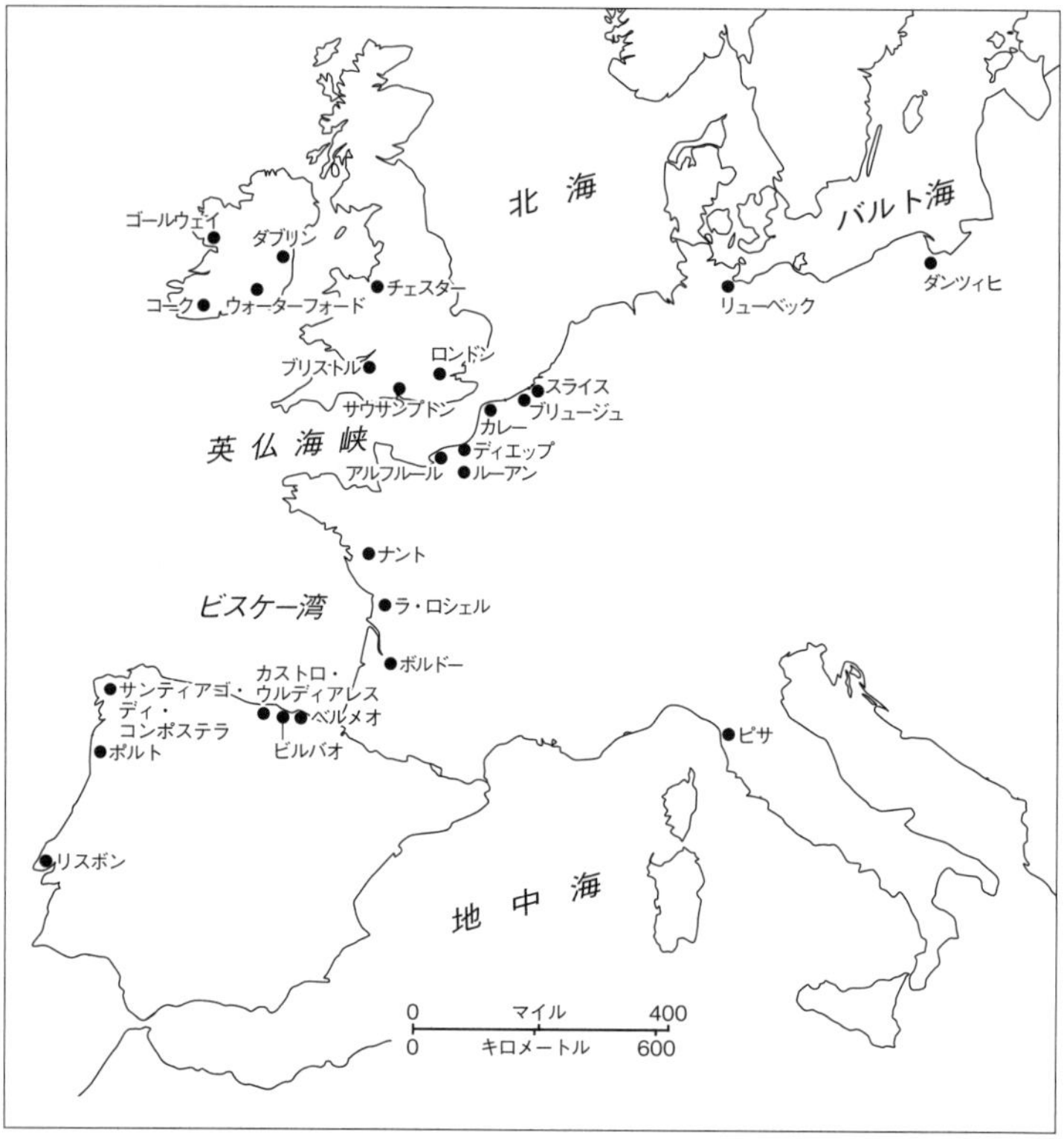

図110　中世にアイルランドと交易を行っていたヨーロッパの港

出典：Wendy Childs and Timothy O'Neill, 'Overseas trade', in Art Cosgrove (ed.) *A New History of Ireland (vol.2, Medieval Ireland 1169–1534)*, Oxford: Clarendon Press. 1987, p.493.

一九世紀半ばに起こったジャガイモの大飢饉をきっかけとする大量移民だけでなく、「アイリッシュ・ディアスポラ」という言葉があるほどに、海外に移住したアイルランド人の数は多い。たとえば、隣のブリテン島に渡ったとされるアイルランド人の数は一七〇〇年以降だけでも九〇〇万人とも一〇〇〇万人ともいわれる。これは一八三〇年にピークだった八五〇万人というアイルランドの人口をも凌駕している。また一八三〇年から一九一四年の間にアメリカにはおよそ五〇〇万人が移住した。一八九〇年の時点ではアイルランド人の全体の五分の二が外国で暮らしていたという試算もある。

展覧会が示しているのは、規模は小さいながらも一六〇〇～一八〇〇年の間にも多くのアイルランド人が海外へ移住していたということであり、すでに一定のネットワークが形成されていたということである。これは、ヨーロッパ球戯史をテーマとする本書の内容とも大いに関わる。後段でふれるように、一八世紀から一九世紀にかけ、イングランドでさまざまな球戯が組織化されるが、その多くは以前に行われていたヨーロッパ球戯に起源をもっている。その伝播と変容は人や物の移動で促された側面を強くもつことが考えられるのである。

では、じっさいに当時の人びとはどのようにして移動したのか。とくに大航海時代とも呼ばれる一五世紀半ばから一七世紀半ばの時代、もっとも優れた移動手段は船舶によるものだった。その点では、同展覧会が展示していた地図が大いに参考となる。そこでは近世において、たとえばダブリンとバスク地方のビルバオを結ぶ航路があり、所要日数が一二日間だったことが示されている。さらに古い時代はどうだったのか。T・オニールによると、アイルランドとスペインとの交易が始まるのは一四世紀半ばのことで、他にもつぎのような国との航路が開かれていた。

イングランド（ブリストル、チェシャー、ブリッジウォーター）
フランドル（ブリュージュ、ゼーラント州ミデルブルフ）
フランス（カレー、ディエップ、アルフルール、ボルドー）
スペイン
ポルトガル

この展覧会を通じ、わたしは人と物の移動が、ヨーロッパ球戯史を再考するうえで重要な視角になることを気づかされた。だがこれには伏線があった。ダブリンでこの展覧会に行く直前、わたしはある別の都市を訪問していた。それはゴールウェイという都市である。

ゴールウェイ

二〇〇八年八月二一日の早朝、わたしはダブリンのヒューストン駅にいた。アイルランドの西側、つまりダブリンとは逆の海外沿いにあるゴールウェイという都市に出かけるためである。今から考えれば一泊すれば良かったと思うが、このときは残念ながら、列車での日帰り旅行だった。

ダブリンから列車で三時間弱の距離にあるゴールウェイ。わざわざこの都市に出かけた最大の理由はコリブ川の河口に残る「スペイン門（Spanish Arch）」とその脇にある市立博物館を訪問することにあった。なぜスペイン門がアイルランドにあるのか。バスクで壁打ちのペロタ・マノを見ていたわたしは、ＧＡＡゲームの一つとされるアイルランドで盛んな壁打ちのハンドボールと

図111　スペイン門
（著者撮影：ゴールウェイ、2008年８月21日）

図112　ゴールウェイ鉄道駅のすぐ近くにあるエア・スクエア
1485年以降、市参事会を形成した14家族の紋章が掲げられている。（著者撮影：ゴールウェイ、2008年８月21日）

の歴史的関連を探りたいと考えていた。ゴールウェイに残るスペイン門は一五九四年に建てられた四つの門のうちの一つで、船からスペイン産のワインが降ろされていたことの名残だ。

もともと小さな漁村だったこの場所が都市国家へと変貌するきっかけになったのは一二三〇年代にアングロ・ノルマンのリチャード・ドゥ・ブルゴによって城が築かれたことにある。その後、土着化したアングロ・ノルマンによる寡頭政治のもと、フランス、イタリア、スペイン、イングランドとの交易が盛んに行われるようになる。一四八四年一二月にはイングランド王リチャード三世により自治権を授けられた。その後に制定されるのが「ゴールウェイ市条例（The Orders of Galway Corporation）」〔「ゴールウェイ法」とも呼ばれる〕である。一五二七年に出されたのが以下のようなスポーツ禁止令であった。

「いかなる地位・身分の者であれ、鉄輪投げまたは石投げ（長弓または短き石弓による射撃、及び長短の槍の投擲《とうてき》についてはこの限りにあらず）を行っているのが発覚した場合、八ペンスを没収されるものとし、また、城壁の外でホッケーのスティックあるいは杖で小さなボールを飛ばす、あるいはハンドボールを行う者は、上記の罰を受けるべきものとする（大規模なフットボールはこの限りにあらず）。」

リチャード三世の特許状に基づいて設立された市参事会 Corporation を構成したのは一四家族からなる商人たちで、上記条例が出されたのはウィリアム・モリスが市長を務めていたときである。その内容は、長弓、石弓、槍の投擲、そしてフットボールを行うことについては構わないが、城壁の外でハーリングとハンドボールを行うことは禁じるとするものだった。イングランドで見られた禁止令とは異なり、ここではフットボールが除外されている。そこにはアイルランドならではの事情を垣間見ることができる。つまり、ゴールウェイの条例も、一三六六年にキルケニーで出された禁止令と同じ文脈にあり、そこに暮らす人びとをイングランドに同化させる意図があったということである。そのため、弓術訓練とは相いれない打球戯とハンドボールのみを「不法な遊戯」としたのであろう。

いずれにせよ、ゴールウェイの条例は後にGAAゲームとして再生されるハーリング、ハンドボール、フットボールに言及があるうえ、ブリテン島やヨーロッパ大陸との交易を行っていた都市で出された条例でもあり、ヨーロッパ球戯史を再構成するうえで熟考を要する重要な史料の一つといえる。

GAAゲーム

・ハーリング

'hurl' という動詞は「強くほうる」、「投げつける」という意味である。そこから派生した「ハーリング hurling」という言葉が初めて記録されているのは一三六六年にキルケニーで出された禁止令である。もっとも、この時の禁止令はフランス語で書かれていたため、この時の初出は正確には 'horlinges' である。また注意すべきことは、この禁止令がアイルランド人に対して出されたものではなかった点である。この禁止令は、およそ一五〇年後にゴールウェイで出される条例と同じように、ノルマン系イングランド人がアイルランド人と同化するのを防ごうとする意図で制定されたものだった。そのため、ここでの「ハーリング」はイングランドのホッケーやフランスのスール〔choule à la crosse ; choule de la crosse〕だった可能性もある。というのも、原文は「地面のボールを大きなクラブで打つハーリング（horlinges oue graunds bastons a pillot sur la terre)」だからである。

そのもう一つの根拠は、一三六三年と一三六五年にイングランドのエドワード三世がつぎのような布告を出していたことである。

「われわれ王国にあるすべての者に告ぐ。（重量のある）石投げ、木投げ、鉄環投げを禁ずる。ハンドボール、フットボール、クラブボール、カモック（pilam manualem, pedivam vel bacularem aut cambucam)、並びに闘鶏及びそれ以外のあらゆる無益なゲームを禁ずる。これらに参加した者は投獄に処する。」

一四世紀にはアイルランドのみならず、フランス、イングランドでもハーリングに似た打球戯が行われていた。近代的なハーリングはしばしばケルト文化と結びつけて語られ、じっさいにアイルランドの神話にはしばしば打球戯が描かれている。ところが、ヨーロッパ大陸にいた古代ケルト人の文化には打球戯に関する痕跡が見られない。また、同じようにケルト系とされるウェールズにおいて、ホッケーやバンディーの記述が見られるのは一六世紀以降のことである。したがって、打球戯がもともとケルト文化に基づくものだったとは考えにくいのである。

ちなみにゲール語がアイルランド北部から最初にスコットランドにもたらされたのは五世紀のことで、一七世紀までは引き続き交流が見られた。それゆえ、スコットランドのカーマナクトはゲール文化とだけ関連しており、四〜七世紀に見られた北方の影響とともに、アイルランドではそのゲームが北東から南に広がった可能性も指摘されている。この点については留意しておく必要があるだろう。

・フットボール

それではアイルランドにおけるフットボールはどれほど古くまで遡《さかのぼ》ることができるのか。すでにふれたようにイングランド王室は一四世紀から一五世紀にかけて、国防の観点からフットボールをはじめとする屋外で行うゲームを禁止する。それはスコットランドでも同様であり、一四二四年にスコットランド王ジェイムズ一世がパースで「いかなる者もフットボール（fut ball）を行えば罰金刑」とする布告を出し、一四五七年にはジェイムズ二世がそこにゴルフを加えている。

ところが、アイルランドにおいてはこの時期に明確な禁止令は出されていない。逆に一五二七年のゴールウェイの条例ではわざわざ違反から免除されている。このことは、当時のアイルランドではフットボールが行われていなかった可能性を示しているとの指摘もある。事実、一七世紀末以前にはゲール語で書かれたいかなる資料にもフットボールに関する言及は見られず、アイルランドにおけるフットボールに関する初期の確かな史料は一八世紀以降のもので、それも東海岸におけるものである。この地域はおそらくブリテン島の影響を受けていた地域である。

そのため、フットボールがアイルランドに伝わるのはせいぜい一七世紀後半のことだったのではないか。その根拠の一つが一六九五年の「安息日遵守法」である。同法はアイルランドで初めてフットボールの禁止に言及したものである。それはボインの戦い（一六九〇年）の後、アイルランドでもプロテスタント支配が強化される最中のことである。

「安息日遵守法」は「いかなる者であれ、ハーリング hurling、カモニング commoning、フットボール foot-ball playing、カジェル cudgels、レスリング wrestling あるいは他のゲーム、娯楽、スポーツを安息日に行えば」一二ペンスの罰金を科すという内容であった。だが、同法はここで挙げられたスポーツを禁止するにはいたらなかったようである。フットボールは他国と同様、アイルランドでも広く行われるようになっていくからである。

一七世紀と一八世紀におけるフットボールへの言及は他にもあり、とくに当時のフットボールの様子を知ることができるのは詩である。その一つがレンスターの詩人シーマス・ダル・マック・カルタによるものである。ボイン川の南岸にあるフェナー（ミース県）で一六七〇年頃に行われたフットボールの試合を描いている。ナニー川から来た者とボイン谷から来た者が試合を行い、後者が勝利を収めた。ゲームの後はレスリングも行われている。

イングランド人作家ジョン・ダントンは一六七七年にアイルランドを旅し、手紙にこう記している。「彼らはそれほど頻繁《ひんぱん》にフットボールを行わない。ダブリン近くのフィンガルという小さなエリアだけである。」

おそらくアイルランドのフットボールの描写で最初に出版されたのはマット・コンキャンの詩である。それは一七二〇年にフィンガルで行われた試合を描いたものである。チームの人数は六人で、ボールは牛皮に干し草を詰めたものが用いられた。ボールは蹴っても、手でつかんで運んでも良かったし、足をかけても、組み合っても良かった。

また、レッドモンド・マーフィーは一七四〇年に行われたラウス県オミースの試合を描写している。一二人から成るチームがライヴァル関係にある二つの教区から参加した。ここでもボールをつかみ、持って走ることが認められていた。

フットボールはキルデア県でも行われていた。エドワード・フィッツジェラルドが一七九七年にミースとキルデア間で行われたゲームを見ている。キルデアの長身で屈強な男性二〇人が白いリネンのシャツを着て参加し、キルデアのジェントルマンが最初にボールを投げ入れたという。

ハーリングがそうであったように、高額の賭け金がかかった大規模なフットボール試合は一八世紀から一九世紀にかけ、アイルランド中で行われていた。たとえば、一七三一年、ミース県ダンガンでは「既婚の男性と未婚の男性の間で大規模な試合が行われた」。

一七四一年には凍結したリフィー川の上でもゲームが行われたことが知られており、トリニティ・カレッジのカレッジ・パークでも頻繁にゲームが行われていたようである。

ケリー県の中でもとくにディングル半島では一九世紀、カド caid と呼ばれるフットボールがよく行われていた。それには二種類あり、一つは木の大きな枝でアーチを作りゴールとする「フィールド型のカド」、もう一つはボールをある教区から別の教区に運ぶことを目標とする「クロスカントリー型のカド」である。これらが行われたのは収穫が終わった後の冬の時期であったという。干し草が詰められた皮製のボールが使われ、相手とのレスリングとホールディングが認められていた。

一七世紀以降、アイルランドで行われてきたフットボールは一九世紀に入ると消滅の危機に直面する。まずトリニティ・カレッジにラグビーが導入され、一八七〇年代後半にはアソシエーション・フットボール〔サッカー〕が行われるようになった。GAAの設立者の一人であるマイケル・キューザックも若い頃にラグビーとクリケットを経験している。ゲーリック・フットボールはGAAによって「創造」された新たなゲームであるが、現在ではアイルランドでもっとも盛んな球技となっている。

・ハンドボール

ダブリンからバスで約二時間、北アイルランドとの国境沿いにモナハンという小さな町がある。この町のカウンティ博物館にある一枚の絵が所蔵されている。その絵のタイトルは「ブレイニー城」という。一七八五年にイングランド人画家であるジョン・ニクソンにより描かれた。アイル

図113　ハンドボールのさまざまなテクニックを示す絵
出典：Corry, *op.cit.*, p.19.

ランドでもっとも古い壁打ちのハンドボールを描いた絵である〔図122（二二四頁）〕。

廃墟となった切妻屋根の建物の壁でボールを打ち合う二人の人物とそれを見るもう一人の人物の姿が描かれている。場所はモナハン県のキャッスルブレイニーとされる。今日、GAAゲームの一つと位置づけられているハンドボールのコートとはまったく異なる情景だが、一九世紀以降、専用のコートが建てられるようになる以前は、しばしば教会やパブの壁が用いられていた。この絵はそのことを示す貴重な絵画資料といえる。

かつてのアイルランドで用いられていたボールはいわゆる硬球であり、ルールは地域によってさまざまだった。初めてボールとコートの大きさが統一されたのは一八八六年のGAA会議においてであるが、GAAルールによるゲームの普及は一九二二年まで見られなかった。一九二四年に「アイリッシュ・アマチュア・ハンドボール・アソシエーション〔IAHA〕」が設立され、翌年に第一回全アイルランド・シリーズが行われている。ハーリングやゲーリック・フットボールに比べるとハンドボールの競技人口は少なく、どちらかといえばマイナーな存在であるが、その反面、もっとも国際化しているという特徴ももっている。

アイルランドにおけるハンドボールの形態はバスク地方のペロタ・マノに似ており、手のひらで壁に小さなボールを打ち付け、ラリーを楽しむハンド・テニスないしはラケットを用いないスカッシュのような球戯である。アイルランドでこの形態がいつから普及したかははっきりわかっていない。既述のゴールウェイで出された一五二七年の条例にはすでに「ハンドボール」の記述が見られるものの、それが壁打ちのハンドボールだったのか、それとも対面式のゲームだったかは不明である。また一六九五年の「安息日遵守法」には「ハンドボール」の記載がない。そのため、アイルランドで壁打ちのハンドボールが普及し出すのは一八世紀以降のことと考えられている。ニクソンが描いた「ブレイニー城」はそのことを示す根拠の一つとしても重要なのである。

一七九八年のアイルランド反乱のリーダーの一人だったF・ジョン・マーフィーはじつはハンドボールの名手として知られていた。彼とその仲間はしばしば球戯場で反乱に関する会議をしていたという。またこの年の六月一日の反乱に関わった「ユナイテッド・アイリッシュメン」という地下組織のメンバー四〇人が殺害されたのはウィックロウ県カーニューにあるハンドボール場においてであった。

ハンドボールが組織化されるのは一九世紀後半以後のことである。一八五〇年には最初のプロ選手によるツアーが行われている。キルケニー出身のマーチン・バトラーに代表される選手がアイルランド各地を訪問し、地元のチャンピオンと対戦している。カトリック系の学校でハンドボールが行われるようになるのもこの頃のことである。

「アイルランド・チャンピオン」を決める競技会が最初に行われたのは一八八五年のことである。直後にアイルランド・チャンピオンであるジョン・ローラーとアメリカ人のフィル・ケイシーが世界タイトルと一〇〇〇ドルの賞金をかけて試合を行い、ケイシーが勝利している。これにより、ハンドボールが脚光を浴びたものの、組織についてはまだ混とんとした状態が続いていた。そのため、GAAが統一ルールを作成し、トーナメントを開催するよう働きかけるとともに、一九二四年にはGAAの後援により、「アイリッシュ・ハンドボール・カウンシル」〔IHC〕が設立された。同年、IAHAが設立され、アマチュアも試合ができるようになった。一九三〇年代の初めにはトップ選手が人気を博したものの、この時期がハンドボール人気のピークであった。

現在、アイルランドのハンドボールは三つの形態で行われている。「ビッグ・アレイ」と呼ばれる縦が六〇フィート〔約一八メートル〕、横が三〇フィート〔約九メートル〕の伝統的なコートで行われる硬球のゲームと軟球のゲーム、そして国際ルールである縦が四〇フィート〔約一二メートル〕、横が二〇フィート〔約六メートル〕のコートで行われる軟球のゲームである。

（4）イングランド

ウェールズ、スコットランド、アイルランドから見れば、イングランドは宗主国であり、歴史的に多くの交流があったことは事実である。ここではフィールドワークを通して見えてきたイングランドのある球戯についてのみ補足しておきたい。

ファイヴズ

イングランドでは壁打ちのハンド・テニスのことを「ファイヴズ Fives」と呼ぶ。たとえば、ウェールズ出身の聖職者で一七五八年から一七九九年までグロスター大聖堂の首席司祭を務めたジャサイア・タッカーは、「怠惰を予防し、勤勉を促し、浪費を抑止する」ために、「よく人が集まる娯楽施設」に課税することを提唱した。彼はその具体的な場所として、クリケットの試合、競馬、カッジェル cudgel、ビリヤード台などとともにファイヴズ・コートを挙げている。

たとえば、ロンドン北部のイズリントンにあった「コペンハーゲン・ハウス」は一八世紀半ばからティー・ガーデンとして人気が高まったが、そこではビール、ワイン、スピリッツ〔蒸留酒〕が販売され、庭ではスキットルズ〔ボウリングの一種〕とファイヴズが行われていた。ファイヴズを導入したのはシュロプシァ出身の若い女性従業員で、一七七〇年頃のことであったという。その彼女は結果として「コペンハーゲン・ハウス」の名を広く世に知らしめるのに貢献する。そのときのいわば「看板プレイヤー」だったのがファイヴズの名手として知られるジョン・カヴァナーである。ちなみに彼はコーク出身のアイルランド人で、カトリック教徒であった。

ロンドンで塗装職人となったカヴァナーは、「コペンハーゲン・ハウス」のコートでもっとも多くの試合をし、リトル・セント・マーチンズ・ストリートの「ファイヴズ・コート」では二シリング六ペンスの入場料付きの試合を行っている。ちなみに「ファイヴズ・コート」では一八〇二年からプロの拳闘家によるスパーリング興行がなされ、それは「ファイヴズ・コート」が取り壊される一八二六年まで続いた。なお、カヴァナーは一八一九年に亡くなっているが、ウィリアム・ハズリットが『エグザミナー』紙に弔文を書き、彼が「最強のファイヴズ選手」だったと述べている。

図114　19世紀初頭の「コペンハーゲン・ハウス」
出典：William Hone, *The Every-Day Book or The Guide to the Year*, London, 1825, p.857.

　その一方で、好事家ウィリアム・ホーンはかつてのイングランドでは復活祭《イースター》と球戯が強く結びついていたと記している。たとえば、一七二五年にヘンリー・ボーンが復活祭の祝日期間には「仕事を中断し、奉公人たちは自由になるのが習わしである」と書いており、ヨークシァ北部ノースライディング地方のリッチモンドではフットボール、ファイヴズ、クリケットが行われていた。また、ロバート・W・マーカムソンも一連の標準的な娯楽がこの祝日の特徴となっていたと述べている。

一九世紀半ばまでに、ファイヴズはイングランドの多くの地域で人気のある球戯になっていたようだが、デイヴィッド・アンダーダウンは、さらに時代を遡るとファイヴズはイングランド南西部サマセット州で盛んだったと述べている。たとえば同州の歴史家であるジェイムズ・スケッグズは多くの教会が球戯を行えないようにするために敷地内に木を植えたとするエピソードを紹介し、一八世紀までに多くの教会が「黙認」を含め、ファイヴズへの何らかの対応を迫られていたことを示唆している。

一方、一八一三年にサマセット州ウェスト・ペナードでは教会の尖塔の壁にファイヴズ・コートが設《しつら》えられたが、教会がそれを好ましく思わなかったことと、旅籠《タヴァーン》の店主の利害が一致したことで、代わりに旅籠の敷地内に「ファイヴズ・コート」が建てられた。要はそうすることで店の増収が期待できたのである。一九世紀初頭までにファイヴズはパブでも人気のスポーツとなっていた。ファイヴズの専用コートも建てられ、多くの試合が催された。前述のカヴァナーはそんな時代のスーパースターだったのだ。

一八世紀後半から一九世紀初頭のロンドンで流行したのは賭博を伴う娯楽であり、拳闘、闘鶏、闘犬、ラケッツなどがそれにあたる。だがこれらと同様、ファイヴズの人気もしだいに衰えていく。最後まで盛んに行われていたのはもともと盛んだったイングランド南西部であった。たとえば、一八五五年にドーセット州ブリッドポートでは、バースからやってきた二人の選手がウェスト・ベイのファイヴズ・コート・インで試合を行っている。コートは一八四〇年代に造られたものだったという。

パブリックスクールのファイヴズ

各地で「民俗フットボール」が衰退する傾向にあった一九世紀のイングランドにおいて、古いフットボールが温存され、新たな形態に生まれ変わるきっかけをもたらしたのはジェントルマンの養成機関であるパブリックスクールであった。このエリート養成機関はじつはファイヴズの再生にも貢献している。

現在のロンドンに、現役のファイヴズ・コートがあることはほとんど知られていないのではないか。ロンドン西部のウェストウェイ・スポーツセンターは二〇〇一年にオープンした複合型スポーツ施設であり、ロック・クライミング、テニス、フットボール、スカッシュ、フットボール等が行える施設に加え、屋根つきの四つのファイヴズ・コートがある。わたしがこの施設を見学したのは二〇〇八年八月のことだった。

それにしても驚いたのは、そこにあるコートの形状のユニークさである。いわゆる三ウォール

図115 「ファイヴズ・コート」におけるスパーリング試合の様子
出典：Tom Sawyer, *Noble Art*, London: Unwin Hyman Ltd., 1989, p.129.

のコートなのだが、壁にはわずかに段差がついている。また前面の下の部分が少し高くなっているのに加え、左側の壁には数十センチメートルの突起物がある。加えて、同センターにある四つのコートはどれもまったく同じ形状で造られているのだ。

この疑問を解消するため、わたしはロンドンから列車でウィンザーに向かった。所要時間は約一時間である。

ウィンザー城はエリザベス女王が週末に過ごす城としてよく知られているが、このときにわたしが訪問したのはウィンザー城ではなかった。わたしが降車したのは「ウィンザー・アンド・イートン・リヴァーサイド」駅であり、城の反対側にあるハイ・ストリートを直進し、向かったのは一四四〇年に創設された名門パブリックスクールの一つである

「イートン校（Eton College）」であった。敷地内のラグビー場を抜けたところにお目当ての「ファイヴズ・コート」があり、じっさいにこの目で見学することができた。やはりコートは同じような形態の造りになっている。違っていたのはコートの数だ。確認できたのは全部で一六コートである。

図116　ストーク・サブ・ハムデン（サマセットシァ）のパブ兼宿屋「フルール・ドゥ・リス Fleur-de-Lis」の裏側に建つファイヴズ用の壁
出典：Brailsford, *op.cit.*, p.69.

図117　ウェストウェイ・スポーツセンターにある「ファイヴズ・コート」
（著者撮影：ロンドン、2008年8月27日）

イートン校が最初にファイヴズ・コートを建てたのは一八四〇年のことで、一九世紀末までにファイヴズは学校スポーツとしての形式を整えたとされる。じつはパブリックスクールで形式を整えられたファイヴズの種類はいくつかあるが、ここでは代表的な形式についてのみふれておく。それはイートン式、ラグビー式、ウィンチェスター式の三つである。

図118 「ファイヴズ・コート」の内部
（著者撮影：ロンドン、2008年８月27日）

図119 イートン校にある「ファイヴズ・コート」
（著者撮影、2008年８月27日）

ゲームの内容は似かよっているが、ラグビー式では四ウォールのコートが用いられる。一番ユニークなのがイートン式で、フロア面に段差があることと、左の壁から手すりの一部が突出している。これはイートン校のチャペルの階段の踊り場を模したもので、ゲームに変化をもたらす「障害物 hazards」になっている。イートン式はダブルスのみであるが、ラグビー式とウィンチェスター式ではシングルスも行われている。ウィンチェスター式のコートは三ウォールでイートン式に近い。また同じように左側の壁に出っ張りがあるが、イートン式ほど大きくはない。ちなみに初のパブリックスクール対抗戦は一八八五年にハロー校で行われ、イートン校が勝利している。なお、二〇〇五年には「ラグビー・ファイヴズ協会」と「イートン・ファイヴズ協会」が母体となり、「連合王国ファイヴズ連盟（UK Fives Federation）」が設立されてもいる。

注

＊1　岸野編、二五〇頁。

＊2　Underdown (2000), pp.2-3.

＊3　岸野編、二五一頁。

＊4　籐で編んだ籠状の用具で、バスク語では Zesta、フランス語ではシステラ chistera あるいは xistera と呼ばれる。

＊5　Levinson & Christensen, p.731.

＊6　Arraztoa, p.18.
＊7　ギルマイスター（一九九三年）、九一頁。
＊8　ギルマイスター（一九九七年）、一七～一八頁。
＊9　フランス語で pas d'armes、英語で passage of arms という。
＊10　稲垣、二五～二八頁。
＊11　同右、三二頁及び四〇頁。
＊12　竹谷（二〇〇二年）、一四七～一四八頁。
＊13　竹谷（二〇〇五年）、三九頁。
＊14　Kalma, p.26.
＊15　ギルマイスター（一九九三年）、四三～四五頁。
＊16　同右、七八～八〇頁。
＊17　この団体は「ジュ・ドゥ・ポーム」から派生した球戯を統轄する目的で結成された。参加国は、アルファベット順にアルゼンチン、ベルギー、コロンビア、エクアドル、イングランド、フランス、イタリア、メキシコ、オランダ、スペイン、ウルグアイである。
＊18　Desees, p.15.
＊19　*Ibid*., p.16.
＊20　*Ibid*., pp.97-98, pp.186-187.
＊21　*Ibid*., pp.189-193.
＊22　ディレイニー、一九八頁。
＊23　同右、二〇二頁。
＊24　Hengel, pp.12-15.

第三部　ヨーロッパ球戯考

1　二つの系図
2　ハンドボール考
3　フットボール考
4　打球戯考
5　新たな系図

1　二つの系図

英国は「近代スポーツ」の母国といわれる。球技（競技化された球戯）に限っても、クリケット、ゴルフ、サッカー、ラグビー、テニス、バドミントン、卓球、ホッケー等がこの国で今日の原型を整えられ、世界に伝播した。スポーツ史において「英国」の果たした歴史的役割が大きいとされる所以である。

そのため、従来の球技史も英国を中心に記述されることが多かったが、近年の研究ではいわゆる「一国史」的な観点が批判されてもいる。「英国」そのものがイングランド、ウェールズ、スコットランド、北アイルランドを中心とする「連合王国」であることに加え、それらと類似する球戯が「英国」以外の地域でも数多く行われていたことが知られているからである。たとえば、中世イタリアのフィレンツェで行われていたカルチョ calico、アイルランドのハーリング hurling、フランスのジュ・ドゥ・ポーム jeu de paume、オランダのコルフ colf などは、それぞれ近代化されたフットボール、ホッケー、テニス、ゴルフに類する球戯であった。

わたしがカルマによる「カーツェン kaatsen（蘭）〔フリジア語ではケーツェン keatsen〕の系図」を初めて見たのは、オランダのフリースラント州フランネケルにあるカーツ博物館においてである。同博物館の展示では、カーツェンが古代ヨーロッパに遡る球戯史の系譜の中に位置づけられていた。これはカルマが一九七二年に刊行した著作の中で発表した系図である〔図56〕。カルマの考えでは、フリースラントの「ケーツェン〔ハンドボール〕」の起源はフランスで成立したジュ・ドゥ・ポームであり、その中でもとくに「ロングポーム」の系譜に属する球戯とされている。同博物館はカルマの系図をパネルで紹介しているが、後述のギルマイスターを含め、その後の研究者はこの系図の内容に誤りや疑問点があることを指摘してもいる。

図120　16世紀イタリアの「カルチョ」
出典：FIFA Museum Collection, *op.cit.*, p.22.

　この系図に示されるように、ヨーロッパにはカーツェン以外にも比較的小さなボールを手で扱う「ハンドボール〔小球戯〕」が数多く見られる。その中で、フリースラントの「ケーツェン」はどのような系譜に位置づけるべきなのか。その起源を中世フランスで行われていたジュ・ドゥ・ポームと見る点で、カルマとギルマイスターの見解は一致している。

　ジュ・ドゥ・ポームを現在のテニスの起源と見るのは以前からの定説である。これに対し、ギルマイスターは言語学の知見を援用し、かつて騎士が行っていた「武装パス pas d'armes」を修道院の僧侶が模倣した球戯がテニスの起源だとする独自の仮説を立てた。

これに加え、ギルマイスターはフリース人の球戯〔フリースラントのケーツェン、ゴトランド島のペルク・スペル pärkspel、そしてかつてザーターラントで行われていた球戯〕では、それぞれ騎士の馬上試合場（Park）を示す言葉が残されていることを指摘している。すなわち、'perk'（西フリース語）、'pärk'（ゴトランド語）、'pork'（東フリジア語）である。また、これらはいずれも一五ポイント制をとることから、彼は三つの球戯がすべて「パルク球戯」という名称で一括りにできるとしているのである〔図50〕。

ギルマイスターによれば、ヨーロッパ球技の系譜はいずれも中世騎士が行っていた馬上試合から分化したものである。「パルク球戯」はまずテニスとフットボールに分化するが、フットボールはラグビー、サッカー、クリケットへとさらに分化し、もう一方のテニスはザーターラントの球戯、バスクのボテ・ルセア、イタリアのパッラ palla、南米コロンビアのフエゴ・デ・ラ・シャサ（juego de la chaza）へと分化する。さらにザーターラントの球戯から分化するのがフリースラントのケーツェンとゴトランドのペルク・スペルだとしている。

とくにテニスの系譜を考えるうえで彼が重視しているのが「チェイス chase」という独特のルールであり、このルールも彼が主張する馬上試合模倣説と深く関わっている。ただし、彼の系図にはそれ以外のヨーロッパ球戯が数多く省略されている。ギルマイスターはカルマの系図でいう球技と古代ギリシャや古代ローマの球戯の間の直接的な関係を否定しており、それらに対する記載がないのは当然としても、イングランドのローンテニスや北フランスのロングポーム、あるいはバスクの多種多様な形態の球戯をいっさい無視しているのはやはり気がかりな点といえる。

このような経緯から、わたしは文献及びフィールドワークに基づく新たな系図の作成が必要だと考えている。もちろん、そのためには改めてヨーロッパ球戯の歴史を紐解く必要がある。ここでは、さしあたりヨーロッパ球戯を「ハンドボール」、「フットボール」、「打球戯」の三つに分け、それぞれの歴史を検討してみたい。

2　ハンドボール考

イングランドの好事家ジョゼフ・ストラットは、「ファイヴズ」についてつぎのように書いている。

「ハンド・テニスは、おそらくそれが変化したもので、異なる名称ではあるがまだプレイされている。それが今はファイヴズと呼ばれている。」

すでに述べたように、「ファイヴズ」は前面の壁に向けてプレイヤーがボールを手のひらで返球し打ち合い、ワンバウンド以内で返球し、ラリーを競い合う球戯である。だが、不思議なこと

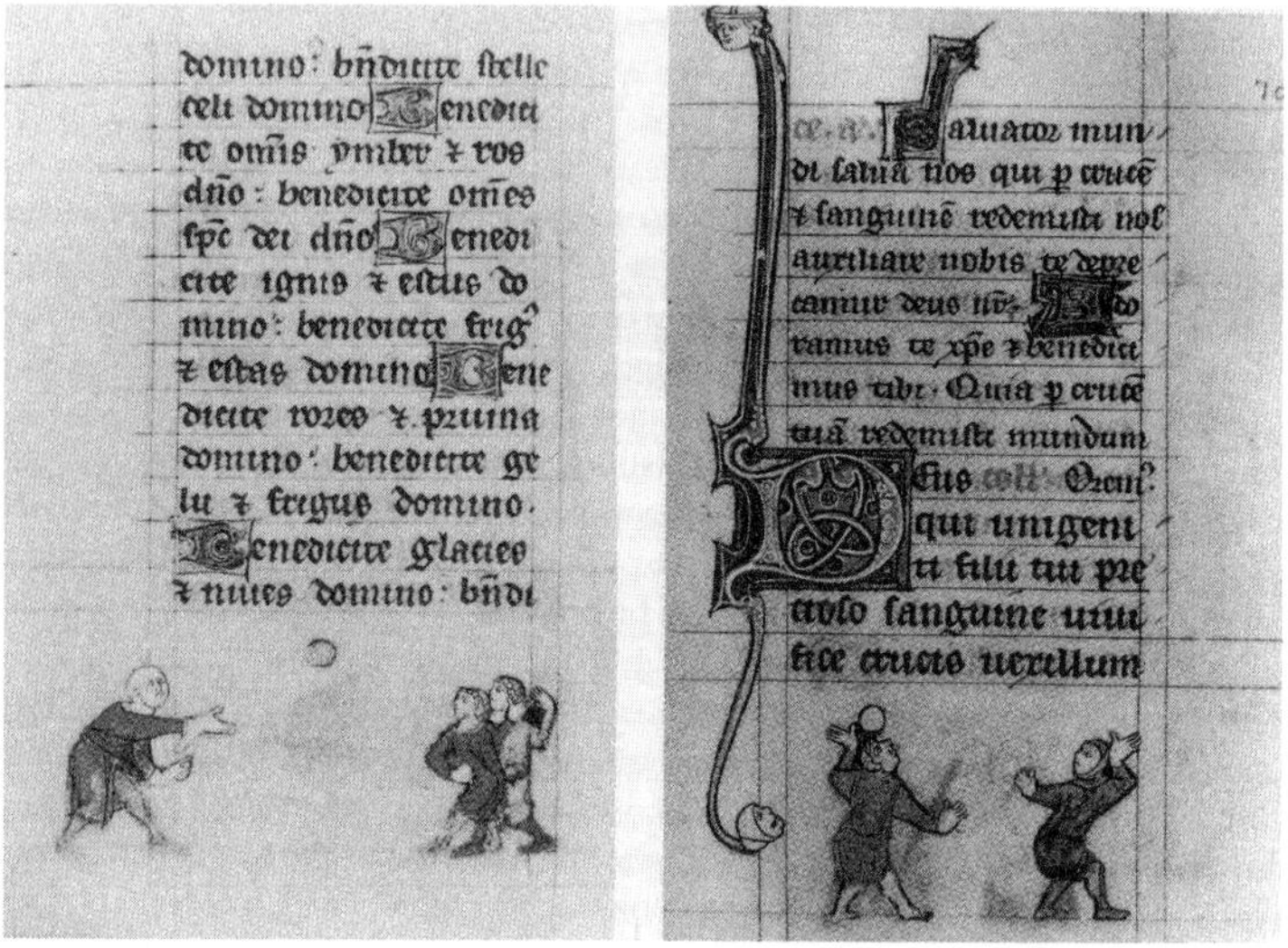

図121　1300年頃にカンブレー（北フランス）で描かれたとされる最古のテニス（ハンドボール）の絵

出典：Gillmeister, *op.cit.*, p.16.

表6　「ハンドボール」に関連する用語の英語での初出年と表記

用語	西暦	表記
tennis	1400年頃	tenetz
handball	1400-50年頃	hand-balle
catch	1475年頃	caich
rackets	1529年	
balloon	1580年	
fives	1636年	fiues

に、ストラットは「壁打ち」をこの球戯の特徴とは見ておらず、ラケットを使わず、手のひらで返球する点を一番の特徴と捉えている。その理由は、彼が考えるファイヴズという名称の由来と関係しているかもしれない。というのも、ストラットはファイヴズが一チーム五人で行われたことに由来すると述べているからである。その根拠は、一五九一年にエリザベス一世がハンプシァ州エルヴェサムに滞在した際に行われたある催しにある。記録によれば、「夕食後、サマセットシァ出身の使用人一〇名が五人同士に分かれて『ハンドボール hand-ball』を行った。女王は窓越しに見物し、おおいに楽しんだ」というものである。

状況から見ると、ここで行われた球戯は今日のファイヴズではなく、ベルギーのジュ・ドゥ・バル、フランス・ピカルディ地方のバル・ア・ラ・マン、あるいはバスクのボテ・ルセアのような球戯だったと考えられる。だとすれば、ハンドボールとファイヴズという言葉もそれほど厳密には使い分けられていなかった可能性も高い。事実、ファイヴズについてはそれが手の五本指に由来するとする説もあるため、バットやラケットを用いず、手のひらでボールを返球する球戯〔ハンド・テニス〕との区別自体も難しくなる。

オックスフォード英語辞典〔OED〕によると、「テニス」、「ハンドボール」、「ファイヴズ」の内、英語文献での初出がもっとも早いのは「テニス」である。ジョン・ガウアーが一四〇〇年頃に書いた『平和礼賛』にある‘tenetz’がそれにあたり、使用された文章は「テニスでチェイスに勝つか負けるか（Of the tenetz to winne or lese a chace）」という部分であった。ちなみに現在の

'tennis' という綴りが定着するのは一八世紀以降のことで、それまでは 'tenetz', 'tenys', 'tenyse', 'tennys', 'tennes', 'tennysse', 'tenise', 'tennise', 'tennis', 'tenis' などと表記されてもいた。

それではハンドボールに関わる個々の用語とその歴史を確認していくことにしたい。

テニス

ギルマイスターは「テニス」について、つぎのように説明している。

彼によると、テニスに関する史料ははなはだ不足しているものの、ヨーロッパ球技の起源については、言語学的な分析と初期の絵画資料を用いて一定の仮説を立てることができるという。スポーツ用語の言語学的な分析より、城門の前で行われる中世騎士の伝統的な馬上槍試合《トーナメント》の第一段階として行われた競技が古いヨーロッパ球戯やフットボールの一つのモデルになっているとする。そしてテニスは修道院の回廊の中にいる聖職者がプレイした一種のフットボールに似た球戯だったと述べている。

そのような馬上槍試合の影響は、中世のフットボールで共有されているスポーツ用語にも見られる。たとえば、門を攻撃することを意味する「チェイス」は、イタリア・フィレンツェのフットボールではゴールを意味する「カッチャ caccia」であり、伝統的なテニスでは「チェイス」、フランドルの「カーツェン」、フリースラントの「ケーツェン」、一五～一六世紀スコットランドの caich は球戯名そのものが「チェイス」を意味するものになっている。

事実、中世のテニスは一チームが三人ないしはそれ以上のプレイヤーで行う団体戦であった。ボールはヴォレーかワンバウンド後に手のひらで打たれた。ラケットが導入されるのは一六世紀初頭のことで、ちなみにネットの導入は一五世紀末のことである。

一九世紀に成立するローンテニスではボールがツーバウンドするとボール・デッドとなるが、中世のテニスではプレイヤーが転がるボールを止めなければならなかった。なぜなら、その場所に「チェイス」がマークされ、攻守交代した後、その際に決められたチェイス・ラインを挟んだラリーが行われ、そのラリーに勝って初めて得点することができたからである。

ハイスターバッハのドイツ人聖職者であるケザリウスが一二一九〜二三年に著した『奇跡対話集』によると、テニスの原型となる「パルク球戯」は一二世紀半ばにはパリでも知られるようになっていた。ギルマイスターによると、この球戯が生まれたのは北フランスのピカルディ地方であり、そこからさらに北上し、フリース人へと伝播したという。また、それは南にも伝播する。いち早く伝わったのがイタリア、カタルーニャ、そしてバスクだったと述べている。[*1]

ハンドボール

OEDによると、英語における「ハンドボール hand-ball」の初出は一四〇〇〜五〇年頃である。それは球戯の名称ではなく、ボールを意味するものだった〔表記は'hand-balle'〕。当時のイングランドの法律はラテン語やフランス語で書かれていたため、英語表記ではないものの、「ハンドボール」を意味するものと考えられる禁止令がすでに一四世紀から見られた。たとえば、一三六五年にはエドワード三世がロンドンの執行官につぎのような命令を下している。

「当市の身体強健なる全男子は祝祭日には、余暇ありて運動をなすに際しては、弓矢または石玉または太矢を用いるよう布告し……石投げ、ロガットおよび鉄輪投げ、ハンドボール、フットボール、クラブボール、カモック、または他の何の価値もなき無益なる遊戯に手を出すことを禁止し、この禁制に違背せば投獄すべきこと。」〔原文はラテン語[*2]〕

なお、イングランドでは一三八八年にも「ハンドボールとフットボール（à la main comme à piée）」を禁止する法律が出されている。

この球戯は教会の境内でも行われていたのであり、それに対する批判も古くから見られた。たとえば、ロバート・マニングは『罪悪論』（一三〇三年）の中で教会の敷地内での娯楽を糾弾しているが、ジョン・マークの『教区司祭のための手引き』（一四〇三年頃）の注釈には、教会から締め出す必要がある娯楽として、「ダンス danseyng、鉄環投げ cotteyng、ボーリング bollyng、テニス tenessyng、ハンドボール hand ball、フットボール fott ball……」を記載している。これはほぼ同時代の者によってつけられた注釈だということだ。

ところで、「ハンドボール」という言葉が示す内容も、「テニス」と同様に注意が必要である。「ハンドボール」はもともとの意味では、二者の間で一つの壁を介すか、あるいは二つのチームの間で手を使って操作されるボールをめぐるゲームをいうが、現在の「ハンドボール」は二種類の異なる球技を指して用いられてもいるからである。一つはアイルランドやウェールズで行われてきた伝統的な「ファイヴズ」型のゲームであり、もう一つはオリンピック種目にもなっている手を用いて行うサッカーに似た「ゴール型」の集団球技である。

手でボールを扱う行為は原初的なものであることから、「ハンドボール」そのものの歴史は相当古いと考えてよい。たとえば、古代ギリシャでは「クラニア crania」と呼ばれるハンドボールがあったし、世界的にも時代が異なればさまざまなハンドボールが知られている。

イングランドでは、パブや教会でファイヴズ型のハンドボールが組織的に行われていたことが知られている。パブと教会の壁はボールを打ちつけるのに理想的な空間だったのである。

アイルランドのハンドボールでは、伝統的に革張りの硬球が用いられていた。「ハンドボール」への言及は一五二七年に出されたゴールウェイの条例が最初であるが、その文言だけではそれが壁打ちの球戯だったかどうかははっきりしない。それが壁打ちのハンドボールであるとはっきりわかる史料は一七八五年に描かれた前掲の「ブレイニー城」という水彩画（図122）が最初である。アイルランドでは一八世紀を通して壁打ちのハンドボールが人気を博したようである。

一九世紀初頭には、アイルランドからの移民がイングランドにワンウォール形式のハンドボールを伝えているが、逆に、帰国した者が三《スリー》ウォール形式のハンドボールをアイルランドに伝えたとされる。一九世紀半ばにはアイルランドでもハンドボールがより組織化されてくる。たとえば、キルケニー出身のマーチン・バトラーが一八五〇年にアイルランド各地で行った賞金付きの試合はプロ選手による最初のツアーといわれている。

また、ウェールズでは「ペロー pellaw」と呼ばれる壁打ちのハンドボールが知られていた。これは遅くとも一七世紀から行われていたとされる。もともと教会の境内で行われていたが、しだいにパブに専用コートが建てられるようになった。一九世紀にはさまざまな形状のコートが建設されている。ウェールズ南部ではワンウォールとスリーウォールの両方のタイプが見られた。また、ウェールズではサーヴ権があるときにだけ得点が加算されるのが一般的で、前面の壁にチ

図122 「ブレイニー城」ジョン・ニクソン作（1785年）
（著者撮影：モナハン・カウンティ博物館、2008年8月22日）

ヨークで得点が記録されたので、観客も容易に試合の経過を知ることができたという。

一方、スコットランドではハンドボール（テニス）が「キャッチ catch」や「キャッチスペル cachespell」と呼ばれていた。ジョン・バーネットは'catch''cache''caitch'等と呼ばれる球戯は、一三七五年頃に北フランスのピカルディで行われるようになったものだったと述べている。それがスコットランドに伝わるのが一四七五年頃のことで、このような呼び名は一九世紀まで使われていた。

たとえば、「キャッチプール catchpool」と呼ばれるコートがエジンバラのホリールード宮殿にあった。この語の初出は一五二六年であり、そのときの表記は'cache-puyll'であった。言語的には、これは中期フラマン語である'caetse-speel'の転用とされ、'caetse'はフランス語の「シャス chasse」、英語の「チェイス chase」、オランダ語の「カーツ kaats」と同じ意味である。クルトポームに類似した球戯だった可能性が高いが、通りで子どもが行う場合もあったという。

ラケッツとバルーン

ＯＥＤによると、「ラケッツ rackets」と「バルーン balloon」の英語での初出はともに一六世紀のことである。ラケットが登場するのは一六世紀初頭で、英語としての「ラケッツ」も、最初は用具名として用いられるようになったと考えられる。なぜなら、球戯名としての「ラケッツ」はいわば壁打ちのテニスであり、この球戯が人気を博すのは一八世紀末から一九世紀初頭のロン

図123 「キングズベンチ監獄におけるラケッツ」（1808年頃）
出典：Wingfield, *op.cit.*, p.301.

図124 14世紀の「バルーン・ボール」
出典：Joseph Strutt, *The Sports and Pastimes of the People of England*, New edition, London: Thomas Tegg, 1845, p.96.

ドンにおいてだったからである。

ちなみに、「ラケッツ」が初めて行われたのはロンドン債務者監獄〔キングズベンチ及びフリート監獄〕だった。一七八〇年に監獄を視察したジョン・ハワードがそのことを記しており、小説家のチャールズ・ディケンズも『ピクウィック・ペーパーズ』の中で記している。なお、監獄の外では、「ファイヴズ」と同じようにパブのコートが使用されたことが知られている。

ラケッツのコートはスカッシュコートより広く、長さが六〇フィート、横が三〇フィートである。これはアイルランドの「ビッグ・アレイ」と同じ大きさである。

その後、ラケッツは多くのパブリックスクールでも行われるようになる。これをもっとも早く取り入れたのがハロー校で、一八二〇年代のこととされる。一八五五年にはオックスフォード大学とケンブリッジ大学の対抗戦も行われるようになり、一八六八年にはパブリックスクール選手権が始まっている。また、一八八八年にはロンドンのクイーンズ・クラブで「第一回アマチュア選手権大会」が開催されている。ラケッツは後にリアル・テニスとの関係を深め、一九〇七年には「テニス・アンド・ラケッツ協会（Tennis and Rackets Association）」が結成された。

他方、「バルーン」は、イングランドでは、'balloo' や 'pat ball' とも呼ばれ、一四世紀から一七世紀にかけて行われていたと考えられている。プレイヤーは膨らませた革製のボールを腕で打ち返すため、フランス北部のピカルディ地方で行われている「バロン・オ・プワン」に類似した球戯だったと考えられる。英語での初出は一五八〇年のジョン・ダン及びベン・ジョンソンの戯曲であり、イングランド王ジェイムズ一世の息子であるヘンリー王子も好んだとされている。

ファイヴズ

小さなボールを壁打ちする球戯をイングランドでは「ファイヴズ」という。現在、広がっているのはパブリックスクールで行われている形式のものだが、この用語の初出は一六三六年まで遡る。ちなみにそのときの表記は'fiues'であった。

トニー・コリンズは、ファイヴズの起源が中世に遡ることを示唆している。たとえば、一二八七年にエクセターの宗教会議が教会の壁が使われたことを理由に、この球戯を禁止しているからである。ただし、それがどのような球戯だったかは不明であり、壁打ちが中心である現在のファイヴズとは大きく異なる球戯だった可能性が高い。球戯の名称として用いられる「ハンドボール」の英語における初出文献とされるのが、リチャード・マルカスターが著した『ポジションズ』(一五八一年)である。マルカスターは伝統的なパブリックスクールの一つであるマーチャント・テイラー校の校長であった。彼はこのように述べている。

「小さなハンドボールは、やわらかな素材で手だけで行うものであれ、堅くてラケットを使うものであれ、テニスで相手とあるいは一人で壁に向かって(against a wall alone)であれ、両手とともに身体を動かすため、あらゆる動作の類の中で、また他のあらゆる運動に鑑みて一番優れた運動の一つであり、大いなる健康の喜びにいたるものと広く注目されている。」

図125　14世紀の「ハンドボール」
出典：Strutt, *op.cit.*, p.96.

筆者が知る限り、はっきりと「壁打ち」に言及したものとしてはこれがもっとも古い史料ということになる。

新たな要素の出現と消失

ギルマイスターによると、テニスの原型となる「パルク球戯」が出現するのは一二世紀のことであり、その場所は北フランスの修道院ということになる。その球戯はすぐさまフリース人が暮らす地域へ伝えられる。その伝統を汲むのが、フリースラントのケーツェン、ゴトランド島のペルク、そして一九〇〇年頃まで行われていたザーターラントの球戯ということである。

それとは別にフランスから南に伝播したのが、イタリア、カタルーニャ、バスクで行われている伝統的な球戯と考えられる。それらの多くはコートの中央に固定されたネットなどがなく、その代わりに「チェイス」をめぐる攻防がある。

ラケットが導入されるのは一六世紀初頭のことで、最初の記述は一五〇五年、図像資料としては一五一一年のものがある。また、ネットの導入はラケットより少し早く一四九二年に確認できるという。

バスク地方のボテ・ルセアやラショアを見ればわかるように、いわゆるロングポームの系譜の球戯でも壁は利用されている。またそのことに関する記述はスコットランドやウェールズでも見られた。その舞台となるのは、多くの場合、「教会の壁」であるが、とくに一八世紀以降になると専用の屋内コートやパブの壁が利用されるケースが増えてくる。なかには収益をあげる目的で専用の壁打ちのコートを建てるパブや旅籠《はたご》の店主もいたのである。その背景としては、多額の賞金を懸けた試合が行われることで人びとの関心が集まったことがあげられる。つまり、ハンドボールの商業化やスペクタクル化が生じていたのである。一八世紀にはバスクでもボールの芯に「ゴム」が用いられるようになり、しだいに「壁打ち」の球戯の人気が高まり、球戯のヴァリエーションが増えた。ローンテニスの普及もまた「ゴム製の中空ボール」の出現に支えられていたことはいうまでもないだろう。

3　フットボール考

サッカーとラグビー

フットボールの起源についてはすでに多くの研究者が検討しているが、時代をさかのぼるほど、その具体像は曖昧になる。ただし、はっきりしているのは「サッカー」と「ラグビー」が一九世紀後半のイングランドでその原型が作られたということである。

ＯＥＤによると、「アソシエーション式フットボール（association football）」を意味する「サッカー soccer」という言葉の英語での初出は一八八九年のことで、「フットボール協会 Football Association」〔ＦＡ〕」が結成されてから二六年後のことである〔初出は'socca'〕。これに対し、「ラグビー式フットボール（rugby football）」を意味する用語としての「ラグビー rugby」の初出は一八六四年のことで、これはＦＡ結成の翌年にあたる。

ＦＡが結成される以前のフットボールでは、ボールをドリブルによってゴールに運ぶ「ドリブリング系」と、手で主に運ぶ「ハンドリング系」が混在していた。フットボールというとどうしても足でボールを扱う球戯をイメージしがちである。また、いささか形容矛盾のようにも思えるのだが、ＦＡ式のフットボールでも手の使用がほとんど認められなくなるのは一八七〇年代からのことである。逆に「ハンドリング系」のフットボールは大英帝国の植民地へも伝わり、そこからオーストラリア、カナダ、アメリカで新たな「ハンドリング系」のフットボールが生まれている。アイルランドのゲーリック・フットボールも手の使用を認める「ハンドリング系」のフットボールの一つといって良いだろう。

この背景にあるのは、連合王国内で行われていた歴史的なフットボールの多様性である。たとえばつぎのような例もある。現在もスコットランドのイングランドとの国境沿いで行われている「ハンド・バー（hand ba'）」という球戯は、歴史的にはフットボールのヴァリエーションの一つとされる。

トニー・コリンズによれば、もっとも盛大に行われているジェドバラ（スコットランド）における「ハンド・バー」は、毎年、聖燭節 Candlemas 後の新月の後の最初の火曜日に行われ、彼らがイングランドを撃退したとする一五四九年まで遡るといわれている。これは町のマーケット・クロス以北に住む「アッピーズ Uppies」と以南にすむ「ドゥーニーズ Doonies」の間で行われる。少年の試合は正午、成人の試合は午後二時に始まる。ボールは手で操作されねばならず、蹴ることはできないが、じつはかつてはそうではなかった。この球戯は一七〇四年に一度禁止され、その後に復活したものであるが、一八四九年には参加者自らがキッキングを禁止し、球戯を「ハンドボール」に変えることをエジンバラ高等裁判所に訴え、認められたのである。[*3] これはいささか特異な事例ではあるが、連合王国ではすでに数百年にもわたり、「ドリブリング系」と

表7　連合王国内でフットボールが行われたことを示す最初の記録

	用語	西暦	史料名
イングランド	foot-balls	1314年	ロンドン市長の布告
スコットランド	fut ball	1424年	スコットランド王ジェイムズ1世の布告
ウェールズ	peldroed ('football')	1593年	W・ミドルトンの詩
アイルランド	foot-ball playing	1695年	安息日遵守法

「ハンドリング系」が混在する形でフットボールが行われていたことを物語る事例の一つといえよう。

フットボールと連合王国

上の表は、「フットボール」という表記の初出年を王国ごとに示したものである。イングランドでは、一一七四年に『トマス・ア・ベケット伝』の序文として書かれたウィリアム・フィッツスティーヴンの「いと貴きロンドン市についての記述」の中に告解期の「球戯 pilae」に関する言及がある。これをフットボールに関する最古の記述と見る研究者もいるが、たとえばマグーンは、ラテン語で書かれたこの文章における記述は一般的なもので、それをフットボールと断定するには根拠が弱いと述べている。他方、イングランドのウォリックシァ北部にあるアザーストンのフットボール行事は一一九九年まで遡ると言い伝えられている。

ことの真偽は別にしても、一四世紀から一九世紀までにイングランドとスコットランドで出された禁止令はじつに四〇件を超えており、それは逆にフットボールが根強く支持されていたことを物語ってもいる〔表13・二六九頁〕。

なお、連合王国内で行われていたフットボールの名称もじつに多様だった。*Encyclopedia of Traditional British Rural Sports*〔以下、『エンサイクロペディア』〕がとりあげているのはつぎのような球戯である。

（1）キャンプボール Camp Ball

OEDによると、この球戯は「キャンピング」ともいい、フットボールの古い形態の一つである。英語での初出は一四四〇年頃のもので、'campyng' である。'camp' という言葉は古英語で軍事的な競争ないしは戦いを意味した。これはゲームの本質を示唆してもいる。

ただし、この球戯はより構造化されている点で他の民俗フットボールの形態とは異なっていた。たとえば、キャンプボールではたいてい少人数から成る二つのチームに分かれ、ピッチの両端に一つずつゴールがあり、得点を得るにはボールがゴールを通過する必要があった。この球戯はとくにイースト・アングリア地方で人気があったことが知られている。

ドーキングで毎年告解火曜日に行われていた試合はしばしば「キャンピング」として言及されている。サフォークの海岸で行われたゲームのやり方は多くの点で「ラグビー」にも似ていたが、ボールは小さく、手で運ばれた。それを持つ者が捕まるとその者は他のチーム・メートにボールを投げなければならず、前方のゴールの間にボールを投げ入れることは禁止されていた。ゴール

図126　「キャンプボール」
村の少年と羊飼いが「クロスカントリー型」の球戯を行っているシーンを描いたもの（19世紀半ば）。出典：FIFA Museum Collection, *op.cit*., p. 35.

は「ナッチ notch」あるいは「スナッチ snotch」と呼ばれた。ゲームはどちらかのチームが七点か九点を取るまで終わらず、試合時間は約二～三時間であった。

ゲームではボールを蹴ることはもちろん、持ち運ぶこと、投げることがすべて認められていた。また、「キッキング・キャンプ」と呼ばれるドリブリングを基本とするやり方もあったが、その場合はより大きなボールが使用されたという。

「粗暴なキャンプ（Savage camp）」というやり方では、相手の脛を蹴るために参加者が重いブーツを履いたとされる。現在のサッカーでは禁じられている「ハッキング」が認められていたのである。これは一九世紀のパブリックスクールでのラグビー派が固執したルールでもあった〔第一部を参照〕。これ以外に、スティックの使用が許される場合もあり、それが打球戯であるバンディー bandy やホッケー hockey の先行形態だったと考える研究者もいる。

やはり「暴力的な行為」がこのゲームの特徴とされており、じっさいに何人もの死者が記録されている。たとえば、一八世紀末にサフォークのイーストン Easton では試合で二名が死亡し、一九世紀初頭に行われたノーフォーク対サフォークの試合では九名が亡くなったといわれており、キャンプボールが行われなくなった要因の一つと考えられてもいる。一八三一年にノリッジのクリケット場で行われたのが最後の試合とされている。

(2) クナッパン Cnapan

すでにふれたように、ウェールズではクナッパンと呼ばれるフットボールが行われていた。クナッパンはラグビーに似たゲームともいわれる。一九世紀半ばまでは、日曜日や季節ごとの祝祭日に行われていた。教区間のゲームが広い場所で行われ、男性であれば誰でも参加することができたという。

エマ・ライルによると、ボールは丸く、およそ手のひらの大きさであり、たいていツゲやイチイの木でできていた。またボールには獣脂が塗られており、たいへん滑りやすかった。「クナッパン」とはこのボールのことを指しており、試合の最初に高く空中に投げ上げられた。それをつかんだ者はそのまま徒歩か馬で敵方の区域にボールを運んだ。プレイは一方の側がその日の内に敵陣に持ち込むことができないほど遠くまでボールが運ばれるまで続けられた。「投げつけるhurling」行為と「ボールを持って走る（running with the ball）」行為がゲームの基本であり、「ゴール」はなく、時にはスタート地点から二マイルも離れたところまでボールが運ばれた。

一六〇三年にジョージ・オーウェンという人物が描いた記述によると、このゲームは「太古の昔」から行われてきたもので、古代ブリトン人が軍事訓練として行い、強さとスタミナを向上させようとしたものだったという。試合はたいてい午後の早い時間に始まり、二〇〇〇人もの人びとが参加した。軽い半ズボンを除けば、参加者は衣服を脱ぎ、それがぼろぼろになるのを避けたとされる。粗暴で奔放なゲームであり、ゲームに喧嘩はつきもので、敵を痛めつける機会があればそちらにかかりきりになる者も少なくなかったという。参加者はしばしば傷だらけで終わるのだが、それでもなお、彼らは最初から最後まで陽気で楽しそうであり、相手を長く恨んだりする者はいなかったと述べている。

（3）ハーリング Hurling

これはコンウォールで行われていた球戯で、こちらもラグビーの起源といわれることがある。じっさいに、一七世紀に書かれた資料の中で、コンウォールのハーリングにラグビーやアメリカン・フットボールと同じような特徴を見つけることができるからである。また、A・K・ハミルトンはこのゲームがブリュターニュ地方で行われていた「ハンドリング系」の「スール」と関連をもつことを指摘している。

たとえば、「ハーリングには二種類ある」と一六〇二年の『コンウォールの観察』でリチャード・キャリューは述べている。「ゴール型のハーリング」と「クロスカントリー型のハーリング」である。前者はコンウォール東部でよく行われていたもので、その場所はあらかじめ囲い込まれていたのであり、そうではない後者のやり方は西部でより多く行われたという。

「ゴール型のハーリング」では、一五、二〇、三〇人ほどの選手が互いの側から選出される。メンバーは上着を脱いで手をつないだ状態で並び、そして「マンツーマン（man to man）」で敵と対峙する。ボールを持つ者が相手に捕まるとその者はボールを手離さなければならない。このやり方のハーリングは結婚式の際に行われることが多かったという。

これに対し、祝祭日に多く行われたのが「クロスカントリー型のハーリング」である。ここでのゴールはパトロンである二人のジェントルマンの邸宅など、町や村の決まった場所であり、その距離は三ないしは四マイルほど離れていた。「銀のボール」が投げ入れられ、それをあらかじめ決められた場所に運べば、その者が勝者となった。「銀のボール」はクリケットのボールと同じくらいの大きさで、コルク、皮革、木などで作られたボールに分厚い銀の外皮を被せたものである。このボールが新調されるときには銀貨が集められ、鍛治屋がそれを加工した。

他の類似の娯楽と同様、コンウォールのハーリングも一九世紀半ばには大半が行われなくなった。現在も行われている町はセント・アイヴズ（St. Ives）とセント・コラム・メジャー（St. Columb Major）のみである。

（4）チュール chulle

OEDによると、この言葉は中期英語の動詞であり、「フットボールのように足で扱う」、「蹴る、投げる、打つ」等を意味した。フランス語で「スール」を意味する choule や soule から派生した語であり、ノルマンディ北部では chole や choule が用いられ、ノルマンディ南部、ブリュターニュ、メーヌでは sole や soule という表記の言葉が用いられた。

フランスのスポーツ史家ベルナール・ジレは、スールが一二世紀初頭からフランスで行われていたと述べているが、最初に行われたのはどうやらフランス北西部だったようである。フランス語のシュールないしスールは元々「ボール」を意味したが、すぐさま球戯そのものを指すようにもなる。一二世紀末にはフランドル地方でも行われていた。スールを行ったのは民衆に限らないが、とくに農民が好んだとされる。

ジレによると、スールの規則が統一されたことは一度もなく、コートの広さ、人数、ボールの大きさや材質も地方ごとに異なっていた。ボールを敵陣の決まった場所に運んでいくか、二本の柱の間を通過させるか、あるいは丸い輪をくぐらせるなどして勝敗が競われた。多くの試合はその地方の守護聖人の祭日に行われた。チームは村対抗の場合もあれば、既婚者と独身者に分かれる場合もあった。球戯そのものは激しいもので、多くの者が負傷したという。ボールを運ぶ際は、手と足のどちらを使っても良かったが、手の使用が許されない場合もあった。またスールには他にもヴァリエーションがあった。スティックを使用する「スール・ア・ラ・クロス（Choule à la crosse）」と「プティット・クロス（La petite crosse；Petite choulethe）」である。前者は先が曲がった棒でボールを打ち、敵陣の穴に入れるか、何本かの棒を立てて作ったゴールを通すことを競った。

（5）バー Ba'

「バー」とはスコットランドで行われてきたフットボールないしはハンドボールを指し、言葉の意味は「ボール」である。現在も行われているのは、カークウォール、ダンズ、アンクラム、ジェドバラ、デナム、ホッブカーク、リリースリーフの七か所であり、一九世紀以前には他の地域でも行われていた。たとえばフレデリック・イーデンは、一七九六年にスコットランドのスクーンという町で行われていた「バー」に言及している。それによると、ゲームの内容は以下のようなものであった。

「ボールを手にしたものは、敵のプレイヤーに追いつかれるまでボールを持って走った。そして自分をつかまえている敵のプレイヤーをふりはなすことができれば走りつづけた。ふりはなすことができなければ、敵にボールを取られない限り投げた。しかし、ボールを蹴ることは許されなかった。[*4]」

スクーンのゲームは既婚者と独身者が対戦するというもので、ゴールは既婚者が「荒野の小さな穴」、独身者が「川の中」であり、先に三回ゴールした方が勝ちを得た。日没までに決着がつかなければ、ボールが二つに割られ、両者が持ち帰ったという。

表8　「フットボール」に関連する用語の英語での初出年

用語	西暦
chulle	1380年頃
football	1424年 [fut ball]
camp ball	1440年頃 [campyng]
hurling	1600年頃

「フットボール」の起源

ＯＥＤによると、「フットボール football」の英語での初出年は一四二四年であり、初出文献はスコットランド王ジェイムズ一世の布告における'fut ball'とされる。しかしながら、マグーンは一三一四年にロンドン市長であるニコラス・ファーンドンがイングランド国王エドワード二世の名前で出した禁止令こそ信憑性のある最初の記録だとしている。この布告はフランス語で書かれているため、ＯＥＤは初出と見なさなかったのであろう。なおフットボールは、エドワード三世の治世である一三六三年と一三六五年にも国防上の措置として禁止令が出されており、同様の措置が一五世紀末まで続く。その間にはイングランドとフランスの間で百年戦争（一三三七〜一四五三年）が行われていた。

興味深いのは、エドワード三世による布告とほぼ同様の布告が、一三六九年にフランス王シャルル五世によって出されてもいたことである。A・Ó・モールファベイルによれば、この時期のフランスでは、「スール（choule あるいは soule）」が「粗暴で騒々しいフットボール」を意味したという。ただし、すでに述べたように、スールにはいわゆる「フットボール型」と「ホッケー型」があり、両者の区別は必ずしも明確ではなかった。「スール」はボールを意味する言葉だったからである。

これに関し、ヒュー・ホーンビーは興味深い仮説を提示している。それは連合王国のクロスカントリー型のフットボールの起源が、大陸の「スール」にあるとするものである。

彼はそれが起こった直接の原因を一〇六六年の「ノルマン・コンクェスト」に求めている。そうだとすれば、あることに気づかされる。それは一一七四年にフィッツスティーヴンによって書かれた「よく知られたボール・ゲーム（the famous game of ball）」がじつは「スール」を意味していたのではないかということである。この原文はラテン語で書かれており（lusum pilæ celebrem）、ここでの「ボール」は'pilæ'である。つまり、フィッツスティーヴンがフランス語の「スール」をラテン語の「ピラ」と翻訳した可能性もあるのではないか、ということだ。またこれは、他の王国で行われていた球戯の名称にも見られる傾向の一つである。それはウェールズの「クナッパン」であり、スコットランドの「バー」である。また、それはバスク地方の「ペロタ（西）」ないしは「プロト（仏）」にもあてはまり、それらの意味するところはいずれも「ボール」である。ちなみにフランス語での“soule”の初出は一一七四～七七年とされている。

では、この当時のイングランドでは後のフットボールとホッケーを区別する言葉は存在しなかったのか。これについては、カンプトン・リーヴズが興味深い指摘を行っている。

彼によると、ノルマン・コンクェストの直後の一〇八六年にまとめられた『ドゥームズデイ・ブック〔最後の審判の日の書〕』と呼ばれる土地台帳の中に「ビトル・バトル bittle-battle」という球戯の記載があるという。リーヴズは、スティックの先に別の頭を取り付けたものがビトル・

図127　19世紀フランスのブリュターニュで行われていた「スール」

出典：J. J. Jusserand, *Les Sports et Jeux D'exercice dans L' Ancienne France*, Paris : Librairie Plon, 1901, p.281.

図128　19世紀ブリュターニュにおける「スール・ア・ラ・クロス」

出典：Jusserand, *op.cit.*, p.293.

図129　1852年にノルマンディで行われた「スール」
出典：*L'Illustration* 28 février 1852.

スティック（bittle stick）、カンボック camboc、あるいはカンバック cambuc と呼ばれたとしている。OEDによればカモック cammock という言葉があり、これは古くは'cammocc'で、「曲がった幹ないしは根」を意味するケルト語に由来する。また『エンサイクロペディア』によると、cammock は cambuck や cambuca としても知られていたのであり、それはバンディー bandy と同様、「曲がったスティック」を意味した。この用語はアイルランド語、ゲール語、マン島語 manx でも同じ意味で用いられたという。このことは、イングランドでは「スール」が知られる以前からすでに打球戯が存在したことを示している。[*5]

その意味で、エドワード三世が出した布告は球戯史の文脈で考えるときわめて重要な史料だといえるだろう。それは、当時行われていた多様な球戯を「ハンドボール、フットボール、クラブボール、カモック（'pilam manualem, pedivam vel bacularem aut cambucam'）」という四つのカテゴリーに分類した最初の文献といえるからである。少なくとも一三一四年の布告以前に「フットボール」という言葉がロンドンで使用されていたと考えるのが自然ではあるが、それ以前にはイングランドにも「フットボール」という概念そのものが存在しない時代が長かったのではないか。

ちなみに、マグーンはジュリアーナ・バーナーズ夫人の『聖オールバンズの書』から、紋章の水玉模様について記したつぎのような個所を引用している。

「紋章をラテン語で記述する場合には……考慮しなければならない。というのは、ラテン語 pila は……時には遊戯に用いるある丸い考案物と理解されるからである。この考案物は時には手で扱うもので、従ってこの場合のようにラテン語で pila manualis と呼ばれる。それは時には足で扱う考案物で、従ってラテン語で pila pedalis と呼ばれる。[*6]」

この書物は一四八六年に刊行されたものであり、この時代にはすでに「ハンドボール」と「フットボール」が明確に区別されていたことが窺える。

4　打球戯考

スツールボール

一八〇一年、ジョゼフ・ストラットは「スツールボール stool ball」についてこう述べている。

「スツールボールは、このゲームの正しい定義がなされないまま、三世紀にわたって〔一六〜一八世紀〕ひんぱんに記述されている。……わたしはつぎのように理解している。スツールボールと呼ばれる娯楽が現在行われているのはイングランド北部である。地面に丸椅子《スツール》を置き、プレイヤーの一人がその前に陣取る。敵はそこから一定の距離を離れて立ち、スツールめがけてボールを放り投げる。手でボールを思いっきり打ってスツールにボールが当たるのを防ぐのが前者の仕事であり、打ち返したストロークの数を数える。これに反し、もし手で打つのを失敗してボールがスツールにふれたら、プレイヤーは攻守交代する。わたしは、もしボールを投げた者が、打ち返されたボールが地面に落ちる前に捕球して落とすことがなければ、同様の交代が起こると考えている。このゲームの勝者は、ボールがスツールにふれる前にもっとも数多くボールを打った者である。」

スツールボールは、クリケットや野球の先行形態と考えられている球戯であるが、ストラットの記述によれば、それがそもそも「手でボールを打つ」ものだったことがわかる。また、ボールが当たるのを防ぐ標的がスツールであることから、フリースラントのケーツェンやゴトラント島のペルクとの類似性も見てとれる〔図二一を参照〕。

OEDによれば、スツールボールの英語での初出年は一四七五年頃であり、その時期はテニスにおいてもまだ網状のラケットが使用されていなかった時期である。したがって、スツールボールも最初は「ハンドボール」の一形態だったということになる。

表9　「スツールボール」に関連する用語の英語での初出年

用語	西暦
stool ball	1475年頃 [stoil ball]
tip cat	1626年 [catt]
stow ball	1634年 [stopball]
tutt ball	1658年 [trap ball]
base ball	1744年
rounders	1828年

ストラットが述べているように、スツールボールの形態には時代や地域ごとに多くのヴァリエーションがあったことがわかっている。事実、ストラットがふれているもう一つのやり方はつぎのようなものである。

「一定の数のスツールをそれぞれ等間隔に円形に並べる。それぞれのスツールに一人ずつのプレイヤーが陣取る。手でボールが打たれたら、全員が各自の居場所を変え、別のスツールに走らなければならない。もしボールを投げた者が打たれたボールを持ち帰り、別のスツールに移ろうと走っている者にタッチすれば、タッチされた者は投げ手となる。投げ手は自分が新たなスツールを得るまでボールを投げ続けなければならない。」

社会史家のデイヴィット・アンダーダウンによると、スツールボールが最初に行われるようになったのはイングランド南部であった。とくにウィルトシァでは、手ないしは小さなパドル paddle でボールが打たれたという。また、この地域では二種類のスツールボールが行われてもいた。

「単純な形態は子どものゲーム以上のものではなかった。少年と少女が村レヴェルで行っていた。……だが、より真剣なスツールボールはジョン・オウブリーが一六八六年に記している。それは大人たちが硬球で行うものである。これは『スタッブボール stobball』や『ストップボール stopball』と呼ばれ、ウィルトシァ北部とそれに隣接したカウンティで行われていた。」

ストラットも指摘しているように、スツールボールに類する球戯は定義づけが困難なほどの違いがあり、それが別の名前で呼ばれていたところもある。ちなみに上述のスタッブボールとストップボールは、「ストウボール stow ball」とも呼ばれており、この語の英語での初出は一六三四年である。

「ストウ stow」及び「スタッブ stob」は方言で木の切り株を意味した。チームで攻守が入れ替わり、得点方法もより多くの「ラン run」を獲得することであった。そのためにボールをバットで打ち、野手の間を突破しなければならない。ボールは下手投げで投げられ、四球で「オーヴァー」となった。クリケットの先行形態の一つとされる所以である。

バットは軽く、ホッケーのスティックのような形状をしており、後段でふれるバンディーやその他の打球戯のものに似ていた。一六世紀にこの球戯が盛んに行われたのは最初にふれたウィルトシァの他、サマセットシァとデヴォンであり、ロンドンでも行われた記録がある。

スタッブボールはウェールズ北部でも知られていたが、そこでは復活祭の期間に行われたファイヴズの変形と見なされていた。その内容はバットを用いないクリケットともいえ、目標物となるウィケットの代わりにスツールが用いられていた。

図130　14世紀の「トラップボール」
出典：Strutt, *op.cit.*, p.107.

それ以外に、スツールボールから派生したと考えられる打球戯がタットボール（tutt ball）、あるいはトラップボール（trap ball）と呼ばれる球戯である。ＯＥＤによると、トラップボールの英語での初出年は一六五八年であるが、ストラットは図130のような球戯を紹介しており、それを根拠に、すでに一四世紀初頭からこの球戯が存在したと述べている。これに対し、タットボールは手でボールを打つラウンダーズに似た球戯であり、歴史はそう古くはなく、一九世紀半ばにハル東部のホルダーネスHolderness で行われていたものだ。

トラップボールは「トラップ・バット・アンド・ボール（trap, bat and ball）」や「バット・アンド・トラップ（bat and trap）」とも呼ばれるチームゲームである。「トラップ」はストラットの図にあるような仕掛けを指し、打者はトラップの端にボールを置き、逆の端をバットで叩く。それで跳び上がったボールを打ち、できる限り遠くまで飛ばすのである。

一方のチームが打っている間、もう一方のチームはフィールドにいて、打たれたボールを捕球しようとする。もし、ボールが捕球されることなく地面に落下したら、ボールを投げ返し、トラップに当てるのである。フィールドからの返球がトラップに当たるとその打者は「アウト」を宣告され、つぎの打者に交代するが、ボールが捕球された場合は、即座に打者側と野手側が入れ替わる。

ストラットはさらに打球が二本の境界〔図では「ポスト」〕の間を通らなければならないとしており、その点は野球でいうファール・ラインの先行形態だったといえるかもしれない。ただし、トラップボールでは、境界（ポスト）の外にボールが飛んでいくと打者は「アウト」と宣告され

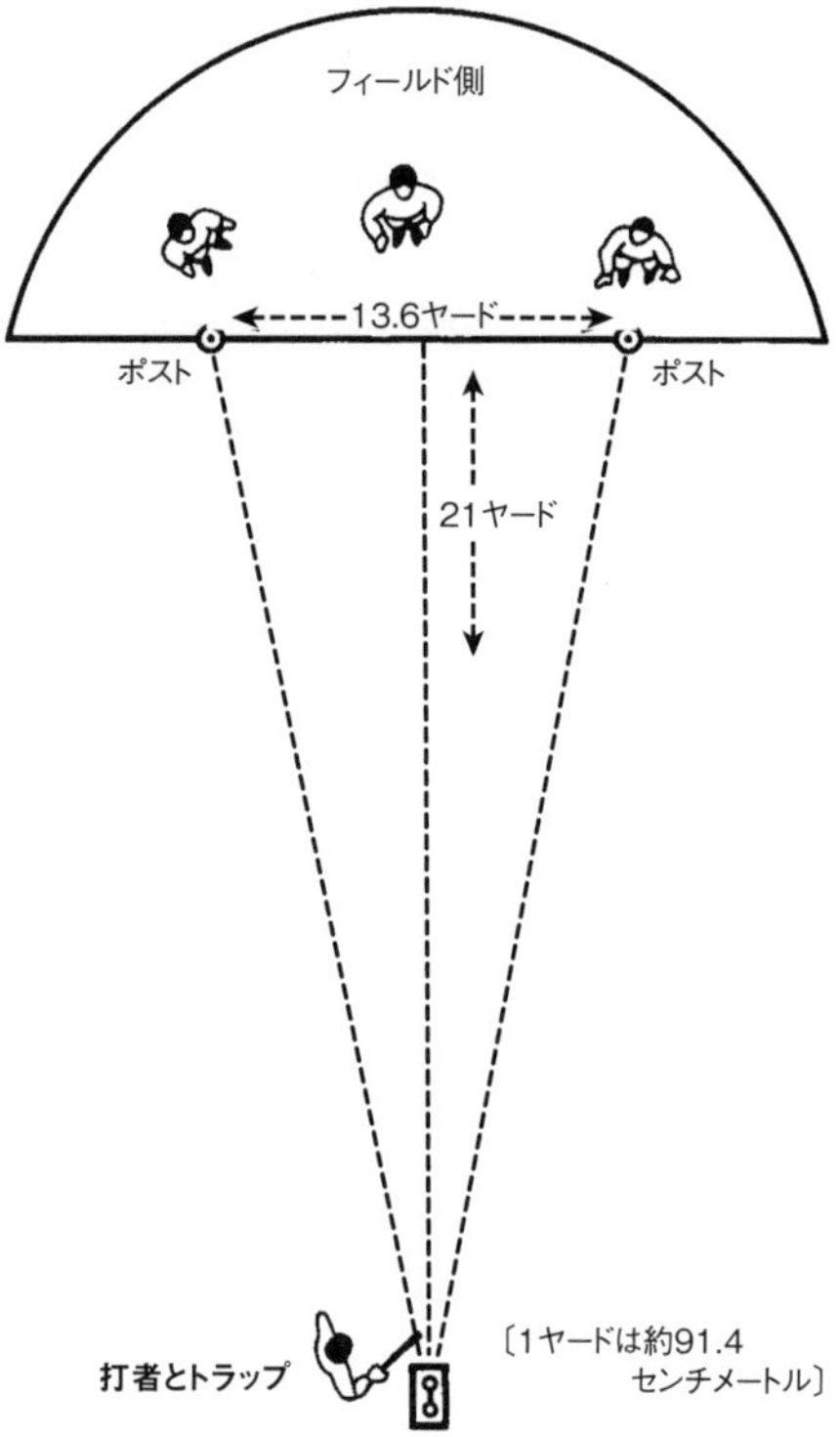

図131 「トラップボール」のフィールド
打者はポストの間にボールを打たなければ「アウト」となる。出典：Taylor, *op.cit.*, p.96.

る。

ストラットは、このトラップボールに似た別の球戯についてもふれている。一般に、「ナー・アンド・スペル」と呼ばれる球戯である。

この球戯の由来についてはほとんど明らかにはなっていないが、イングランドで盛んになるのは一八世紀半ば以降のことと考えられている。とくに盛んだったのは、ヨークシァの西部と南部、そしてランカシァとリンカーンシァの一部の地域である。

記録によると、ゴルフ用のクラブに似た長いスティックと小さなボール（「ナー knur」）が用いられるのだが、ここで競われるのはもっぱらボールの飛距離である。参加者はあらかじめ決められた数だけボールを打ち、その距離が二〇ヤードを一つの単位とする「ライズ rises」として記録された。

なお、この球戯の呼び名とそのヴァリエーションはじつに多様である。たとえば、ストラットは「ノーザン・スペル（Northen-spell）」と表記しているし、それ以外にも'knur laiking'や'nor and spel''nipsy''billets''billeting'などとも呼ばれた。ナー・アンド・スペルは現在もイングランド北部の工業都市とかつて炭鉱で栄えた田舎の村で行われている。

スツールボールから派生したと考えられるつぎの三つの打球戯についてもふれておきたい。それは「チップ・キャット」、「ベース・ボール」、「ラウンダーズ」である。

チップ・キャットはトラップボールやナー・アンド・スペルに似たゲームである。「キャット

cat」は六インチ（約一五センチ）の長さの木片で、中央部は直径が一・五インチ（四センチ弱）だが、両端が細くなっている。ちょうど円錐を二つくっつけたような形状になっており、プレイヤーはいったんキャットを打ちあげ、それを空中でもう一度打ってより遠くへ飛ばすのである。

ストラットはこの球戯がイングランドの田舎の娯楽として広く知られており、二つのやり方があったと述べている。

一つは、打者サークルがあり、打者はその中でボールを打ち、サークルの外にキャットを打ち出すというものだ。打者が失敗すると、「アウト」となる。首尾よくキャットがサークルから飛び出た場合、打者は使用したスティック何本分の距離をキャットが飛んだかを予想する。もし打者が多めに予想した場合はやはり「アウト」だが、予想が当たった場合には、スティックの本数分の得点が記録される。

二つ目のやり方は、いわば団体戦であり、野球に似ている。ただし、ベースではなく、地面に二つの穴が掘られていて、両方の前に打者が立つ。相手チームの者が打者に向けてキャットを投げ、打者がそれを打ち返す。キャットが打ち返されると、打者はもう一方の穴に向かって走り、その「ラン」が得点として記録される。投げられたキャットを打ち返せなければ、その打者は「アウト」となる。もし、打者がキャットを打ち返し、走っている間にキャットが二つの穴《ホール》の間に戻された場合も、打者は「アウト」となる。

アイルランドでは、穴の代わりに二つの石《ストーン》が用いられた。ここでは打者がキャットを打つと必ずもう一つのストーンまで走らなければならない。一チームの人数は三人で、打者が三回打ち損じるか、走っている間にキャットを当てられると「アウト」となる。

この球戯は広く普及しており、呼び名も多様だった。たとえば、イングランド南西部のいわゆるウェスト・カントリー〔コンウォール、デヴォン、ドーセット、サマセット〕では「スティック・アンド・スネル（stick and snell）」、バークシァでは「トリピット・アンド・コイト（trippit and coit）」、ニューカースルでは「トリッパーズ trippers」、北部では「トリピット・アンド・ラック（trippit and rack）」、「バックスティック buckstick」、「スペル・アンド・オー（spell and ore）」といった具合である。

第一部でも述べたように、ベース・ボールはアメリカで現在に直接つながる形態が整えられたが、それ以前にイングランドでも行われていた。ジョン・ニューベリが一七四四年に刊行した『小さな可愛いポケットブック』には、おそらく石でできた「塁《ベース》」が三つあり、その前に陣取る三人がプレイする姿を描いた木版画が記載されている。「ベース・ボール」が現在も連合王国で行われている「ラウンダーズ rounders」の別形態だったとする考えもあるが、ラウンダーズの初出はウィリアム・クラークの『ボーイズ・オウン・ブック』が刊行された一八二八年であり、「ベース・ボール」よりもずいぶん遅くなる。

ラウンダーズは一チーム九人で行われる団体戦である。一九世紀後半に再び盛んに行われるようになるが、そのきっかけはこのゲームが英国で学校体育の教材となったことにある。

クリケット

クリケットは今やグローバル・スポーツとして世界中で行われているが、その伝播にはかつての大英帝国の領土拡大が大きな影響を与えている。いわばイングランドの国技としてもっとも重要な打球技であるが、クリケットのルーツはイングランド南東部［ケント、サリー、サセックス］にあり、一九世紀末までその地域とロンドンがクリケットの中心地であった。

その頃のクリケットは、先にふれたスツールボール、トラップボール、チップ・キャット等と類似の球戯の一形態にすぎなかった。それらの基本的な原理はどれも同じで、一言でいえば、「ヒットエンドラン（hit and run）」である。ただし、「クリケット」の英語での初出は一五九八年であり、「スツールボール」より一世紀近く遅い。すでに述べたように、スツールボールでもボールを硬球にすることで打球戯化する現象が見られた。その意味ではクリケットもスツールボールを打球戯化したものの一つと考えてよいのではないだろうか。

とはいえ、クリケットが最初から打球戯だったという確証はない。というのも、初出文献であるジョン・ダーリックの証言は、彼が一五五〇年代に学校でクリケット（crickett）を行ったというものだが、それは子どものときの娯楽であり、バットを用いたかどうかは不明だからである。一六世紀から一七世紀にかけ、クリケットは明らかに子どもの娯楽に適っていたように見えるが、一六六〇年の王政復古後は安息日遵守と秩序維持の観点からの法的な禁止が緩み、徐々にゲームの形式が整えられていく。たとえば一六一〇年にはケント州のシェヴニングで試合が行われているし、一六七七年までにサセックス州のハーストモンスーに近い共有地の「ザ・ディッカー（the Dicker）」と呼ばれる場所がよく知られるようになっていた。

じつはクリケットの基本的な形態はこの頃からほとんど変わっていない。ゲームは二イニング制であり、ボールは文字どおり下手で放り投げられた（bowled）。ボールを首尾よく打つためにバットは長くて先が曲がっており、ちょうどバンディーやアイスホッケーのスティックのような形状だった。一七二〇年代に入るまで、バットはクリケット用の「スタッフ staffe」、「ステイヴ stave」、「スティック stick」などと呼ばれていた。歴史家のアンダーダウンは、クリケットがイングランド南東部の森林地帯で盛んになった背景として、木材を加工する職人が近くにおり、バットを調達しやすかったことを挙げている。

その後、クリケットを取り巻く状況が大きく変化するのは一八世紀に入ってからのことである。サー・ホレイショー・マン、ジョン・サックヴィル卿〔第三代ドーセット公爵〕、チャールズ・レノックス〔第二代リッチモンド公爵〕というような人物がクリケットに興味を持ち、クリケットに注目が集まるようになるのである。彼らは高額の懸賞金がかかった試合を催し、自分たちの富と威信を示そうとした。その結果、クリケットの試合への人びとの関心が高まり、クリケットの興行化を促すのである。一九世紀初頭にはクリケットの中心地はイングランド南東部からロンドンに移ることになる。拠点となったのがトマス・ロードの所有するグラウンド〔ローズ Lord's〕であり、しだいに影響力を増すことになるMCC、つまりメリルボーン・クリケット・クラブ〔一七八七年に設立〕であった。

なお、クリケットから派生したと考えられている球戯がかつてスコットランド低地地方のアンガスとロジアンで行われていた。それは「キャット・アンド・ドッグ（cat and dog）」と呼ばれる。OEDによれば英語での初出は一八〇八年であるが、球戯そのものは一七世紀から一八世紀にかけて行われていたようである。OEDによると、さまざまなゲームで用いられる木片であるキャットの初出は一五九八年まで遡る。

ゴルフ・ペルメル・ビリヤード

ここでふれるのは、前述のスツールボールと異なり、最初からスティック状のものでボールを打つことが前提であることに加え、いずれもヨーロッパ大陸に由来する可能性をもつ球戯である。たとえば「ペルメル（pall mall）」は大陸から伝播したことがはっきりしている。

OEDによると、'palmall' の初出は一五九八年のことで、「フランスで行われている」娯楽だと書かれている。OEDによると、この球戯はツゲの木でできたボールをマレット mallet で打ち、地面から少し上に固定された鉄輪をくぐらせる球戯で、一定の区間の端からボールを打ち、少ない打数ないしは決められた打数でボールをくぐらせることが競われた。遅くとも一六世紀にはフランス、イタリア、スコットランドで行われており、イングランドでは一七世紀になって行われるようになったという。また、語源もフランス語の'paille maille'にあり、pailleはボールを、またmailleはマレットを意味した。したがって、この球戯はスティックの使用を前提としたものであったことがうかがえる。また「ペルメル」という言葉そのものが、この球戯で用いるマレットを意味する場合もあった。

ＯＥＤはその用法の初出として、一五六八年のスコットランドでの記述を示している。それにはスコットランドのポート・シートン（Port Seton）にて「ペルメル（palmall）」と「ゴルフ（goif）」で遊んだとある。じっさいにペルメルとゴルフには似た要素があることから、両者の関係を示唆する事例の一つとしてたいへん興味深い。

イングランドでは、チャールズ二世が好んだことにより、一七世紀後半に流行したようである。その結果、一七世紀半ばにはこの球戯を行う「ペルメル場」が「ペルメル」と呼ばれるようになった。ロンドン中心部にある通りの名が現在も「ペルメル」であるのはその名残にほかならない。

そのペルメルから派生したといわれているのが「クロッケー」であるが、現在のクロッケーの起源はじつはアイルランドにあり、それがイングランドに伝わるのは一九世紀に入ってからのことである。これを伝えたのはスポーツ用品を取り扱っていたジョン・ジャックという人物である。彼は一八五七年にクロッケーのルール・ブックを出版した。ちなみに一八六八年に設立されたオール・イングランド・クロッケー・アンド・ローンテニス・クラブは一八七七年に始まる全英テニス選手権（ウィンブルドン大会）の主催クラブである。

なお、ストラットはペルメルに似た球戯として、「リングボール（ring ball）」という名の球戯を紹介している。その内容はつぎのとおりである。

「コメニウスがあるゲームについて述べている。……それは先が曲がったスティック（bandy）でボールを打ち、地面に固定されたリングを通すというものだ。類似の娯楽が今もイングランド北部で見られる。それは専用のグラウンドないしはアレイ alley で行われ、ボールはその端からもう一方の端までマレットで飛ばされる。マレットは三フィート三ないしは四インチの長さである。これまではペルメルによく似ている。だが、リングには付け足しがある。……リングはアレイの両脇から同じ距離に置かれているが、先のリングより、手前のリングの方が開始位置に近くなっている。ボールを先に進めるには手前のリングを通さなければならないのだ。……もしボールが一方を通過すれば正当であり、プレイヤーは先に進めるが、もし別のリングを通過すれば、それは不当と宣告される。その場合、プレイヤーはボールの打ち戻しを余儀なくされ、再び正当なリングを通過させなければならない。……競争は参加者がボールを打った回数で行われ、より少ない打数で打ち終えた者が勝者となる。」

これはどちらかといえば、かつて屋外で行われていたビリヤードに似た球戯である。この屋外ビリヤードは「トロコ troco」と呼ばれ、イングランドでも行われていた。英語での「トロコ」の初出は一五九八年であり、ビリヤードという言葉の初出とほぼ同じである。したがって、一六世紀イングランドでは屋外で行う形態と屋内でテーブルの上で行う形態が併存していたと考えられる。

ヘンドリクスによれば、「ビリヤード」の起源は一四世紀末から一五世紀初頭に遡る。屋外の地面の上で行われたのが最初であり、ボールをスティック、カジェル cudgel、メイス mace、スタッフ staff、マスト mast などと呼ばれる棒で打つ打球戯として誕生した。屋外での場所はしばしば囲いで区分されていた。屋内のビリヤード・テーブルについてのもっとも早い記述はルイ一一世〔在位一四六一～八三年〕の一四七〇年の出納勘定書のリストである。ルイ一一世のテーブルは石造りで、緑色の布で覆われていたようだ。これは明らかに芝生を模倣したものだったのだろう。中央にはボールが入る穴が一つ開けられていた。フランスとイングランドのビリヤード台には地面のビリヤードと同じように、両側に「ポート port」と呼ばれる輪と「キング king」と呼ばれる標柱《ピン》があった。

フランスのルイ一三世〔在位一六一〇～四三年〕及びルイ一四世〔在位一六四三～一七一

表10　「クリケット」に関連する用語の英語での初出年

用語	西暦
cricket	1598年 [crickett]
cat and dog	1808年

表11　ゴルフ、ペルメル、ビリヤードに関連する用語の英語での初出年

用語	西暦
golf	1457年 [golfe]
billiards	1591年
pall mall	1598年 [palle-maille]
troco	1598年
croquet	1858年

図132　ローンドン北部ハムステッドの「フリーメイソンズ・アームズ」における「ローン・ビリヤード」
出典：Arthur R. Taylor, *The Guinness Book of Ttaditional Pub Games*, London: Guinness Publishing, 1992, p.162.

五年〕はビリヤードを熱心に行い、スコットランドのメアリー女王〔在位一五四二～六七年〕もビリヤードのパトロンの一人だった。イングランドのジェイムズ一世〔在位一六〇三～二五年〕は宮殿でビリヤードを行っていた。なお、室内版のビリヤードが盛んに行われるようになるのは一七世紀末以降のことである。

さて、これまで見てきた標的型の打球戯はいずれも最初からスティックを用いるものであり、ヨーロッパ大陸に起源をもつものばかりである。これらの中で、英語での初出年が一五世紀に遡るもっとも古い打球戯がゴルフである。

周知のように、ゴルフはスコットランドの国技ともいわれ、セント・アンドリューズがその聖地である。この地で一七五四年に結成されたのがロイヤル・アンド・エンシェント・ゴルフ・クラブであり、同じ年に作成された一三か条のルールが現存する最古のルールとなっている。ちなみにゴルフがイングランドに伝播するのは一八世紀のことである。

ストラットはつぎのように述べている。

「連合王国の北部ではゴルフ（goff）がたいへんよく行われている。ゴルフはそれを行うのに広大な土地が必要である。それゆえ、わたしは首都の近辺では見かけないのだと思う。……エドワード三世の在位中〔一三二七〜七七年〕、ラテン語でカンブカ cambuca という呼び名がこの娯楽に充てられた。呼び名の由来は疑いなく、そこで用いられる曲がったクラブないしはバットにある。このバットはその曲がり方からバンディーとも呼ばれる。それゆえ、その球戯は英語でバンディー・ボールとしばしば書かれている。……

現在の様式に従えば、ゴルフはバンディーとは大きく異なるバットで行われる。この道具のハンドル部分はまっすぐで、通常はトネリコで作られており、約四フィート半の長さである。先端部分は湾曲しており、角のように反り返っている。ボールは小さいが堅く、外側は皮革で作られているが、羽根が詰められている。ふつうは二名で行われ、各々が自分のバットとボールを持っている。ゲームは地面に作られた特定の穴にボールを入れることだ。もっとも早くそれを成し遂げた者、あるいは打数がもっとも少なかった者が勝利を得る。最初のホールから最後のホールまでの長さあるいは空間は時には二ないしは三マイルの距離に達する。……四人でプレイする時には、二人がペアになり、一つのボールを交互に打つが、全員が自分のバンディーを持つ。」

セント・アンドリューズにある英国ゴルフ博物館も認めているように、小さなボールを標的に向かってスティックで打つ球戯はゴルフだけではなく、それに類似した球戯の一つはオランダで も行われていた。また、ギルマイスターもゴルフの語源がかつてオランダで行われていた'colf'

図133 「屋外のビリヤード」(1480年)
出典：Jusserand, *op.cit.*, p.321

図134 「ビリヤードに興じるルイ 14世」
出典：Jusserand, *op.cit.*, p.323.

ないしは'kolf'だと述べている。このことについてOEDは疑問視しているが、ストラットも述べている「フェザリー球〔羽根を詰めた球〕」がオランダからスコットランドに輸出されていたことなど、数ある絵画資料とともに、オランダからの伝播についての状況証拠は決して少なくない。だがその一方で、ギルマイスターはスコットランドで最初に「ゴルフ」への言及が見られた禁止令について、その実態はフランスの「スール・ア・ラ・クロス」だったのではないかとも述べている。この点については、ゴルフ史家ロバート・ブラウニングもつぎのように書いている。

「一四五七年の有名な制定法ではフットボールとともにスコットランドの二つの偉大な国技に言及があるが、それ以前のゴルフの歴史については何もわかっていない。同法に先立って一四二四年に施行された類似の制定法ではフットボールへの言及はあるが、ゴルフへの言及がない。それは人びとのゴルフに対する人気がその間に高まったからと推測されるが、その起源は太古の霧に消え去っている。……」

ではゴルフの原風景を探ることは不可能なのか。ブラウニングはフランスのスールに「クロスカントリー型ゴルフ」としての原風景を見ている。そこには攻撃側と守備側が存在した。まず、攻撃側のプレイヤーが互いに同意したゴール（墓地の門、教会の扉といったもの）に向け、何打で到達できるかを決める。それが達成できれば攻撃側の打数が記録されるが、達成できなければ、その時点で守備側がボールを打ち返すというやり方である。

このやり方のスールは、フランドルの画家パウル・ブリルが一六二四年に描いた絵に見てとる

図135　「打球戯〔'Mail à la Chicane'〕をする人びとのいる風景」パウル・ブリル作（1624年）
出典：Robert Browning, *A History of Golf*, London: J. M. Dent & Sons, 1955.

ことができる〔図135〕。

　いずれにしても、現時点では、ゴルフの起源が大陸にあった可能性を否定することはできないということである。

ホッケー

　ストラットはこう述べている。

「一七七五年頃、英国博物館の裏地でたびたびアイルランド人の集団がゴール型のハーリング（hurling to the goals）を行っていた。彼らはバットの類を用いてボールをすくい上げ、そこからボールを打つ。その道具は両側が平らで、先が曲がり、広がっていた。

　たいへんおもしろかったのは、彼らの器用さである。この娯楽の中で、彼らは相当な時間、ボールをバットの上に乗せ、そのまま走り、時折バットでボールをトスしてまたバットに戻す技能を持っている。それをしながら、彼らは味方にボールを返球するのにふさわしいタイミングが見つかるまで行い、味方はたいてい後ろを追いかけ、ボールをもらう用意をしている。……ハーリングのバットはイングランドでも知られており、おそらく二〇〇年以上、用いられている。エリザベス女王の在位中に出版された本に記述されており、『クラブ（clubbe）』ないしは『ハール・バット（hurle batte）』と呼ばれる。」

アイルランドで盛んに行われていた「ハーリング hurling」は歴史的には二種類に分けられる。それは「カモーン camán」と「オマイン iomáin」である。カモーンは、camánacht とも呼ばれ、アイルランド北部とスコットランド高地地方と関係が深い。スコットランドではこれを「カーマナクト camanachd」あるいは「シンティ shinty」と呼んでいる〔ハミー hummie という呼び名もある〕。カモーンではシンティと同様の細い形状のスティックが使用され、手の使用は認められていない。また、冬の娯楽であった。これに対し、オマインはアイルランド南部で広く行われていた。ここではまさにストラットが見た「両側が平らで、先が曲がり、広がった」形状のスティックが用いられ、手の使用も認められていた。主に夏の娯楽であった。なお、オマインは打球戯のみならずスティックを用いないフットボール形式の球戯の名称としても用いられたため注意が必要である。

ウェールズの中でもとくにグラモーガン地方で盛んに行われていた「バンドー bando」ないしは「バンディー bandy」と呼ばれる球戯を含め、フットボール型の打球戯についてはイングランド以外の王国で盛んに行われていたとの印象が強い。

たとえばOEDは、「ホッケー hockey」という言葉の初出を一五二七年に出されたアイルランドのゴールウェイにおける禁止令としている。ここで使われたのは 'hockie' という表記であるが、それは該当する打球戯のスティックの形状を示すために使われたものである。それは「ホッケーのスティックないしは竿で小さなボールを勢いよく飛ばす（the horlinge of the litill balle with hockie stickes or staves）」という球戯であった。

ただし、アイルランドのハーリングについては、一三六六年のキルケニーにおける制定法にもそれらしき記述がある。それは 'horlinges' である。

同法は三五ヶ条からなる。背景にはノルマン系アイルランド人によるアイルランドの支配権を強化し、確かなものにするねらいがあった。そのため同法は、土着のアイルランド人の作法やしきたりを抑制ないしは廃止することを目的とした。娯楽との関係において、同法はいくつかの娯楽活動や興行、見世物等を禁止し、その観点から「地面の上にあるボールを長いクラブで」打つゲーム、すなわち「ハーリング（horlinges）」に言及したのである。またその理由として、「大いなる害悪と損害」を生むだけでなく、弓術及び「ジェントルマンらしいゲーム」のような健全な身体運動から関心を遠ざけることで、これらのゲームが国防の力を弱めるものとしている。

つまり、一三六六年法はイングランドの王室が、ハーリングをアイルランド土着のゲームと見なしていたことを示しているのであり、その事情はゴールウェイの都市条例が出される一五二七年においても変わらなかったということである。

　ただし、アイルランドにはそれ以前からゲール語で書かれた法律や詩の中で「カモーン camán」ないしは「オマイン iomáin」に関する記述が見られることから、ハーリングの歴史がさらに古くまで遡ることは間違いないであろう。A・E・グリーソンはその歴史が少なくとも七世紀まで遡るとしている。ではイングランドではどうだったのか。

　モールファベイルによると、一二七七年にリンカーンの首長に対し、エドワード一世からある事件の調査が命じられている。弱冠一二歳の少年がゲーム中に打たれ、死亡したとされる事件である。ラテン語で書かれた調査結果によると、彼らは打球戯（ad pilam ludendo altercantes）を行っていたが、不注意で彼らが同時にスティックでボールを打とうとした。ジョフリーがボールを打ったが、同時にスティックがロバートの首に当たった。そのため、ロバートは三日後に死亡したという。

表12　「ホッケー」に関連する用語の英語での初出年

用語	西暦
cammock, cambock	1425年頃
hockey	1527年 [hockie]
hurling	1527年
bandy	1629年
shinty	1771年
bando	1797年

　繰り返し述べてきたように、一四世紀に入ると、イングランド国王はフランスとの戦争に備えて庶民への弓術訓練を奨励するとともに、多くの娯楽を禁止しようとする一連の布告を出す〔表13〕。エドワード三世が一三六三年と一三六五年に出した布告は「ハンドボール、フットボール、クラブボール、カモック

cammock」を不法な遊戯とした。原文はラテン語で、'pilam manualem, pedivam vel bacularem aut cambucam'である。また、D・バーリーによると、エドワード三世は一三六九年にはイングランド各地の市長に対し、禁止されるゲームのリストを送付したという。当然ながら、そこでは同様に'pilam manualem, pedalem et baculoream, et cambucam'が記載されていた。すなわち、「ハンドボール、フットボール、クラブボール、カモック」である。

なお、クラブボールというのはストラットによる'pilam bacularem'の英訳であり、OEDによればストラット以前にこの用語が用いられた形跡はない。だがストラットは一四世紀の球戯の絵を二枚紹介し、クラブボールをクリケットの起源と見なしている。

最後にある「カモック」は「カンボック cambock」ともいう。語源はラテン語の'cambuca'で、意味は「曲がった棒」、「曲がったもの」であり、打球戯で用いる先が曲がったスティックを意味する。この語の英語での初出は一四二五年頃のことである。

イングランド王による不法な遊戯の禁止令はその後もおよそ二〇〇年にわたって出されることになる。なかでも、一三八八年、一四一四年、一四七八年、そして一四九六年に出された禁止令では引き続き、フットボールへの言及が見られるが、打球戯への言及はなされなかった。一五二七年のゴールウェイ市の条例ではふれられているにもかかわらず、である。モールファベイルは、そのことはイングランドにおいてはしだいに打球戯が行われなくなったことを示唆しているのではないかと見ている。*7

表13　フットボール禁止令の一覧

	年	布告者	場所		年	布告者	場所
1	1314	エドワード2世	ロンドン	23	1540	市議会	チェスター
2	1331	エドワード3世	ロンドン	24	1546	市議会	バース
3	1349	エドワード3世	ロンドン	25	1570	判事（ピーブルズ）	スコットランド
4	1365	エドワード3世	ロンドン	26	1572		ロンドン
5	1388	リチャード2世	ロンドン	27	1574	大学	ケンブリッジ
6	1401	ヘンリー4世	ロンドン	28	1581		ロンドン
7	1409	ヘンリー4世	ロンドン	29	1584	大学	オックスフォード
8	1410	ヘンリー4世	ロンドン	30	1594		シュルーズベリー
9	1414	ヘンリー5世	ロンドン	31	1608	刑事裁判所	マンチェスター
10	1424	ジェイムズ1世	スコットランド	32	1609	刑事裁判所	マンチェスター
11	1450	市議会	ハリファックス	33	1615	刑事裁判所	ロンドン
12	1454	市議会	ハリファックス	34	1618	教会（エルギン）	スコットランド
13	1457	ジェイムズ2世	スコットランド	35	1636	大主教	オックスフォード
14	1467	市議会	レスター	36	1655	刑事裁判所	マンチェスター
15	1471	ジェイムズ2世	スコットランド	37	1660	治安判事	ブリストル
16	1474	エドワード4世	イングランド	38	1679	大学	ケンブリッジ
17	1478	エドワード4世	イングランド	39	1704	ジェドバラ町議会	スコットランド
18	1478	市長	ローンドン	40	1731	市議会	ダービー
19	1481	ジェイムズ3世	スコットランド	41	1796	市議会	ダービー
20	1488	市議会	レスター	42	1847	市議会	ダービー
21	1491	ジェイムズ4世	スコットランド	43	1319	フィリップ5世	フランス
22	1496	ヘンリー7世	ロンドン	44	1369	シャルル5世	フランス

出典：『最新スポーツ大事典』370頁、Eric Dunning & Kenneth Sheard, *Barbarians, Gentlemen and Players, 2nd Edition: A Sociological Study of the Development of Rugby Football*, London: Routledge, 2005, p.20.

図136　13世紀の「クラブボール」
出典：Strutt, *op.cit.*, p.105.

また、フランスでもイングランドと同様の娯楽の禁止令が出されていた。はっきりしているのは、一三六九年にシャルル五世が出した布告である。禁じられた球戯は「スール」（choule ; soule）であった。

一四世紀から一五世紀にかけてフランスで行われたスールは、一般に連合王国におけるフットボールと同様の球戯だったといわれている。だがこれにはスティックを使う打球戯の形態もあった。「スール・ア・ラ・クロス（soule à la crosse）」と呼ばれるこの球戯では、先の曲がった棒でボールが操作された。ギルマイスターは、一四五七年にスコットランド王ジェイムズ二世が発した「フットボール」と「ゴルフ」の禁令について、ここでいうゴルフがフットボールと同様にラフ・プレイの横行する集団格闘技的な「スール・ア・ラ・クロス」だったと主張している。

また、一三世紀にロベール・ドゥ・ボロンが書いた『マーリン物語』では主人公が仲間とスールを行っているが、こちらもその内容は棒を用いる打球戯であった。この物語は一二六一年にヤコブ・ファン・マーラントによってフラマン語に翻訳された際、球戯で用いる木の棒は 'koluen' ないしは 'kolve' と訳された。ギルマイスターは、このことからスコットランドの禁止令にある 'golf' がフラマン語からの借用であること、したがってフラマン語の 'kolven' も「スール・ア・ラ・クロス」を意味したとする解釈を行っている。

フランスのスポーツ史家ジュスランは中世イングランドのゲームの多くがフランスのノルマンディ地方かアンジュー地方に起源があると指摘している。これに対し、同じく歴史家のベルナール・ジレはフランスにおけるスールが一九世紀までに行われなくなったものの、ブリュターニュ地方とピカルディ地方では一九世紀に入ってもなお行われ続けていたことを指摘している。

5　新たな系図

ヨーロッパ球戯の広がりについて、ここまでとくに連合王国の視点から概観してきた。便宜的に「ハンドボール」、「フットボール」、「打球戯」に分けて見てきたが、連合王国内でよく用いられるこの分類のやり方自体が歴史的に形成されてきたものであることが明らかになったように思う。

イングランドにおいて最初に「フットボール」とわかる球戯への言及は一三一四年のロンドン

市長がエドワード二世の名で出したラテン語の禁止令における 'pilam pedivam' であり、約五〇年後に出されたエドワード三世の布告でなされた「ハンドボール、フットボール、クラブボール、カモック（'pilam manualem, pedivam vel bacularem aut cambucam'）」という区別が、その後さらに広まった可能性がある。すでに球戯そのものに関する言及は見られたのだから、その際には「フットボール」、「ハンドボール」、「打球戯」という区別が存在しなかった可能性が高いのではないだろうか。

だが、「打球戯」の歴史を検討すると、アイルランドにおける「カマーン camán」の歴史が七世紀ともっとも古いことがわかった。この球戯形態は「クロスカントリー型」だったと考えられる。後にゴールが、屋外の一定の場所から、棒で作ったゴール、そして穴へとさまざまに変容する。あるものはゴルフ、あるものはホッケー、またあるものはビリヤードといった具合である。その一方で、打球戯の中には「ハンドボール」から派生したと考えられるものもあった。典型的な例がスツールボールである。ここではスティックを用いず、手でボールを打つこともあった。なお、アイルランドのハーリングは今もハンドリングが認められている。そう考えると、クリケットはスツールボールを打球戯化したものと捉えることも可能であろう。これに加え、近代的なホッケー、バンディー、ハーリング、シンティなどはどれもだいぶ後になってからではあるが、やはり近代化されたフットボールの影響を受けている。アイルランドのGAAゲームであるハーリングとゲーリック・フットボールのコートがまったく同一であることはその証左ともいえる。

図137　14世紀の「バンディー・ボール」
出典：Strutt, *op.cit.*, p.102.

現在、筆者が考えているヨーロッパ球戯の系譜を示したのが図138から図140である。今述べたように、ハンドボール、フットボール、打球戯という区分そのものが連合王国内で歴史的に形成されてきたものであり、そのことで制約が生じることも事実であるが、本書における議論の流れもあることから、ここでは三つに分けて新たな系図を示すことにする。

「ハンドボール」に関する系図では、とくにフィールドワークで観察してきた内容に加え、連合王国以外の国と地域で行われているものも含まれている。大きくはクルトポームの系譜とロングポームの系譜に分けることができるだろう。壁打ちのハンド・テニスであるアイルランドの「ハンドボール」、イングランド及びウェールズの「ファイヴズ」、そしてバスクの「ペロタ・マノ」はいずれも一八世紀から一九世紀にかけて盛んに行われるようになったものである。バスクと連合王国の影響関係がはっきりしないため、ここでは形態の類似性のみ示すために点線で結んでいる。これらの地域は中世から交易などを通じて人的交流が行われており、文化面、すなわち特定のスポーツ

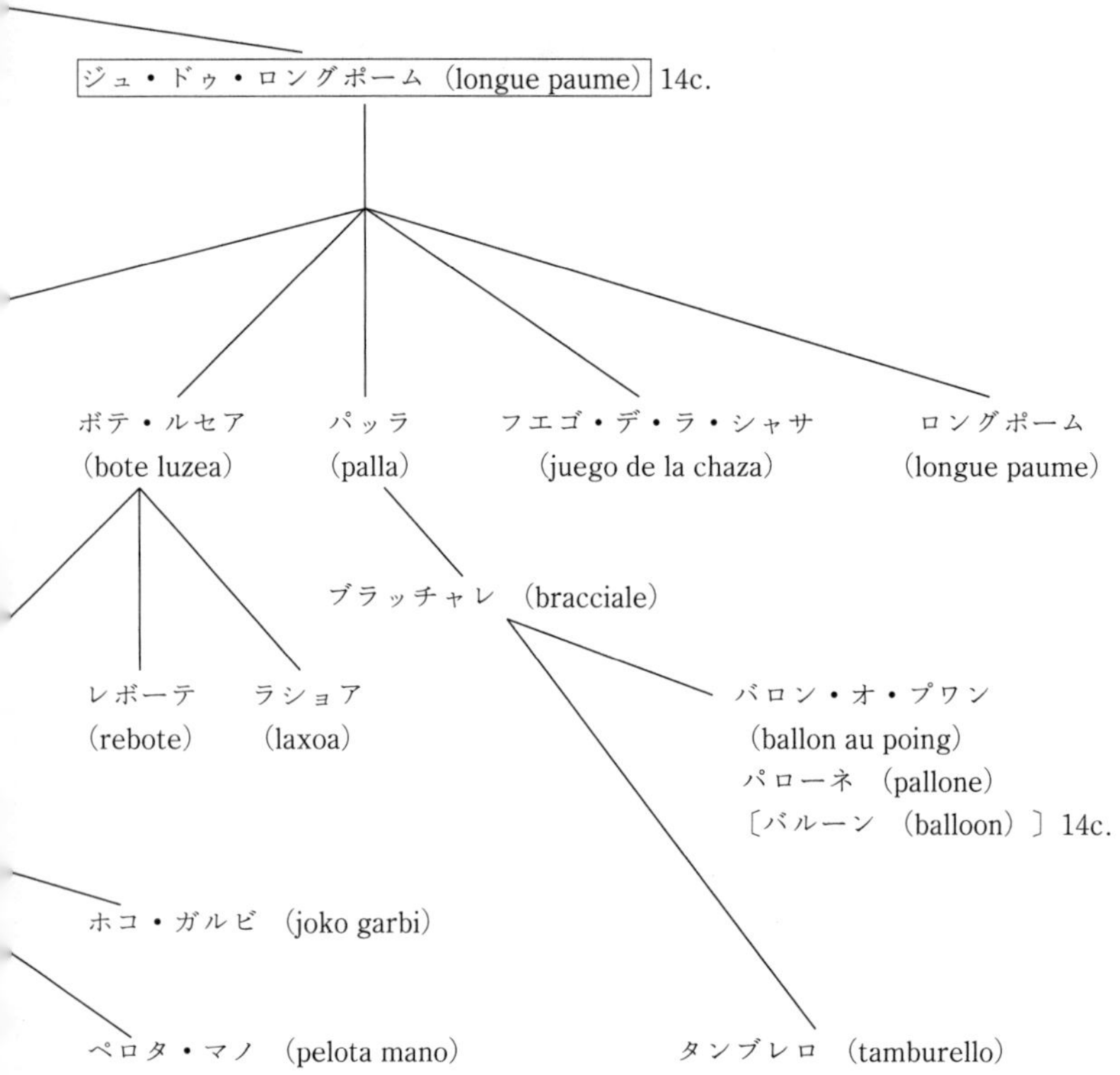

〔注：囲み部分は球戯の概念、〔　〕は現在消滅した球戯を示す〕

図138　ヨーロッパ球戯の系図：ハンドボールの系譜

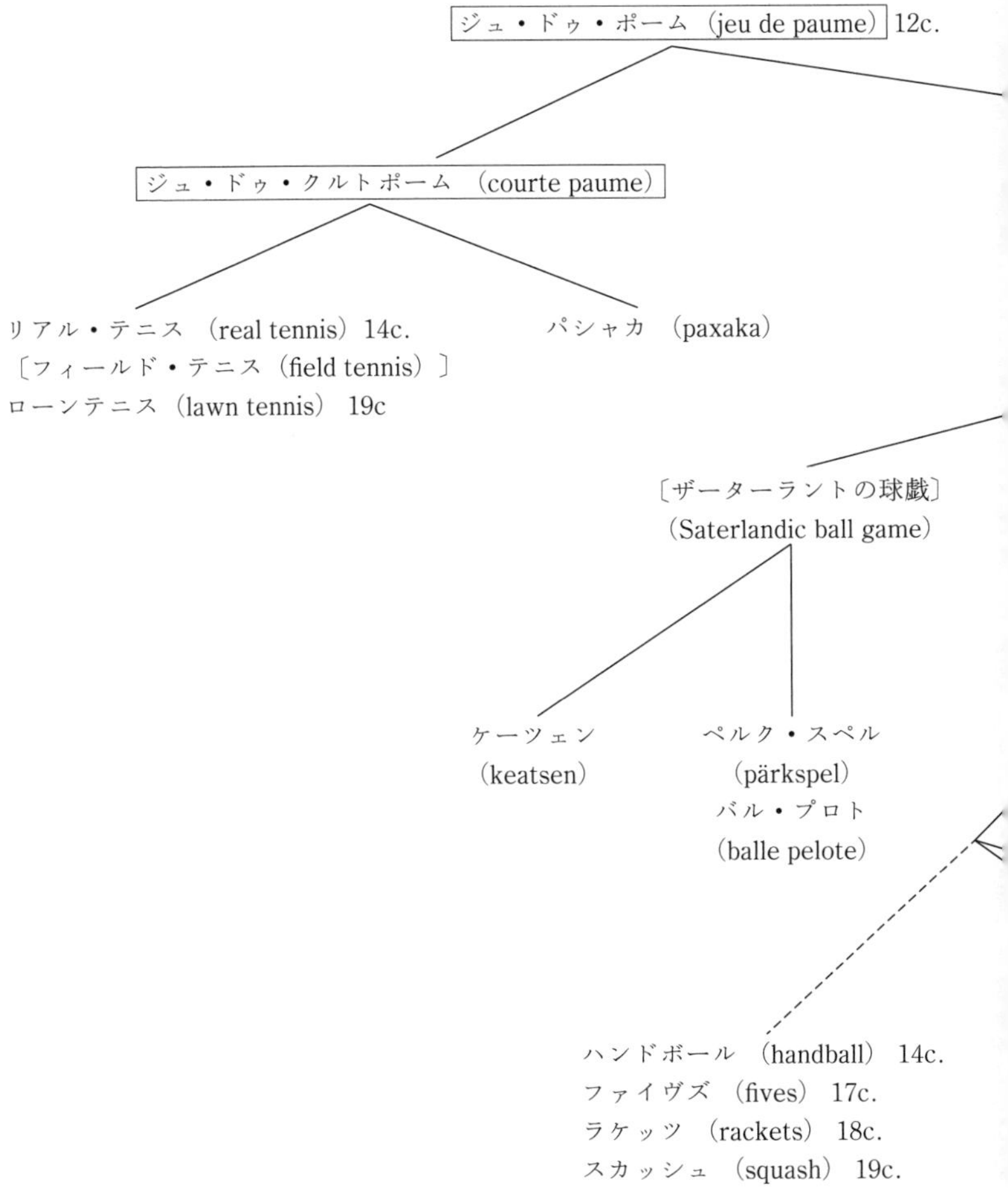

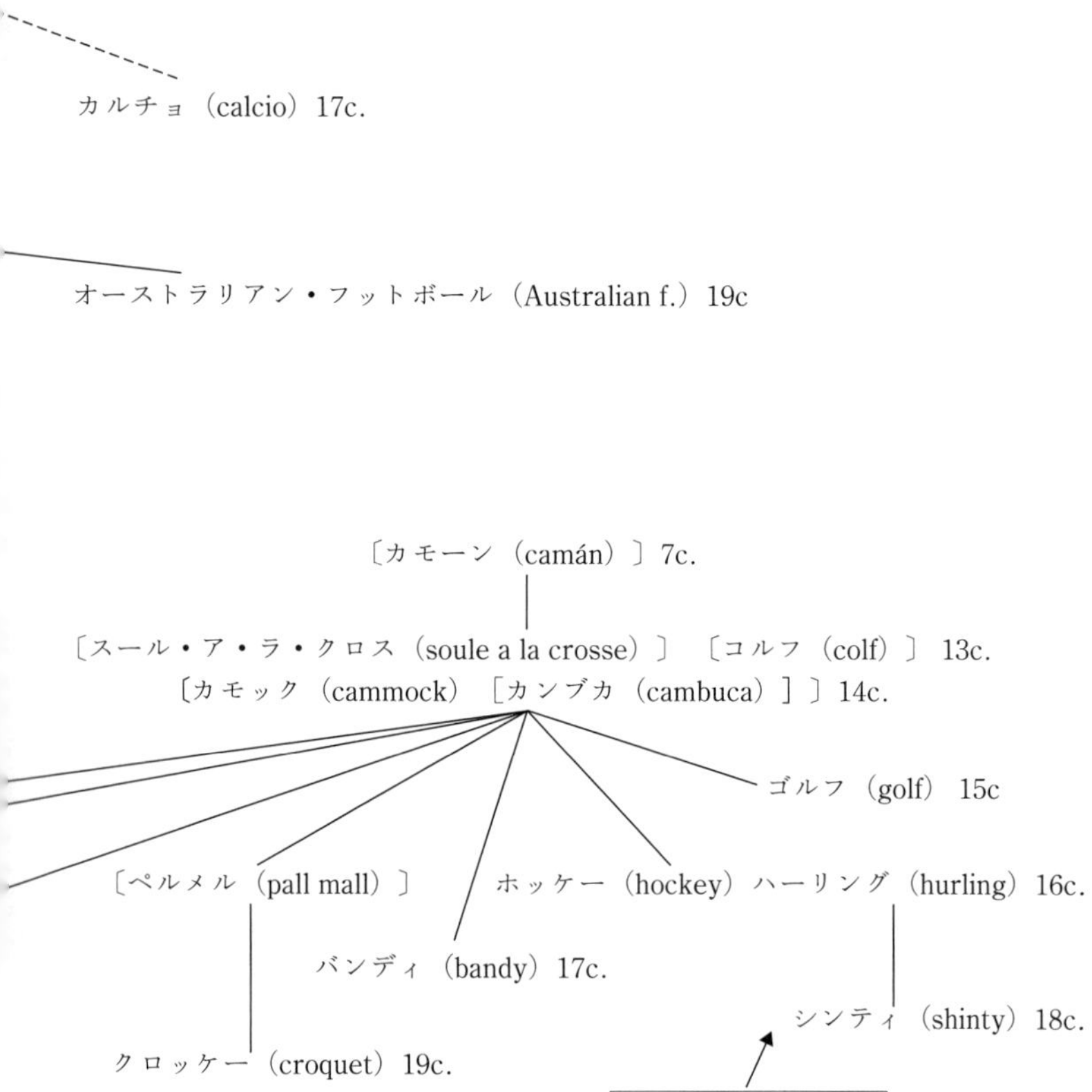

カルチョ（calcio）17c.
オーストラリアン・フットボール（Australian f.）19c
〔カモーン（camán）〕7c.
〔スール・ア・ラ・クロス（soule a la crosse）〕〔コルフ（colf）〕13c.
〔カモック（cammock）〔カンブカ（cambuca）〕〕14c.
ゴルフ（golf）15c
〔ペルメル（pall mall）〕
ホッケー（hockey）
ハーリング（hurling）16c.
バンディ（bandy）17c.
シンティ（shinty）18c.
クロッケー（croquet）19c.

フットボールの系譜

図139　ヨーロッパ球戯の系図：フットボールの系譜

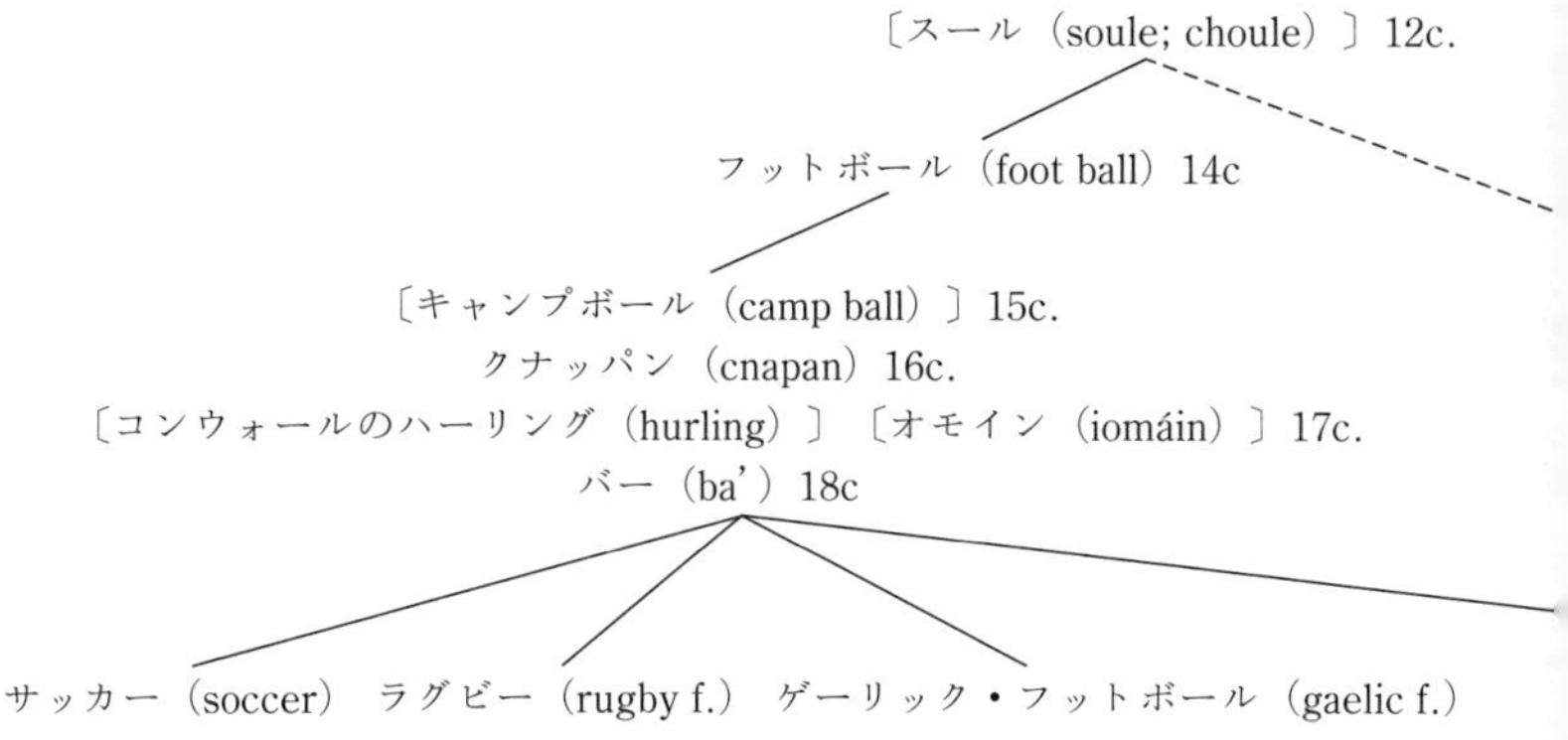

図140　ヨーロッパ球戯の系図：打球戯の系譜

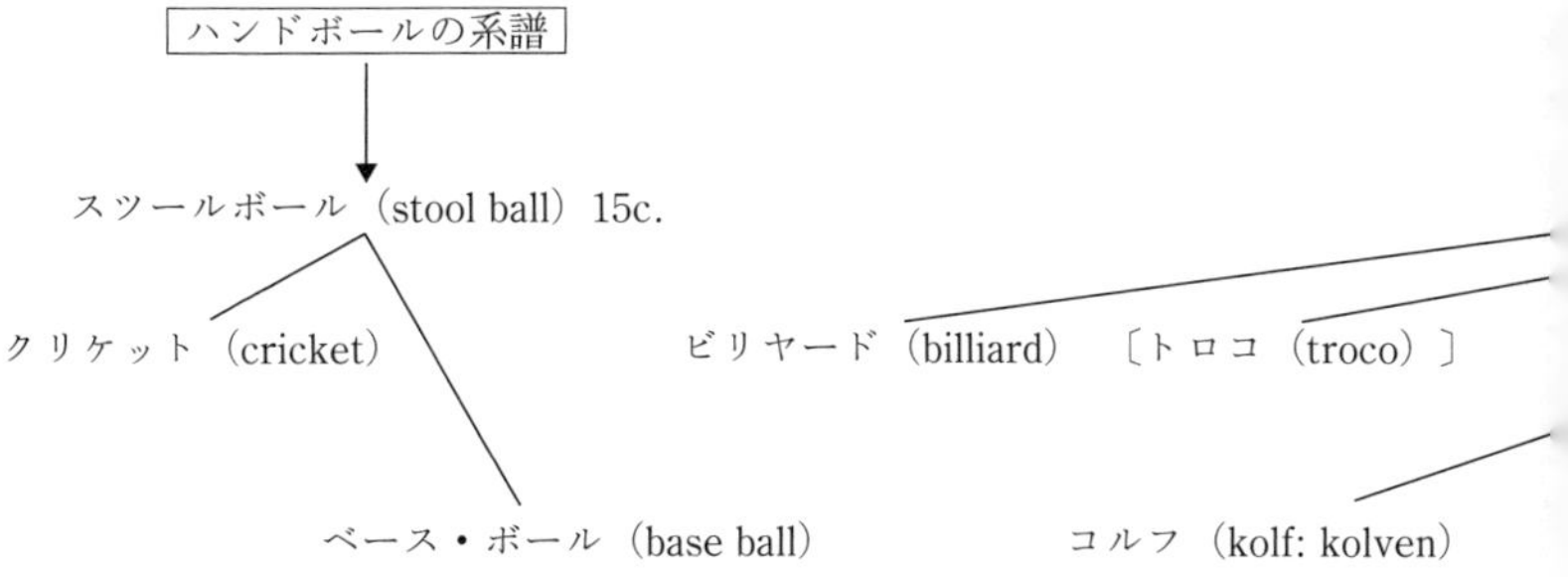

の伝播に関する今後の研究が期待されるところである。

「ハンドボール」の系譜がおおむね一二世紀の「ジュ・ドゥ・ポーム」に端を発するか、あるいはひじょうに大きな影響を受けていることは間違いないように思う。これに対し、「フットボール」の系譜は、やはり一二世紀のフランスに起源をもつ「スール」に端を発するようである。中でもキャンプボールやクナッパンでは、人数を揃えたり、禁止条項が存在したりする形態も存在した。いわゆる「クロスカントリー型」とは異なる「ゴール型」が、近代的なサッカーやラグビー、あるいはゲーリック・フットボール、オーストラリアン・フットボールの原型になったものと考えられる。なお、ハンドリングの制限を最大限におし進めたのがサッカーといえるが、逆に足の使用を制限したのがスコットランドのハンド・バー hand baʼ である。また、オリンピック種目でもあるチームゲームとしてのハンドボールは一九世紀末にデンマークで行われていた七人制と一九二〇年に始まるドイツの一一人制がもとになっている。

「打球戯」は「ハンドボール」の系譜から派生した「ヒットエンドラン型」とケルトや北欧神話に由来する「クロスカントリー型」に大別できる。「クロスカントリー型」は「フットボール」と同じように近代化の過程で多くが「ゴール型」に変化した。これに対し、ターゲットを小さくしたのがゴルフ、ビリヤード、クロッケーなどである（「ターゲット型」）。「クロスカントリー型」の打球戯で用いられるスティックは「クロスカントリー型」や「ターゲット型」と異なり、神話時代から武器 cudgel としての意味合いをもってきた。その例は、アイルランドとスコットランドの「カーマナクト camanachd」の歴史に見てとることができる。「ヒットエンドラン型」におけるバットは、当初は「先が曲がった棒」すなわちカモックが用いられていた例が知られているが、その機能はテニス・ラケットと同じようにあくまでも手の延長であり、スティックを想起させる名称がついているのはクリケットのみである。たとえば、スツールボールのスツールは小さな丸椅子を意味し、当初は女性のスポーツだった。また、初期の「ベースボール」では走者にボールをぶつけてアウトにすることが認められていたが、それがタッチに変更され、またボールを堅くすることで大人も楽しめるスポーツに変化した。スツールボールでも類似の現象が生じていたことが報告されている。

なお、近代的なホッケーの基本的なルールは一八七四年にイングランドのミドルセックス・クラブが公表したもので、手でボールを止める、スティックを肩より高く上げるといった行為を制限したものである。ちなみに一八八六年に「ホッケー・アソシエーション（Hockey Association）」が設立され、それを機に連合王国を中心に普及するが、初の国際試合は一八九五年に行われたウェールズとアイルランドとの試合であった。

注

＊1 トスカーナ地方の「パッラ palla」、アルプス・リグリ山の「バルン balun」、バレンシア地方の「ピロタ・バレンシアナ pilota valenciana」、バスク地方の「ボテ・ルセア」、「ラショア」等がそれにあたる。

＊2 マグーン、九頁。

＊3 Tony Collins, Hand Ba', in Collins, Martin and Vamplew (eds.) (2005), p.142.

＊4 岸野編、一〇九八頁。

＊5 たとえば、モールファベイルはブリテン島で発掘されたとされる二枚のプレート〔図142〕から、ブリテン島での打球戯の起源が少なくとも紀元三世紀まで遡るとしている。

＊6 マグーン、二一頁。

＊7 Maolfabhail (1973), p.15.

第四部　近代化の歴史的特質とは何か

1　ヨーロッパ球戯史の謎
2　スポーツの近代化と英国

1　ヨーロッパ球戯史の謎

ヨーロッパ球戯の起源

　イングランド西部のサマセットには温泉で有名なバースという街がある。ユネスコの世界遺産にも登録されているこの都市はジョージ王朝時代〔一七一四〜一八三〇年〕に支配階層の人びとの保養地として栄えた。当時の建築群がこの街の優雅さを醸し出しているが、何よりも町の名前の由来にもなっている古代ローマ時代に起源をもつ温泉浴場跡が町の中心部にある。ローマ人がこの地に到来し、町を城壁で取り囲んだのは紀元二世紀のことで、彼らはブリテン島を大陸に展開するローマ軍の補給基地と見なしていたという。

　山代によると、現在の地名で語尾に「……（セ）スタ」、「……カスタ」、「……チェスタ」をもつところは、ローマ軍団の駐屯地を意味するラテン語の「カストルム」に由来する。[*1] したがって、プロローグでふれたマンチェスターもその一つということになる。

　ローマ人が築かせた都市は、市場、神殿、役所、公共浴場、円形劇場を備え、土着のブリトン人もそれらを楽しんだとされる。一方、皇帝マルクス・アウレリウス〔在位一六一〜一八〇年〕の典医だったガレノスは著書『小球運動』で健康術として球戯の有効性を説いており、彼が推奨する球戯の一つがハルパストゥムであった。これは、「数人が円形に立ち並び、中にひとりを立たせたもので、円形に立つものたちが一個のボールを投捕しあい、中のものがこれをインターセプトするルールである」。[*2] じっさいにハルパストゥムがバースで行われていたという証拠はないが、古代ローマでは浴場で運動が行われることも珍しくはなく、バースの浴場でも何らかの球戯が行われていた可能性は高い。

モールファベイルは一九七三年に著した『カモーン』の中で、二つの彫刻を紹介している。ともにブリテン島で発見されたもので、スティックとボールをもつ人物像が彫られている。二つと

図141　ローマ温泉跡
（著者撮影：バース、2007年８月）

も紀元三世紀のものと考えられており、その判断が正しければ、ローマ時代の貴重な史料といえる〔図142〕。

とはいえ、打球戯そのものは紀元前五世紀の古代ギリシャの彫刻にも描かれているし、紀元前三世紀のササン朝ペルシャでは騎馬習俗と融合し、馬上のホッケーともいえるポロ〔チョーガンと呼ばれた〕が軍事訓練として行われていたことがわかっている。榊原と山田は、ビザンツ帝国〔四〜一四世紀〕でペルシャ起源の打球戯が継承され、「チカニオン tzykanion」と呼ばれたことを指摘し、十字軍の遠征を介してそれがヨーロッパに伝わった可能性、並びにフランスの「スール」との歴史的関連を示唆している。

これ以外に考えられるヨーロッパ打球戯の起源としては、北欧の叙事詩『サガ saga』に描かれている「クナットレイクル」が挙げられる。桑原によれば、アイスランド語の「クナット」はボールを意味し、「レイクル」は遊びを意味した。それはヴァイキング時代のスポーツだったという。歴史に忠実とされる「エギルのサガ」によれば、エギルは七歳でクナットレイクルに参加しており、その後は卓越した競技者となる。エギルは九一一年頃に生まれ、九八三年に没したとされる人物である。また、「スールの子ギースリのサガ」でもクナットレイクルの描写が見られる。

「ギースリがかれ〔ソルグリームル〕を投げ倒した。球は線を越えてころがり出た。ギースリは追おうとするが、ソルグリームルがそうはさせじと、しがみついた。そこで、ギースリはソルグ

図142　イングランドで出土した紀元３世紀の遺物
ノーザンプトンで発見された３世紀の粘土製の鋳型（左）と、ノーフォークで発見された銀製の装飾品（右）。
出典：Art Ó Maolfabhail, *Camán: 2000 Years of Hurling in Ireland*, Dundalk: Dundalgan Press (W. Tempest) Ltd., 1973.

図143　古代ギリシャにおける打球戯のレリーフ
出典：Corry, *op.cit.*, p.8.

リームルを思いきり投げ飛ばしたから、たまらない。膝は擦りむく、鼻血は飛び散る、おまけに膝の肉が剝がれてしまった。[*3]」

桑原は八〜一一世紀におけるヴァイキングの活動とともに、彼らのクナットレイクルと北フランスの「スール」やスコットランドの「シンティ」との関連を示唆している。前部でも述べたように、イングランドにおけるフットボールの起源が仮に北フランスのスールに遡るとしても、スールの起源については、この言葉の語源を含め、今のところ定説と呼べるものは存在していない。

ヨーロッパ球戯の系譜とエスノサイエンス

本書では、便宜的に「ハンドボール」、「フットボール」、「打球戯」に分けてヨーロッパ球戯の系譜を検討してきた。その結果、この中で一番古くまで痕跡をたどれるのは「打球戯」の系譜ということがわかった。「打球戯」については、一六世紀以降にラケットが使用されるようになるテニスを除いても、それを意味する名称の数は多い。アイルランドの英雄伝説に依拠すれば、ゲール語で「オモイン」と呼ばれる打球戯の存在は七〜八世紀に遡ることが明らかである。またその後の状況も、やはりゲール語で書かれたブレホン法等により、ある程度、再構成することが可能である。

「打球戯」のつぎに古いのが「フットボール」の系譜である。ただし、イングランドにおいて「フットボール」という概念が明確になるのは一四世紀のことであり、それ以前については「スール」と同様、「打球戯」や「ハンドボール」との区別はなかったものと考えられる。「スール」の初出は一二世紀とされており、ロンドンの娯楽を著したフィッツスティーヴンの言及もやはり一二世紀のことである。したがって、「フットボール」を二番目に古いと書いたのは、あくまでも「スール」の英訳としての「フットボール」の出自が一二世紀まで遡ると考えた場合のことである。

その文脈でいえば、「スール」をあえて「打球戯」と区別するかたちで「フットボール」と法的に規定したのは一三一四年のロンドンにおける条例が最初といえる。この規定は数十年後のエドワード三世の制定法でも踏襲される。こうして、同法は「フットボール」だけでなく、「ハンドボール」、「クラブボール」、「カモック」の四つを初めて区別したのである。

なお、後の時代には「打球戯」へと変化するものの、クリケットの前身の一つと考えられるスツールボールでは、必ずしもバットやスティックを用いる必要はなく、その意味では「ハンドボール」としての位置づけも可能な球戯だったといえる。このことはいったい何を意味するのか。スツールボールを始めとする一部の打球戯のスティックはあくまでも手の延長である。だから仮にスティックがなくても類似の球戯を実施することが可能である。スティックの使用を認めるか、あるいは好むか否かは、それぞれの共同体ないしは社会の価値観が反映していた可能性が高いように思う。

たとえばバスクでは、ボテ・ルセアに示されるように、長い間、硬球を手のひらで打ち返す形態が維持されてきた。既述のように、フレームにガットを張るラケットは一六世紀に開発されており、テニスでは早い段階でラケットが用いられるようになった。たしかに、現在のバスク・ペロタでは素手以外にもさまざまな手具が用いられているが、それでもなお、手のひらで硬球を痛打するペロタ・マノの人気が高いということは、ある程度、バスク社会の価値観を表しているように思えるのだ。たとえば、この対極にあるのがピカルディ地方で行われているロングポームである。ここではネットを使わず、昔ながらの「チェイス（シャス）」を基本とする六人制のテニスが行われている。彼らも伝統の継承を意識している点で共通してもいるが、そこではラケットが用いられている。彼らが意識しているロングポームの特徴の一つはその「高貴さ」にあるとされる。したがって、白熱したラリーの応酬はあっても選手が声を荒げるようなシーンを見ることは皆無である。

一方、アイルランドのハーリングは、コンウォールのハーリングと異なり、スティックを用いることが前提になっている。伝説の英雄であるクー・フリンがスティック〔カモーン〕で行う球戯はいわば戦闘訓練であり、若者の軍事訓練ともいえるものだった。アイルランドにおいて、ハーリングのスティック〔ハーリー hurley とも呼ばれる〕は「武器」であり、権威に対する「抵抗」の象徴でもある。モールファベイルは、カトリック教徒の「公職追放」、「職業制限」、「土地購入・宗教教育・長子相続の禁止」、さらには「一〇分の一税」など、厳しい差別を被っていたアイルランドでは、「民族解放」を唱える「抵抗分子」の集会がしばしばハーリングの試合を装っ

図144　1913年に編成されたアイルランド義勇軍による軍事教練の様子
義勇軍には GAA のメンバーが数多く参加し、ライフル銃の代わりに「ハーリー」を持参する者もいた。（著者撮影：ダブリン、GAA 博物館、2009年８月17日）

て開かれていたことを指摘している。その感情は独立後も継承されている。モールファベイルによれば、一九七一年一月にベルファーストの裁判所の外でハーリーを手にして示威運動を行った若い女性たちが逮捕されている。彼女たちは軍服を着用してハーリーを所持していたことを罪に問われ、懲役六か月を宣告されたという。[*4]

じつはこれとひじょうによく似た事例がイングランドのフットボールにおいても見られた。マーカムソンはフットボールがイングランドで広く普及した娯楽であるとしながら、一七世紀末にイングランド東部のフェンランド地方〔ケンブリッジシア、リンカーンシアに広がる低湿地帯〕でフットボールが囲い込みと干拓の計画に対する抗議行動の隠れ蓑に使われた事例を報告している。一六九九年三月には枢密院が土地保有者からの請願に基づき、いくつかの州司令官に対策を講ずるよう記した書状を送っている。

「先頃、フットボール試合を装い、それを口実に、多くの自棄的で悪意ある徒輩によって、きわめて大がかりに行われた破壊、毀損を著しく憂慮しています。請願者らは、ベドフォード低湿地の工事に対しても同じたくらみがあるという通告を先頃受けました。……当会議は、フットボール試合その他を口実とした、暴動めき騒乱じみたあらゆる集まりを、阻止し妨害するように、かつまた、それを禁圧し散開させるように、州長官及び治安判事に命じました。閣下におかれましても、公共の治安を攪乱し危うくするがごとき、そうした集まりを阻止し禁止せんがため、適切な措置をとられるべく、特段のご配慮があらんことをせつに望むしだいであります。[*5]」

このような特別な事情がなかったとしても、「クロスカントリー型」の大がかりなフットボールは、都市化や工業化が進む一八～一九世紀の英国において数多くの批判にさらされた。だが、それらは驚くほどの弾力性を示したことが知られてもいる。そこには、民衆娯楽に備わったいくつかの社会的機能が認められるとともに、その背景には支配階層であるジェントルマンと被支配階層である民衆とが共有する保守主義があった。たとえばマーカムソンは、そういった民衆娯楽が果たしていた社会的機能をつぎの六つに分類している。

① 日常的な規制の緩和ないしは解除

② 支配的な権力構造に対する敵意の表現
③ 日常的な地位や役割の転倒・逆転
④ 個人的ないしは社会的な反感のはけ口
⑤ 集団の連帯強化
⑥ 個人や集団の誇示や顕示[*6]

図145　グロウスター大聖堂（イングランド）にあるステンドグラス（1350年頃）
出典：Hengel, *op.cit.*, p.19.

また、アンダーダウンはそんな「荒々しい」フットボールに人びとが参加した理由をこう説明している。

「早い時期からはるかに広い範囲で行われていたイングランド庶民のスポーツがフットボールである。それは共同的 communal で集産主義的 collectivist なゲームであり、もっとも攻撃的とさえいえる近代化されたサッカーやラグビーよりも、さらに暴力的だった。何人でもプレイすることができ、いかなるポジションも存在せず、プレイ空間は競い合う村落の間にある完全なオープン・スペースだった。フットボールは若い男性の連帯を効果的に強める文化装置であり、名誉の負傷を生みだす暴力の共通体験、そして勝利と敗北は集団行動の記憶を参加者に呼び起こすことができた。イングランド南西部コンウォール州の作家であるリチャード・キャリューは、つぎのように述べている。ゲーム〔ダッチーでは『ハーリング』と呼ばれる〕から帰るプレイヤーは『激戦から、血のにじんだ頭、折れた骨、はずれた関節、そして傷』にもかかわらず、彼らはゲームを続ける。『すべてが良いプレイであり、その事に関する弁護士も検死官もいらない』。これは別の言葉で紐帯の仕掛けが機能していることを語っているだろう。

フットボールの構造は遠い昔の、共同耕作を行っていた村の社会構造を優れて反映したものである。共同的な農作業が基準であるところでは、人びとはそれほど激しくプレイする傾向にはなかったし、個々の役割を区別したり、近隣の者の支出に対して経済的な利己主義を追い求めることもなかった。

ゲームは田舎と同様、町でもプレイされた。告解の火曜日は都会でよく競技が行われる期日だった。もっとも典型的なのは、合法的な暴力を通して地方のアイデンティティを確認するという前工業化時代の共同体の文化が表現されていたことである。イングランド南部の農村地帯におけるフットボールの消滅は、一八世紀に広がる、より個人主義的で市場に適合した農場の出現という、より古い共同的な農業からの転換に関連しているかもしれない。*7」

そう考えれば、イングランドのフットボールはもっぱら民衆の祝祭的な球戯に由来し、農村的な社会とその生業形態に深く関係していたように思われる。そのため、ジェントルマンたちがプレイヤーとして参加することはなかったが、それでもなお伝統行事として行われるフットボールを擁護し、フットボールが「粗暴ではあるが人格形成に役立つ」とみなすジェントルマンもいたのである。

一方、イングランドの代表的な打球戯であるホッケーが、フットボールと比較した場合、いささかネガティヴな印象を持たれていたことを秋元は指摘している。一九世紀半ば、ホッケーに対しては、「フットボールのけがを恐れる者の隠れ蓑」や「フットボールのらしからぬ代用品」といった見方があり、「男らしさや勇敢さ」を発揮するには不適格とされ、エリートの子弟が通うパブリックスクールのイートン校では広い支持が得られなかったとしている。[*8] つまり、イングランドにおける「フットボール」の「男らしさ」はスティックを用いないことで表現されていたのであり、それが元来、イングランドの民衆が共有する価値観だったのではないかということである。これに対し、アイルランドの人びとにとって、「ハーリー hurley」はイングランドに対する「抵抗」を示す「武器」の象徴でもあったというわけである。

伝播と受容、そして共同体

一四世紀に入り、イングランドでは「球戯」が「ハンドボール」、「フットボール」、「打球戯」へと分化するが、その後も他国からさまざまな「新しい」球戯が伝播したことは間違いないであろう。その背景にあったのは、中世以降の人や物の移動であるが、それに加え、特定の球戯が特定の地域で受容される過程には何らかの条件なり、理由なりがあったとも考えられる。そのことを理解するには、地域ごとの交流に加え、特定の球戯を受容した側のエスノサイエンス〔それぞれの土地の自然環境や価値観に基づく独自の認識〕を掘り起こす必要がある。それがヨーロッパ球戯史における今後の課題といえるのではないだろうか。

2 スポーツの近代化と英国

二〇世紀半ば、フランスのスポーツ史家ベルナール・ジレは、スポーツを「遊戯、闘争及び肉体活動」という三つの要素で定義した。[*9] これはそもそも「気晴らし」を意味した英語の「スポート sport」が、「ゲーム game」や「運動競技 athletics」の意味を順次獲得してきたことと深く関わっている。

「ゲーム」は、元来、「集団によってもたらされる喜び」を意味する言葉であり、一四世紀には「ルールに従って勝敗を決する気晴らし」を意味するようになった〔「闘争」〕。その後、スポーツは一八世紀にかけて著しく「ゲーム化」した経緯がある。

一八世紀のイングランドはいまだ農村的な社会には違いなかったが、一方で植民地帝国の形成とそれを背景とする非ヨーロッパ世界との貿易が増大した結果、いわゆる「商業革命」が進んでいた。政府が長期にわたる戦争の経費を国債で賄おうとイングランド銀行を創設したのは一六九四年のことで、当初の利率が六・〇%にも及んだことから一大投機ブームが起こっていた〔図146〕。スポーツのゲーム化はそのような商業主義を背景に進行した同時代的な現象だったのである。

ジョッキー・クラブ（競馬）、ロイヤル・アンド・エンシェント・クラブ（ゴルフ）、メリルボーン・クリケット・クラブ（クリケット）はいずれも一八世紀半ばから後半にかけて創設されたが、それらの主眼は「ゲーム」で賭けを楽しむことにあった。ルールの成文化が必要となったのもそのためだ。この時代の競馬、ゴルフ、クリケットは「闘争」を不可欠な要素とする「賭博スポーツ」にほかならなかった。[*10]

わたしが持っているもっとも古い書物の一つに、一八〇八年にロンドンで刊行された『ホイルのゲーム』という書物がある。手のひらサイズのコンパクトな書物だが、四二五頁にわたって掲載されているのはさまざまなゲームのルールと賭けの方法である。この本に掲載されている球戯は、クリケット、テニス、ビリヤード、ゴルフ（Goff or Golf）、九柱戯（Skittles）であるが、そこにフットボールは含まれていない。それはこの時期にフットボールの「ゲーム化」〔組織化やルールの成文化を伴う〕がまだ行われていなかったためだろう。

図146 「南海泡沫事件」ホガース作（1721年）
この事件は1720年に起きた。スペイン領アメリカと太平洋諸島の貿易を独占する権利を持つ南海会社の株価が同年１月から７月に急騰したものの、やがて急落し、倒産。運命のメリーゴーランドに乗るのは、書記、牧師、老婆など投機熱に浮かれたあらゆる階層の人びとである。スポーツの「ゲーム化」が生じたのはこのような時代のことである。出典 : Sean Shesgreen(ed.), *Engravings by Hogarth*, New York: Dover Publications, 1973.

フットボールのゲーム化はなぜ遅れたのか？

まず多くの研究者が指摘するのは、クリケットやテニスにくらべ、フットボールがもっぱら民衆を中心とする娯楽だったということである。そのため、FAが結成されるまで、イングランドのフットボールはそれが行われる土地に根ざした固有の伝統に基づき、それぞれ異なる方式で行われていた。組織化のきざしがまったく見られなかったわけではない。たとえば、イースト・アングリア地方ではフットボールのことを「キャンプ camp」ないしは「キャンピング camping」と呼んでいた。年中行事としての大がかりなフットボールとは別に、一八世紀には定期市 fair などで試合が組織されたり、パブの主人が試合をプロモートしたり、あるいはジェントルマンが出資したりする機会が増えていく。

「キャンプ camp」は古い英語で「好戦的な競争（a martial contest）、闘争（a fight）あるいは戦闘（a battle）」を意味し、フットボールに類する球戯は「キャンプボール」とも呼ばれた。「キャンプボール」の競技場は一五〇から二〇〇ヤード（約一三七から一八二メートル）離れた二つのゴール〔幅は約一〇ヤード（約九メートル）〕をもち、一チームが一〇〜一五人で構成されていた。たとえば、一七五一年には六〇〇〇人もの観客が試合に集まったとする記録も残されている。このゲームでは、ボールを自陣のゴールに持ち込むのが目標であり、どちらかが七点ないしは九点を得点すれば試合が終わった。ときにはそれだけの得点を取るのに二、三時間を要することもあり、その内容はサッカーやラグビーとは比べものにならないほど荒々しかったとされる。

キャンピングにもさまざまな方式があったが、大きく分けると二種類あったとマーカムソンは述べている。「粗野なプレイ」と「洗練されたプレイ」である。前者は戦術の一部として相手を殴る行為が認められていたのに対し、後者ではそれが認められず、組み打ちと蹴る行為だけが認められていた。その方式だけを見れば、町全体をピッチとする「告解の火曜日」に行われた大規模なフットボールに比べ、こちらの方がより近代化されたフットボールに近いようにも思われる。だがこのような一定の「制限」をもつフットボールの人気は、一八世紀末にはいったん衰えていた。ハーヴェイはその一つの要因として、一九世紀初頭に行われたノーフォーク州とサフォーク州の試合をあげている。詳細は不明だが、少なくとも九名の参加者が試合中に死亡したのである。

民衆が大挙して参加するフットボールを統制することは容易ではなく、当局がそこに治安破壊罪を適用し、ときには軍隊が動員されるような事態に陥ることもあった。少なくとも、一八三五年に施行された公道法（Highways Act, 1835）は、公道でのフットボールを違法行為と規定した。これがイングランドにおけるフットボールの「ゲーム化」を遅らせる最大の原因だったのかもしれない。なお、一九世紀末の時点でも、イングランドの司法当局は、一七九七年に読み上げられたある起訴状を根拠に、サリー州キングストン・アポン・テムズで「告解の火曜日」に行われていたフットボールが騒擾罪 riot 及び生活妨害罪 nuisance にあたる違法行為であることを主張している。

これに対し、ジェントルマンが中心となり、組織化を行ったアソシエーション・フットボール

〔サッカー〕が「合法的なスポーツ（ゲーム）」と見なされたことは言うまでもないであろう。またこれについては、サッカーの合法性を示す判例が残されてもいる（Reg. v. Bradshaw, 1878）。

合法的スポーツの条件

「ブラッドショー訴追裁判」は、審理の内容から、一八七八年にサッカーのクラブ・チーム間の試合で起こった死亡事故だったことがわかる。

「被告人は、ボールを奪い合うさいにジャンプし、故人の腹を蹴った。故人はその場で立ち上がれず、明らかにその怪我がもとで翌日死亡した。両チームからの証言、そして『アン・フェアー』なプレイはなかったとする審判による証言がなされ、その結果、陪審は被告人の無罪を評決した。[*11]」

一九〇九年に出されたウィリアム・O・ラッセルの『犯罪及び軽罪論』第七版によれば、合法的スポーツはつぎのようなものであった。

「力強さ、活発さ、両腕を使う技能等を養うのに役立つ。友人同士で行う私的な娯楽。身体的障害を負わす意図をもたない。」

他方、「不法な遊戯」の特徴についてはつぎのとおりである。

「なんら良き目的をもたず、怠惰を助長する。無秩序な輩を多数引き寄せる。互いにいかなる傷害がもたらされるかということに対する注意を欠く。」

イングランドの法が求めていたのは、第一に目的の合理性であり、第二に社会的安全性、そして第三に参加者の身体的な安全性であった。[*12]

スポーツの社会的正当性を保証するうえで、刑法はひじょうに重要な意味をもったはずだが、一方で、前述の「合法的スポーツ」に関する諸条件が当局側から一方的に押しつけられたものだったと考えるのも問題があるように思われる。

一九世紀の英国は、前世紀とは異なり、未曽有の都市化と工業化の進展を背景に、中流階級的な価値観に基づくいくつかの社会改良運動が盛んな時代であった。たとえば、賭博に対する反対運動が高まり、それまでの「賭博スポーツ」も何らかの「改良」が求められていた。そのような状況下で、たとえばクリケットでは、賭け事の蔓延による選手の不正や八百長を防ぐ目的もあり、MCCが一八二〇年までに本拠地であるローズ・クリケット場からブックメーカーを締め出す措置をとることでクリケットの「運動競技化」が図られている。

また、一九世紀後半にいち早く組織化された、サッカー、ラグビー、ホッケー、ローンテニスなどの統轄団体はいずれも「アマチュア」の団体としてスタートした。これは刑法が求める「友人同士で行う私的な娯楽」という条件に合致するものでもあった。

さらに「安全化」についていえば、たとえばそれはイートン校でホッケーのルールが作成される際に、スティックの使用制限〔膝より下〕を規定するうえで意識されていた重要な問題の一つであった。[*13]

近代スポーツの歴史的特徴

一九世紀以降、スポーツは運動競技の意味を獲得していくが、その元来の意味は「気晴らし」であった。たとえば、サミュエル・ジョンソンは『英語辞典』（一七五五年）でつぎのように書いている。

「気散じ diversion—スポーツ sports。憂いからひき離すことで心をなごませるもの（something that unbends the mind by turning it off from care）。」

そう考えると、中世に英仏の国王が布告で奨励した弓術訓練は、それを強いられた者にとっては「スポーツ」と見なせるものではなかったことになる。弓術は国防のための実用術にほかならず、少なくとも統治者側から見れば「気散じ」では決してなかったからである。ちなみにイングランドでアーチェリーがスポーツとして人気を博すようになるのは一八世紀のことで、それは銃器が登場し、弓矢が実用的な武器としての意味を失ってから数世紀後のことであった。

この「実用性を持たない遊び」としての「スポーツ」という考え方は、たとえば一九世紀におけるアマチュアリズムの基礎となる「リベラルな営み」という考え方とも合致している。たとえば、J・H・ニューマンはつぎのように述べている。

「財産のなかで、実を結ぶものはどちらかといえば有用であり、「楽しみに向かうものがリベラルである」。実を結ぶものとは収入をもたらすものである。楽しむことができるということは、

『それを行うということ以上の結果は何も生みださない』ということである。*14」

わたしはこのような実用性の「放棄」ないしは「否定」という考え方が「気晴らしとしてのスポーツ」の根本にあると考えている。つまり、何かが「スポーツ化」するということは具体的な実用性が失われ、その内容が「抽象化」する契機となったのである。では、「ゲーム化」は、「気晴らしとしてのスポーツ」にどのような変化をもたらしたのか。それはジレが指摘する二つ目の要素、すなわち模擬的な「闘争」の付加にほかならない。

たとえばクリケットは、一八世紀に入ってケント、ハンプシア、サリー、サセックス、ミドルセックス等のイングランド南部の諸州で急速に組織され始めるが、それは貴族やジェントリなどの支配階層の人びとがクリケットを賭けの対象とし、そこでの高額の懸賞金が世間の注目を集めるようになったことが背景にある。団体競技でありながら、選手個人の能力で結果が左右されるクリケットは、有能な選手を擁護しチームのパトロンとなることが、社会的なパトロネジの意識を高めることにつながったのである。一七三〇年に行われたリッチモンド公爵とマールバラ公爵が行ったクリケットの試合には一〇〇ギニーの懸賞金がかけられ、人びとの関心を大いに集めた。また、クリケットにおける賭けの楽しみはじつに多様だった。チームの勝敗だけでなく、個々の選手の打撃や投球内容等も「別枠の賭け side bet」の対象とすることができた。イニングに制限時間がなく、試合の進行が比較的ゆっくりしていることから、イニングの長さやつぎにボールに触るプレイヤー、つぎの投手などが賭けの対象となった。クリケットが急速に広まった理由の一つが賭けにあったことは間違いない。

既述のように、英国でスポーツと賭博の関係が問題視されるのは一九世紀以降のことである。勤勉さを旨とする中流階級の台頭により、飲酒や賭博を伴う民衆娯楽が批判された。一八四五年に成立する「賭事法（Gaming Act, 1845）」は法律上、すべての賭事に関する契約を無効とし、あわせて賭店〔ブックメーカー〕に罰金を科している。

明治維新以後、すでに一定の「近代化」を経て運動競技化したスポーツを受容してきた日本においては、「スポーツ」と「賭博」は水と油のように考えられる傾向が強いかもしれない。この場合、スポーツは「文明」であり、賭博は「野蛮」という構図になるのだろうが、じつはこの捉え方には問題がある。

心理学者のロジェ・カイヨワは、人間の遊びを競争〔アゴン〕、偶然〔アレア〕、模擬〔ミミクリ〕、眩暈《めまい》〔イリンクス〕の四つに分類しているが、時にアゴンがアレアの対象になり得ることを指摘してもいる。なぜなら、アゴンの結果は必然的に不確かであることから、「理想的な規則のある競争という性格をもつあらゆる戦い」、すなわち近代的な競技スポーツ〔もちろん「球技」を含む〕は、「賭け、すなわちアレアの対象となりうる」のである。トニー・メイソンは『英国スポーツの文化』の中でこう述べている。

「賭博に対する人びとの対応は時期によって異なっていたけれども、賭博はつねに近代スポーツの一部となってきた。[*15]」（訳文、一部変更）

したがって、スポーツが「運動競技」としての要素を獲得する一九世紀以降においてもなお、「スポーツ」が「ゲーム」の要素とともに取り込んだ模擬的な「闘争」という性質が失われることはなかったのである。人びとが「ゲーム〔マッチ・レース〕」に興ずる理由の一つが闘争心を満足させることにあることは間違いないであろう。

一九世紀後半から二〇世紀前半の時期に、「スポーツ」はさらにグローバル化していくことになる。そこでのスポーツは「遊戯、闘争及び肉体活動」を基本的な要素とする「近代的な運動競技」であった。事実、一九五八年にパリで設立された国際スポーツ・体育評議会（International Council of Sport and Physical Education）が一九六八年に行った「スポーツ宣言」では、スポーツが「プレイの性格をもち、自己または他者との競争、あるいは自然の障害との対決を含む運動」と定義されている。これはジレが指摘する三要素を基本とするいささか抽象的な表現ともいえるが、それは「スポーツ」そのものが歴史的に獲得してきた文化的要素であり、まさに英国の歴史的かつ文化的な影響を受けたものといっても良いのである。

注

＊1　川北編（一九九八年）、二六頁。
＊2　岸野編、二〇九頁。

＊3　桑原（二〇〇七年）、一一五～一一六頁。
＊4　Maolfabhail (1999), pp.155-161.
＊5　マーカムソン、八九～九〇頁。
＊6　同右、一六四～一八九頁。
＊7　Underdown (2000), p.10.
＊8　秋元、六四頁。
＊9　ジレ、一七頁。
＊10　松井（二〇〇七年）、一四二～一五〇頁。
＊11　同右、三五頁。
＊12　同右、二一二～二一三頁。
＊13　秋元、六六～六七頁。
＊14　松井（二〇〇〇年）、一七六頁。
＊15　メイソン、九四頁。

エピローグ

二〇一二年七月にオープンしたマンチェスターのナショナル・フットボール博物館で、わたしは一枚のスポーツ絵画のオリジナルを見ることができた。一九五三年にローレンス・S・ラウリーという画家が描いたその絵には、人びとがサッカー場へと足早に向かう様が巧みに描かれている。スポーツを行う空間が専用コートや、グラウンド、体育館などの「制限された空間」に囲い込まれるのはまさに「近代化」の特徴の一つであり、「グローバル・スポーツ」に共通する文化要素ともいえる。二〇世紀を経て、これに類する光景は地球上のあらゆる地域で見られるようになった。そして、本書でふれてきたヨーロッパ球戯のほとんどが多かれ少なかれ、このようなグローバル化の波に飲み込まれようとしている。

近代化される「民族スポーツ」

ダブリンのGAA博物館での展示にもあるように、一九世紀後半に見られたスポーツの組織化は英国に限った現象ではない。それぞれ事情は異なるが、民族主義、国家主義、帝国主義などを背景にスポーツの組織化が進んだ。

たとえばバスク地方のペロタは種類が多く、また、それが行われる空間も多様であるが、二〇世紀初頭には国際的な組織が設立されている。一九二九年にアルゼンチンのブエノスアイレスで産声を上げた「バスク・ペロタ国際連盟（Fundación de la Federación Internacional de Pelota Vasca）」がそれである。その後、第二次世界大戦とスペイン内戦で活動が停滞した時期があったものの、その後は活動を活発化させ、現在は世界選手権大会も行われている。その基になったのが「フランス・バスク・ペロタ連盟（一九二一年〜）」、「スペイン・バスク・ペロタ連盟（一九二五年〜）」、そして「アルゼンチン・ペロタ連盟」であり、国際化するより前にそれぞれ国内規模の組織を有していたことがわかる。[*1]

一方、第二部で見てきたように、イングランド、ウェールズ、スコットランド、アイルランド、バスク（スペイン及びフランス）、フリースラント（オランダ）、ベルギー、ピカルディ（フランス）等における個性的な球戯は、仮に存続していたとしても、今後の継続が危ぶまれる状況にあるものが少なくない。存続を目指している球戯の多くは「近代化」を受け入れ、組織化やルールの成文化を行い、「球技」へと脱皮することで後世の人びとに自分たちのボール・ゲームを引き継ごうと努力してはいるが、それが古い形態や価値観を見えにくくすることにつながる場合もあるだろう。娯楽を、その儚《はかな》さゆえに記録にとどめようとして書かれたのがジョゼフ・ストラットの『イングランド国民のスポーツと娯楽』（一八〇一年）である。

ストラットの記述も確認しながら、イングランドを中心に「ハンドボール」、「フットボール」、

図147　「試合場へ」ローレンス・S・ラウリー作（1953年）
20世紀に入り、サッカーやラグビーはスタジアムに「囲い込まれた」。この絵はボルトン・ワンダラーズの本拠地「バーデン・パーク競技場」に向かう観客を描いたもの。（著者撮影：マンチェスター、ナショナル・フットボール博物館、2012年 9 月20日）

図148　ダブリンに向かう「カモギー」コーク・チームの応援団
'Corcaigh' はゲール語で「コーク Cork」を意味する。（著者撮影：コーク・ケント駅、2012年９月16日）

図149　「石担ぎ競技」のチャンピオン、イセタ氏によるデモンストレーション
もともと農作業の合間に石を持ち上げて競い合ったという。（著者撮影：スペイン・バスク地方、2007年９月16日）

「打球戯」の系譜とその枠組みを検討したのが第三部である。そこで明らかとなったのは、どの地域が、いついかなる時期に特定の球戯ないしは球技を受け入れるかということについては、それなりの歴史的かつ社会的な背景があるのではないかということである。その糸口となるのが、当該地域のエスノサイエンスである。

たとえば、バスクの人びとが手のひらでボールを打つペロタ・マノの選手に敬意を抱くことや、アイルランドではハーリングが今なお根強い人気をもつこと、あるいはピカルディの人びとがネットの存在しないロングポームに愛着を感じ、伝統文化として継承しているということなど、そのいずれもが歴史的な分析対象となり得るのである。もちろん、そのためには個々の球戯とそれを行う人びとの歴史を慎重に掘り起こす作業が求められる。

グローバル化の素地

スポーツ人類学の知見によると、人類が「未開社会」においてすでに球戯を行っていたことは間違いないとされているが、その頃の球戯には宇宙論的な宗教観との結びつきが見られたとされる。古代社会においては、そこに軍事訓練や宮廷娯楽としての球戯が新たに加わるが、中世には封建的な社会構造の下で庶民の娯楽がいくつかの理由で禁じられるようにもなる。ヨーロッパでは国王や教会がそれを禁じる事例が見られた。だがそれでもなお、人びとが球戯をやめることはなかったのである。

たとえば、マーチャント・テイラー校の校長だったマルカスターは一六世紀末に球戯が「健康的な運動」であると述べているが、この意見についてはいささか時代が早すぎたとの指摘もある。[*2] その少し後の一六一八年には、イングランド国王ジェイムズ一世が庶民への「遊戯のすすめ」ともいえる『スポーツの書』を布告しているが、ここでも「法が禁じるごとく身分いやしき者のボウリング bowling」は「不法な遊戯」と規定された。同法ではフットボールへの言及は見られないが、当時の国法では安息日である日曜日にフットボールを行うことはすでに不法な行為と見なされていたためである。たとえば、一六〇八年にはマンチェスターで特別立法措置が執《と》られている。

「しかるに、われらが町マンチェスターにおいては、これまで大がかりなる治安紊乱が行われ、本町の街路にてフットボール遊戯なる不法なる運動(unlawfull exercise of playinge with the ffootebale)を行い、多くの人びとの窓とガラスを破るなど、大がかりなる悪徳無道の行為を働く一団の無知にして無秩序なる者どもが年ごとに破りて役立たずなさせるガラス窓を、修理するという大なる損害を本町の住民らは被れり。よって、本陪審は、以後何人たりとも、上記マンチェスターの町の街路においてもフットボールを用いる遊戯を禁ずると共に、当遊戯を行いたる者には一回につき一二シリングの罰金を科するものとす。[*3]」〔訳文、一部変更〕

一八四五年、英国議会は「賭事法(Gaming Act, 1845)」において、ヘンリー八世の治世の一五四一年に出された「不法なゲーム」に関する規定を廃止している。この規定はすでに死文化していたものと考えられるが、そこにはクリケットのような「男らしい」ゲーム、「害悪を派生しない」、「ただたんに技を競う」ゲームを合法とする意図があったとされる。[*4]

英国ではこの時点で「偶然のゲーム」と「技能を競うゲーム」が区別され、後者のみの合法性が示された。こうしてスポーツの「ゲーム化」は「運動競技化」の時代へと進んでいくのだが、それがスポーツの「抽象化」を推し進めた側面を忘れてはならない。また、一九世紀後半に入ると、目的の合理性と身体的かつ社会的な意味での「安全化」が「合法的なスポーツ」の要件と見られるようになり、こうしてグローバル・スポーツの素地が固められていくのである。

グローバル・スポーツの歴史的前提

歴史的に見た場合、二〇世紀に一応の完成をみる地球規模でのスポーツのグローバル化は、ポルトガルとスペインというイベリア半島に位置する二つの国家によって先鞭をつけられたヨーロッパ人による世界進出に端を発する現象ともいえる。

インド航路、西方航路、世界周航、新大陸の発見といったいわゆる「地理上の発見」は、ヨーロッパによる「地球世界」の一体化をもたらす端緒となった。なかでも一五二二年に成し遂げられたポルトガル人フェルディナンド・マガリャンイス〔マゼラン〕による世界周航は、地球が球体であることを実証し、その後の人類の歩みに大きな影響を与えたことが知られている。ヨーロッパ人によって「発見」された他の「地域世界」の住民は、文化的にもヨーロッパ世界の影響を被り、その結果、各地の伝統的なスポーツもまた何がしかの文化変容〔破壊・消滅を含む〕を余儀なくされる。

他の地域圏への進出によって得られた金銀の流入により、ヨーロッパ人は経済的な活力を得たが、同時に自分たちも狭いキリスト教生活圏での地域的かつ伝統的な見識を打破されることにつながる。この時代の始まりが「大航海時代」と呼ばれることからもわかるように、ヨーロッパ人の世界進出は、それまでのユーラシア内陸部における陸上交通路の重要性を奪い、中央アジアに展開していた国家群の力を弱めることになった。それに伴い、ヨーロッパで重要性を増したのが航海術をはじめとする植民地獲得に関する技術や知識であった。

これは後の時代のスポーツの「近代化」にも少なからず影響を及ぼしている。たとえば、航海中や行軍中の栄養管理及び健康管理のための知識、キャプテン〔船長・指揮官〕を中心とした組織機構のあり方などである。また、大航海時代におけるヨーロッパ人の世界進出は、ヨーロッパに「未知」のスポーツを知らしめる契機ともなった。キャプテン・クックはポリネシア地域で盛んに行われていた「波乗り〔サーフィン〕」について報告しており、東南アジアや中国で盛んだった「凧あげ」も、この時代にヨーロッパへ伝えられたものである。[*5]

時代は下るが、馬上のホッケーたる「ポロ」は、一九世紀半ばに英国の紅茶プランターたちがインド北部の山村で「発見」した伝統的な競技が原型である。つまり、この時代には「世界のヨーロッパ化」と「ヨーロッパの世界化」が同時に進行したのであり、これがサッカーに代表されるような国際的に標準化されたスポーツ形態を生む契機となったのだ。

そう考えると、英国は二〇世紀以後に「地球世界化《グローバル》」した近代的な競技スポーツの母国であり、その一応の完成を担ったという意味で、スポーツ史上、やはり重要な国といわざるを得ない。そして、元来「気晴らし」を意味したスポーツが、「ゲーム」や、「運動競技」という新たな意味を獲得し、「グローバル化」する歴史過程を問い直す場合においても避けては通れない国といえよう。

スポーツを継承していくために

グローバル・スポーツのもう一つの歴史的前提といえるのは人びとの「移動」の増加である。たとえば現在、サッカー、クリケット、テニス、ゴルフなどのトップ選手はシーズンを通して世界各地を転戦し、地球規模での「移動」を余儀なくされる。それはつまり、地球上のどの都市に行ってもゲームの実施可能な競技場、テニス・コート、ゴルフ場などが存在し、国際ゲームを実施できる状況が整えられていることを示している。ただし「移動」を行うにはそれ相応の資金が必要となることはいうまでもないだろう。それを賄《まかな》えるだけの十分な資金ないしは収入が得られる一部のプロ選手ならば可能であろうが、それはアマチュア選手にとっては大きな負担であり、別途何らかの資金援助が必要となるはずだ。

トニー・メイソンはスポーツと商業の目的がかならずしも一致するわけではないとしながらも、

表14　ＧＡＡの収支（2013年）　　単位は100万ユーロ

収入		支出	
チケット売上	29.4	試合の実施	11.4
商業売上	17.3	普及活動	9.8
登録料他	7.9	支部への補助金	9.2
		管理費	8.5
		選手の福利費	3.5
		チーム費用	2.4
		運営費	0.5
合計	54.6	合計	45.3

出典：*GAA Annual Accounts* 2013.

双方が一致できるのが「勝利」にほかならないと述べている。であるなら、仮にスポーツから「ゲーム」の要素が取り除かれてしまえばいかなる事態に陥《おちい》るのか。恐らく、スポンサーの獲得はひじょうに難しくなるだろう。表14は、世界でもっとも成功しているアマチュア競技団体ともいわれるアイルランドのGAAが報告した二〇一三年の収支内容を示したものである。アマチュアとはいえ、その年間予算は約五五〇〇万ユーロ〔一ユーロを一五〇円とすれば、約八二億五〇〇〇万円〕に達している。

他方、F・G・アフレイロという人物が今から一世紀以上も前の一八九九年に刊行した『スポーツの経費』によると、クリケットの小規模のクラブを運営するのに必要とされる年間費用は七八ポンドであり、内訳はグラウンド使用料（二五ポンド）、水道料（三ポンド）、グラウンド整備費用（三〇ポンド）、審判及び記録員費用（五ポンド）、道具及び修理費（七ポンド）、事務印刷費（五ポンド）、雑費（三ポンド）であった。一九世紀後半に設立されたフットボール・クラブも、じつはその多くが経済的な危機に直面しており、そのことによる栄枯盛衰が見られた。その後もクラブの存続にはそれなりの経営能力が必要とされる時代に入っているのである。

図150　一緒に「ペロタ」で遊んでくれた二人の女の子
「バスク・鉄の博物館（Museo del Hierro Vasco）」にある鉄製の「フロントン」にて。（著者撮影：レガスピ、2013年９月14日）

本書で見てきたように、ヨーロッパ球戯がグローバル化するにあたっては、それが「スポーツ化」し、「ゲーム化」し、そして「運動競技化」するという近代化のプロセスを経ることが前提となった。そこには、英国文化の影響が見て取れるが、「グローバル化」の波は英国で行われてきた伝統的なスポーツや娯楽にも容赦なく及んでいる。

今後、スポーツはどのように変化するのか。それはじつはわたしたち一人ひとりの意志や感性にゆだねられているともいえる。人はなぜスポーツをするのだろうか。その理由はさまざまであるだろう。しかしながら、本書の内容が示しているのは、人はいつの時代も多くの球戯を考案し、「遊んできた」ということである。オランダの文化史家であるホイジンガは、「遊び」を人間の本質と考え、そのことを表現するために人間を「ホモ・ルーデンス」と規定した。わたしたちが生きるうえで「遊び」は必要であり、そして「闘争」もまた、その一部を構成する重要な要素の一つにほかならないのである。

注

＊1　竹谷（二〇〇五年）、四一頁。
＊2　マグーン、三九頁。
＊3　同右、四九～五〇頁。
＊4　中房（一九九〇年）、六～七頁。
＊5　寒川編、八八～九三頁。

あとがき

「ダブリンへ、ようこそ。でも、地図も持たずに何しに来たの？」

運転席のキャロルは訝《いぶか》しげにそう話した。

「アイルランドのスポーツに興味があるんです。」

それを聞いた彼女は眼を光らせてこう言った。

「最近の子どもは家でゲームばかり。うちの子もそう。子どもはもっと外で遊ぶべきだわ。」

「ゲーリック・フットボールをやったことがありますか？」

「ええ、学生の頃にやったわよ。」

本書で紹介したように、ゲーリック・フットボールはアイルランド独自のフットボールである。

この競技の動画を初めて見たとき、わたしは眩暈《めまい》に似た感覚をおぼえた。サッカー、ラグビー、バスケットボール、どれにも似て非なる競技だったからだ。

気がつけば、タクシーはダブリンの中心部に入っていた。

「さあ着いたわ。あそこがUCD（ユニヴァーシティ・カレッジ、ダブリン校）よ。『ケルズの書』、楽しんできて。そうそう、この地図を貸すわ。帰ったらホテルのフロントに預けておいて。」

著者撮影：モナハン・カウンティ博物館、2008年8月22日。

キャロルはそう言って見ず知らずの日本人客にダブリンの地図を持たせてくれた。「アイルランドの国民性はフレンドリーなことよ」。そう話すキャロル自身がその一端を垣間見せてくれた格好だ。

調査目的で海外にはよく出かけるが、観光客が訪れるような場所にはほとんど行ったことがない。もったいない話だが、たいてい時間が足りないのだ。

短時間で仕事を効率よく済ますためには現地の人びとの協力が欠かせない。たとえば、あるスポーツ絵画の所在を確かめようと、北アイルランドとの国境に近いモナハンという小さな町を訪れたときのこと。そこで立ち寄った観光案内所ではいきなり驚かれた。わたしがその案内所に来た初めての日本人だというのである。

この町に行ったのは、そこにある博物館が壁打ちのハンドボールを描いた一八世紀の水彩画を所蔵していることを知ったからだが、残念ながらその絵は展示されていなかった。改めて入口にいる職員に絵のことを聞いてみた。しばらくすると、彼女はどこからかその絵を探し出してきてくれた。彼女の名はテレサ。ご主人が日本に行ったことがあると懐かしそうに話してくれた。

ヨーロッパ球戯をめぐる旅はどれも楽しく有意義なものだった。アイルランドに限らず、地元の球戯を調べに来たと話すと、たいていの人が親切に応じてくれた。彼ら彼女らから受け取った好意が本書を執筆するうえでの大きなエネルギー源になったことはまちがいない。

本書はわたしにとって四冊目の単著である。前著では、英国スポーツの近代化過程を「流血」、「刑法」、「政治的なるもの」などをキーワードにして考察したが、本書では「ヨーロッパ球戯」をテーマにしたことから、ブリテン島だけでなく大陸にも視野を広げることになった。本文でもふれているように、その大きなきっかけとなったのが二〇〇七年のバスク訪問だった。

一口にヨーロッパと言っても、その範囲は広く、また球戯のヴァリエーションもじつに多様である。できるだけ多くの球戯を取り上げようと試みたが、すべてを網羅しているわけではもちろんないし、まったくふれられなかった球戯もある。とはいえ、本書ではこれまで日本でほとんど紹介されてこなかった球戯にも言及したことから、わたしたちがほとんど知らない球戯がまだまだたくさんあるということはご理解いただけたのではないかと思う。

それにしても、スポーツの具体的な内容を書物で伝えるのは難しい。図版をできるだけ多く掲載したが、じっさいの動きを知るには動画を見るか、直接見たりおこなったりするよりほかないだろう。幸い、近年はインターネットで膨大な動画が配信されており、本書でふれた球戯のいくつかはインターネットで見ることもできる。興味を持たれた方は、本書の記述を手がかりに、ぜひ動画を探してみていただきたい。

本書は前半がフィールドワーク編で、後半が歴史編になっている。全編ほぼ書き下ろしではあるが、ちょうど本書の準備を行っていた時期に『毎日新聞』(大阪本社版)で「スポーツ時評」を担当していたこともあり、本書の一部についてはすでにその中でふれたことがある。また、本書を執筆するにあたってはスポーツ史学会、日本スポーツ人類学会、日本体育学会、アイルランドスポーツ史学会(Sports History Ireland)などでの議論や情報交換がたいへん役立った。それに加え、二〇一三年には奈良女子大学で「スポーツ科学特殊研究A(運動文化論特論)」という講義を担当させていただき、本書の内容を話す機会があった。熱心に話を聞いてくれた学生さんたちにもお礼を申し上げたい。

なお、本書の出版を勧めていただいた元・平凡社の関口秀紀氏、またその後の編集作業を引き継いでいただいた平凡社の蟹沢格氏にも深く感謝申し上げる。平凡社はこれまでもスポーツや娯楽関連の出版物を数多く手がけているが、その多くがじつは関口氏の仕事である。その意味で、日本のスポーツ研究に対する氏の貢献は計り知れない。記して謝意を表する次第である。

本書の執筆にあたってはそれ以外にもじつに多くの方々からご支援をいただいたが、個々のお名前を挙げることはさし控えさせていただくことにした。学術書である本書の内容に関する責任はすべて筆者にある。先学はもとより、より多くの方々からのご叱正を乞う次第である。

最後に、私事で恐縮だが、本書を故近藤英男先生のご霊前に捧げることをお許しいただきたい。近藤先生はわたしの直接の師である稲垣正浩先生の奈良教育大学時代の前任者であり、学生時代から数えきれない叱咤激励をいただいた。筆者の研究室には「遊戯三昧」と書かれた近藤先生直筆の色紙が今も飾ってあり、わたしの背中を押し続けてくれている。

本書がスポーツをめぐる議論の深化に多少なりとも貢献できれば望外の至りである。

二〇一五年三月一日　早春の葛城にて

松井　良明

吉田文久『フットボールの原点――サッカー、ラグビーのおもしろさの根源を探る』創文企画、2014年。

ピーター・レヴィーン著、菅原克也訳『野球をビジネスにした男――スポルディングと大リーグ』平凡社、1987年。

辻本義幸「16世紀フランスのポーム球戯の競技規則」、『神戸松蔭女子学院大学・神戸松蔭女子学院短期大学 研究紀要（人文科学・自然科学篇）』39、1998年、21～58頁。

辻本義幸「ヨーロッパの古式テニス球戯を訪ねて――トスカーナ地方の平手打ち球戯「パッラ」の場合」、『神戸松蔭女子学院大学・神戸松蔭女子学院短期大学研究紀要（人文科学・自然科学篇）』40、1999年、43～66頁。

辻本義幸「ヨーロッパの古式テニス球戯を訪ねて――イタリアの北部・中部諸州の「ブラッチャレ球戯」」、『神戸松蔭女子学院大学・神戸松蔭女子学院短期大学研究紀要（人文科学・自然科学篇）』42、2001年、21～66頁。

フランク・ディレイニー著、鶴岡真弓訳『ケルトの神話・伝説』、創元社、2000年。

レイモン・トマ著、蔵持不三也訳『新版スポーツの歴史』白水社文庫クセジュ、1993年。

中房敏郎「「賭博法」による「不法な遊戯法」大幅撤回の理由について――議会記録にみる「賭博法」制定までの経過」、『スポーツ史学会第４回大会発表抄録集』、1990年、６～７頁。

中房敏朗「イギリスにおけるフォーク・ゲームの成立ちとその多様性に関する研究」、『スポーツ史研究』第４号、1991年、33～48頁。

中房敏朗「サッカーの起源は騎士の集団競技か」、『スポーツ史講義』、大修館書店、1995年、100～104頁。

中房敏朗「近代フットボール史研究における修正主義者の台頭（上）（下）」、『ひすぽ』（スポーツ史学会会報）76号、５～６頁、及び77号、３～４頁、2010年。

中房敏朗「W・フィッツスティーヴン『気高きロンドン市の記述』（1175年頃）に登場する『球戯 (lusum pilæ)』について」、『日本体育学会第64回大会発表抄録集』、2013年、91頁。

ロバート・W・マーカムソン著、川島昭夫・沢辺浩一・中房敏朗・松井良明訳『英国社会の民衆娯楽』平凡社、1993年。

F・P・マグーン，Jr. 著、忍足欣四郎訳『フットボールの社会史』岩波新書、1985年。

マシュー・テイラー「イートンＶＳシェフィールド――アソーシエーション・フットボールの起源に関する論争再考」、『体育史研究』第29号、2012年、41～53頁。

松井良明『近代スポーツの誕生』講談社現代新書、2000年。

松井良明『ボクシングはなぜ合法化されたのか――英国スポーツの近代史』平凡社、2007年。

トニー・メイソン著、松村高夫・山内文明訳『英国スポーツの文化』同文舘、1991年。

川北稔編著『「非労働時間」の生活史――英国風ライフ・スタイルの誕生』リブロポート、1987年。

川北稔「近世イギリス社会の諸相」、朝尾直弘編『日本の近世１　世界史のなかの近世』中央公論社、1991年、355～397頁。

川北稔編『イギリス史』山川出版社、1998年。

川島昭夫・吉田文久・坂上康博・松井良明「スポーツ史学会第24回大会シンポジウム再録『社会史以後のスポーツ史研究――英国スポーツに見る〈伝統と近代〉』」、『スポーツ史研究』第25号、2012年、73～99頁。

岸野雄三編『最新スポーツ大事典』大修館書店、1987年。

ハイナー・ギルマイスター著、稲垣正浩・奈良重幸・船井廣則訳『テニスの文化史』大修館書店、1993年（Heiner Gillmeister, *Kulturgeschichte des Tennis*, Munchen: Wilhelm Fink Verlag, 1990）。

ハイナー・ギルマイスター「テニスと中世のボールゲーム：ゲームの起源と探究の道」、表孟宏編著『テニスの源流を求めて』大修館書店、1997年、11～36頁。

桑原一良「スールとクナットレイクルについて」、『スポーツ史学会第２回大会発表抄録集』1988年、18～19頁。

桑原一良『ベースボールの人類学――背番号1／8の大リーガー』文芸社、2007年。

榊原浩晃、山田理恵「ビザンツ帝国における打球戯チカニオンと球戯場の痕跡――東西文化伝播の拠点コンスタンチノープルと当該時代」、『福岡教育大学紀要』第62号、第５分冊、2013年、103～110頁。

佐山和夫『野球はなぜ人を夢中にさせるのか――奇妙なゲームのルーツを訪ねて』河出書房新社、2000年。

寒川恒夫編『図説スポーツ史』朝倉書店、1991年。

ベルナール・ジレ著、近藤等訳『スポーツの歴史』白水社文庫クセジュ、1952年。

竹谷和之「バスク民族のペロタ（球戯）」、稲垣正浩・谷釜了正編著『スポーツ史講義』大修館書店、1995年、155～159頁。

竹谷和之「バスク・ペロタの文化変容」、稲垣正浩編『新世紀スポーツ文化論Ⅱ』タイムス、2002年、120～149頁。

竹谷和之「賭とバスクスポーツ文化」、『神戸外大論叢』第56巻、第４号、2005年、23～47頁。

竹谷和之『バスク民族のスポーツ文化政策に関する総合的調査研究』平成16～19年度文部科学省科学研究費補助金・基盤研究Ｂ研究成果報告書、2007年。

竹谷和之「ザビエルの右手」、船井廣則・松本芳明・三井悦子・竹谷和之編著『スポーツ学の冒険――スポーツを読み解く「知」とは』黎明書房、2009年、16～25頁。

out on millions, http://www.dailymail.co.uk/sport/cricket/article-1025831/Meet-man-invented-Twenty20-cricket--man-missing-millions.html

Mark Ramprakash, Has Twenty20 changed cricket?, BBC sport, 17 September 2012, http://www.bbc.co.uk/sport/0/cricket/19624160

A Brief History of Eton Fives, http://www.fivesonline.net/oldefasite/about.fives/brief.history.html

Irish Handball Alley, http://www.irishhandballalley.com/

A Brief History of the Welsh Rugby Union, http://www.wru.co.uk/14148.php

Kazuyuki Taketani, Reflections on the cultural history of Basque pelota, or the Basque ball game, 2000,

http://bizkaia.dantzak.com/english/art_n_15.htm

・和書

秋元忍「イートン校におけるホッケーの復活（1868年）に関する一考察」、『スポーツ史研究』第16号、2003年、63〜72頁。

ジョン・アーミテージ著、小山内洸訳『イギリス人はどう遊んできたか 「遊び」の社会史――娯楽に見る貧富の格差』三友社出版、2011年。

池上俊一『賭博・暴力・社交――遊びからみる中世ヨーロッパ』講談社選書メチエ、1994年。

石井昌幸「黎明期のゲール運動競技協会に関する覚え書き」、『スポーツ史研究』第９号、1996年、49〜57頁。

稲垣正浩「テニス球戯起源論とペロタ球戯（バスク民族）の関係について――Ｈ・ギルマイスターの仮説批判、その１」、『スポーツ史研究』10号、1997年、23〜40頁。

榎本雅之「ゲーリック・アスレティック・アソシエーション設立期（1884〜1887年）のハンドボールについて」、『体育史研究』第28号、2011年、21〜32頁。

海老島均「分断された社会におけるスポーツ――アイルランドにおけるスポーツのシンボリズムと文化的多様性に対する寄与に関する研究」、『スポーツ社会学研究』6、1998年、97〜102頁。

海老島均、山下理恵子編著『アイルランドを知るための60章』明石書店、2004年。

大林太良・寒川恒夫・岸野雄三・山下晋司編『民族遊戯大事典』大修館書店、1998年。

ロジェ・カイヨワ著、多田道太郎・塚崎幹夫訳『遊びと人間』講談社学術文庫、1990年。

門倉光慶・野辺田繁・鶴見和比古・桜井豊・John Dolan 編『ウォールハンドボール・ハンドブック』日本ウォールハンドボール協会、2009年。

the Matches played between Eton, Harrow and Winchester, London: John Wisden & Co., 1898.

Murray G. Phillips (ed.), *Representing the Sporting Past in Museums and Halls of Fame*, New York and London: Routledge, 2012.

E. O. Pleydell-Bouverie, 'Rackets', in The Duke of Beaufort (ed.), *op.cit.,* pp.353–405.

Lindsey Porter, *Shrovetide Football and the Ashbourne Game*, Ashbourne: Landmark Publishing, 2002.

Compton Reeves, *Pleasures and Pastimes in Medieval England*, New York, Oxford: Oxford University Press, 1998.

Áine Ryan, 'The Irish Handball Alley: A Space for play', in 6th Annual Conference of Sports History Ireland, 2010.

Pierre Sabalo, *Pour Connaître la Pelote Basque*, Bayonne: Haritza, 1996.

Fenno L. Schoustra, *Friesland Sportief: Kaatsen, Schaatsen, Fierljeppen, Skutsjesilen*, Leeuwarden: Friesland Boeken, 1973.

David Stirk, *Golf: History & Tradition 1500–1945*, Ludlow: Excellent Press, 1998.

Joseph Strutt, *The sports and pastimes of the people of England*, New edition, London: Thomas Tegg, 1845.

Eamonn Sweeney, *O' Brien Pocket History of Gaelic Sports*, Dublin: The O'Brien Press, 2004.

Matthew Taylor, *The Association Game: A History of British Football*, Harlow, England: Pearson Education, 2008.

David Underdown, 'Regional Cultures?: Local Variations in Popular Culture during the Early Modern Period', in Tim Harris (ed.), *Popular Culture in England 1500–1850*, London: Palgrave Macmillan, 1995, pp.28–47.

David Underdown, *Start of Play: Cricket and Culture in Eighteenth-century England*, London: Allen Lane, The Penguin Press, 2000.

Malcolm D. Whitman, *Tennis: Origins and Mysteries*, Mineola, New York: Dover Publications, Inc., 2004 (1932).

Gareth Williams (ed.), *Sport*, Cardigan: Parthian, 2007.

Mary Ann Wingfield, *Sport and the Artist*, vol.1 Ball Games, Woodbridge, Suffolk, Antique Collector's Club, 1988.

・インターネット

Paul Newman, Meet the man who invented Twenty20 cricket - the man missing

Hurling in Early Modern Ireland', in Mike Cronin, William Murphy, and Paul Rouse (eds.), *op.cit.*, pp.15–31.

R. J. Lake, 'Real Tennis and the Civilising Process', in *Sport in History* 29 (4), 2009, pp.553–576.

Daryl Leeworthy, *Fields of Play: The Sporting Heritage of Wales*, Ceredigion: Royal Commission on the Ancient and Historical Monuments of Wales, 2012.

David Levinson, Karen Christensen (eds.), *Encyclopedia of World Sport: From Ancient Times to the Present*, Oxford: ABC-CLIO, 1996.

Mary Ann Lyons & Thomas O'Connor, *Strangers to Citizens: The Irish in Europe 1600–1800*, Dublin: National Library of Ireland, 2008.

Jack Mahon, *A History of Gaelic Football*, Dublin: Gill & Macmillan, 2000.

Art Ó Maolfabhail, *Camán: 2000 Years of Hurling in Ireland*, Dundalk: Dundalgan Press (W. Tempest) Ltd., 1973.

Art Ó Maolfabhail, 'Hurling: An old game in a new world', in Grant Jarvie (ed.), *Sport in the Making of Celtic Cultures*, London & New York: Leicester University Press, 1999, pp.149–165.

Morris Marples, *A History of Football*, London: Secker & Warburg, 1954.

Tony Mason, *Association Football & English Society 1863–1915*, Brighton: The Harvester Press, 1980.

Tom McElligott, *Handball: The Game, The Players, The History*, Dublin: Wolfhound Press, 1984.

Roger Morgan, 'European derivatives of Tennis', in L. St. J. Butler and P. J. Wordie (eds.), *The Royal Game*, Stirling: Falkland Palace Real Tennis Club, 1989, pp.117–129.

John Newbery, *A Little Pretty Pocket-Book*, 1744.

Geert & Sara Nijs, 750 Years 'Mit ener coluen', in *Golfika* (The Magazine of the European Association of Golf Historians & Collectors), No.4, 2007.

Geert & Sara Nijs, 'The Year 1297: Facts or Fairy Tales?', in *Golfika* (The Magazine of the European Association of Golf Historians & Collectors), No.4, 2009.

Geert & Sara Nijs, 'From Colf to Kolf: The same word, a world of difference', in *Golfika* (The Magazine of the European Association of Golf Historians & Collectors), No.6, 2010.

Sydney H. Pardon (ed.), *John Wisden's Public School Matches: A Correct Record of*

Oxford: ABC-CLIO, 2000.
T. S. C. Dagg, *Hockey in Ireland*, Tralee: The Kerryman Ltd., 1944.
Julien Desees, *Les Jeux Sportifs de Pelote-Paume en Belgique du XIVê au XIXê siècle*, Bruxelles: Imprimerie du centenaire, 1967.
Sean J. Egan, *Celts and their Games and Pastimes*, New York: The Edwin Mellen Press, 2002.
David Egerton, 'Eton Fives', in Aberdare (ed.), *op.cit.,* pp.196–233.
Norbert Elias and Eric Dunning, *Quest for Excitement: Sport and Leisure in the Civilizing Process*, Oxford: Basil Blackwell, 1986.
Heiner Gillmeister, *Tennis: A Cultural History*, Leicester: Leicester University Press, 1997.
A. B. Gleason, 'Hurling in Medieval Ireland', in Mike Cronin, William Murphy, and Paul Rouse (eds.), *The Gaelic Athletic Association: 1884–2009*, Dublin: Irish Academic Press, 2009, pp.1–13.
Adrian Harvey, *Football: The First Hundred Years: the Untold Story*, London: Routledge, 2005.
J. M. Heathcote, 'Tennis', in The Duke of Beaufort (ed.), *op.cit.,* pp.3–124.
Ian Henderson and David Stirk, *Golf in the Making*, revised ed., London: Sean Arnold, 1982.
Steven J. H. van Hengel, *Early Golf*, 1982.
Beth Hise, *Swinging Away: How Cricket and Baseball Connect*, London: Scala Publishers Ltd., 2010.
Robert Holland, 'Edgbaston's Gem of a Game: The Origins of Lawn Tennis', in Ann Sumner (ed.), *Court on Canvas: Tennis in Art*, London: Philip Wilson Publishers, 2011, pp.35–45.
Hugh Hornby, *Uppies and Downies: The extraordinary football games of Britain*, Swindon: English Heritage, 2008.
Grant Jarvie and John Burnett (eds.), *Sport, Scotland and the Scots*, East Lothian: Tuckwell Press, 2000.
H. J. Jones, *Nelson Handball Court: History of the Court and its Players, 1860–1940.*
J. J. Kalma, *Kaatsen in Friesland*, Franeker: Uitgeverij T. Wever, 1972.
Seamus J. King, *A History of Hurling*, 2nd edition, Dublin: Gill & Macmillan, 2005.
Eoin Kinsella, 'Riotous Proceedings and the Cricket of Savages: Football and

参考文献

・洋書

F. G. Aflalo, *The Cost of Sport*, London: John Murray, 1899.

A. C. Ainger, Fives, in The Duke of Beaufort (ed.), *Tennis, Lawn Tennis, Rackets, Fives*, The Badminton Library of Sports and Pastimes, London: Longmans Green, and co., 1890, pp.411–434.

John Armitage, 'The History of Ball Games', in Lord Aberdare(ed.), *Rackets, Squash Rackets, Tennis, Fives & Badminton*, The Lonsdale Library, vol.16, London: Seeley Service & co. Limited, 1933, pp.19–55.

Tiburcio Arraztoa, *Laxoa: La pelota en la plaza*, Berriozar (Navarra): Cénlit Ediciones, 2010.

Derek Birley, *Sport and the Making of Britain*, Manchester and New York: Manchester University Press, 1993.

David Block, *Baseball before we knew it: A search for the roots of the game*, Lincoln and London: University of Nebraska Press, 2005.

Gosse Blom, *Het Kaatsen: Een Inleiding*, Leeuwarden: Steven Sterk uitgevers, 2007.

Rick van den Boom, 'Steven JH van Hengel', in *Through The Green* (The magazine of the British Golf Collectors Society), 2007, pp.24–25.

Pieter Breuker(ed.), *Kaatsen: lange traditie, levende sport*, Leeuwarden: Friese Pers Boekerij, 1997.

Robert Browning, *A History of Golf*, London: J. M. Dent & Sons Ltd., 1955.

Yves Carlier, *Pelote Basque*, Urrugne: Arteaz, 2012.

Marie Cegarra, *Jeux de balle en Picardie: Les frontières de l'invisible*, Paris: Éditions L'Harmattan, 1998.

Tony Collins, John Martin, Wray Vamplew (eds.), *Encyclopedia of Traditional British Rural Sports*, Oxford: Routledge, 2005.

Eoghan Corry, *An Illustrated History of the GAA*, Dublin: Gill & Macmillan, 2005.

Art Cosgrove (ed.), *A New History of Ireland II: Medieval Ireland 1169–1534*, Oxford: Clarendon Press, 1987.

Richard Cox, Grant Jarvie, Wray Vamplew (eds.), *Encyclopedia of British Sport*, http://www.kaatsmuseum.nl/

・スコットランド

英国ゴルフ博物館（British Golf Museum St. Andrews）〔2015年6月まで改装中〕
Bruce Embankment, St. Andrews, Fife, KY16 9AB, Scotland, UK
http://www.britishgolfmuseum.co.uk/

スコットランド・フットボール博物館（The Scottish Football Museum at Hampden）
National Stadium, Hampden Park, Glasgow, G42 9BA, Scotland, UK
http://www.scottishfootballmuseum.org.uk/

（2015年1月現在）

http://www.hockeymuseum.org/Default.aspx?site=Hockey+Archives

ウォリックシア・カウンティ・クリケット博物館（Warwickshire County Cricket Club Museum）
The County Ground, Edgbaston, Birmingham, B5 7QU, England, UK
http://www.edgbaston.com/

ウェッブ・エリス・ラグビー・フットボール博物館（Webb Ellis Rugby Football Museum）
5-6 St. Matthews St, Rugby, CV21 3BY, Warwickshire, England, UK
http://rugbytowncentre.co.uk/directory/out-about/item/the-james-gilbert-rugby-football-museum

ウェストハム・ユナイテッドＦＣ博物館（West Ham United Football Club Museum）
Boleyn Ground, Green St, Upton Park, London E13 9AZ, England, UK
http://www.whufc.com/

世界ラグビー博物館（The World Rugby Museum）
Twickenham Stadium, 200 Whitton Rd, Twickenham, TW2 7BA, England, UK
http://www.englandrugby.com/twickenham/world-rugby-museum/

ウィンブルドン・ロウン・テニス博物館（Wimbledon Lawn Tennis Museum）
Church Rd, Wimbledon, London, SW19 5AE, England, UK
http://www.wimbledon.com/en_GB/museum_and_tours/

・フランス

ペロタ及びシステラ・エコ博物館（Ecomusée de la Pelote et du Xistera）
Place du Fronton, 64310 St Pée sur Nivelle, France
http://www.saint-pee-sur-nivelle.com/pilotari.html

・アイルランド

ＧＡＡ博物館（The GAA Museum）
Cusack Stand, Croke Park Stadium, Dublin 3, Ireland
http://www.crokepark.ie/gaa-museum

・オランダ

カーツ博物館（Kaatsmuseum KNKB）〔閉鎖中〕
Voorstraat 2, 8801 LC, Franeker, Netherland

ヨーロッパ球戯に関する博物館

・ベルギー

球戯博物館（Le Musée national des Jeux de paume et du Jeu de balle）
Hôtel de Ville, Grand' Place 45, 7800 ATH, Hainaut, Belgique
http://www.museenationaldesjeuxdepaume.be/

・イングランド

アーセナルＦＣ博物館（The Arsenal Football Club Museum）
Emirates Stadium, London N5 1BU, England, UK
http://www.arsenal.com/history/the-arsenal-museum

チェルシーＦＣ博物館（Chelsea Football Club Museum）
Stamford Bridge, Fulham Road, London, SW6 1HS, England, UK
http://www.chelseafc.com/the-club/Museum-stadium-tours.html

リヴァプールＦＣ博物館（Liverpool Football Club Museum）
Liverpool Football Club, Anfield Road, Liverpool, L4 0TH, England, UK
http://www.liverpoolfc.com/history/tour-and-museum/museum

マンチェスター・ユナイテッド博物館（Manchester United FC Museum）
Sir Matt Busby Way, Stretford, Old Trafford, Manchester, M16 0RA, England, UK
http://www.manutd.com/en/Visit-Old-Trafford.aspx

ＭＣＣ博物館（The MCC Museum）
Marylebone Cricket Club, Lord's Cricket Ground, St. John's Wood, London NW8 8QN, England, UK
http://www.lords.org/history/mcc-museum-library-and-collections/mcc-museum/

ナショナル・フットボール博物館（National Football Museum）
Urbis Building, Cathedral Gardens, Manchester, M4 3BG, England, UK
http://www.nationalfootballmuseum.com/

ナショナル・ホッケー博物館（National Hockey Museum）
Butts Road, Working, Surrey, GU21 6JU, England, UK

著者紹介

松井良明（まつい　よしあき）

1964年生まれ。奈良教育大学大学院教育学研究科修士課程修了。

体育科学博士（日本体育大学大学院）。

現在、奈良工業高等専門学校教授（2010年～）。

専攻、スポーツ史・スポーツ文化論。

著書に『近代スポーツの誕生』（講談社現代新書、2000年）、『ボクシングはなぜ合法化されたのか――英国スポーツの近代史』（平凡社、2007年）、『スポーツと政治的なるもの――英国法からの問い』（叢文社、2010年）、共著に『規範としての文化――文化統合の近代史』（平凡社、1990年）、『先生なぜですか　ネット型球技編 0（ゼロ）のことをなぜラブと呼ぶの？』（大修館書店、1991年）、『祝祭がレジャーに変わるとき――英国余暇生活史』（創知社、1993年）、『歴史学事典2　からだとくらし』（弘文堂、1994年）、『スポーツ史講義』大修館書店（1995年）、『生活文化のイギリス史――紅茶からギャンブルまで』同文舘（1996年）、『日常と犯罪――西洋近代における非合法行為』昭和堂（1998年）、『新世紀スポーツ文化論』（タイムス、2000年）、『周縁からのまなざし――もうひとつのイギリス近代』（山川出版社、2000年）、『スポーツ　近代ヨーロッパの探究8』（ミネルヴァ書房、2002年）、『身体と医療の教育社会史』（昭和堂、2003年）、『スポーツ学の冒険――スポーツを読み解く「知」とは』（黎明書房、2009年）、『海を渡った柔術と柔道――日本武道のダイナミズム』（青弓社、2010年）、『〈スポーツする身体〉とはなにか――バスクへの問い・PART 1』（叢文社、2010年）、『はじめて学ぶイギリスの歴史と文化』（ミネルヴァ書房、2012年）など、共訳書にR・W・マーカムソン『英国社会の民衆娯楽』（平凡社、1993年）がある。

『毎日新聞』（大阪本社版）で「スポーツ時評」を担当（2008年11月～2011年10月）。

球技の誕生
人はなぜスポーツをするのか

発行日——2015年5月20日　初版第1刷

著者————松井良明
発行者———西田裕一
発行所———株式会社平凡社
〒101-0051 東京都千代田区神田神保町3-29
電話　(03) 3230-6593［編集］
(03) 3230-6572［営業］
振替　00180-0-29639
平凡社ホームページ　http://www.heibonsha.co.jp/

装丁————岡本 健
DTP ———矢部竜二
印刷・製本—図書印刷株式会社

ISBN978-4-582-62703-9　NDC 分類番号 780
四六判（19. 4cm）　総ページ 336